JN410282

제23집

꽃지게도 버거울 때

(사)창작수필문인회

꽃지게도 버거울 때

1판 1쇄 인쇄/ 2020년 12월 15일
1판 1쇄 발행/ 2020년 12월 20일

지은이 / 황덕수
펴낸이 / 우희정
펴낸곳 / 도서출판 소소리

등록 / 제300-2007-21호
주소03073 서울 종로구 성균관로5길 39-16
전화 / 765-5663, 010-4265-5663
e-mail: sosori39@hanmail.net
www. sosori.net

값 13,000 원

*잘못된 책은 바꿔드립니다.

ISBN 979-11-5891-153-9 03810

꽃지게도 버거울 때

담수와 같은 심정으로

수필은 심미적(審美的)이고 담백하며 우아한 글로 표현한다. 우리가 바라는 삶의 형상과 흡사하다. 삶의 희로애락 속에서 인생을 통찰하고 달관하여 서정의 감미로움으로 나타나기도 하고, 자신의 글이 독자의 심경(心境)에 부딪치기도 하고 사색(思索)의 반려가 되어 심오한 명상에 잠기게도 한다.

프랑스 작가 알베레스(Albérès, R. M.)가 말한 대로 "수필은 지성을 기반으로 한 정서적 · 신비적인 이미지로 쓰여진 것"이어야 한다고 했다. 수필은 상황의 단순한 기록이나 객관적 진리의 서술이 아니라는 것이다. 또한, 수필은 무한한 제재와 특성에 따라 여러 유형으로 나누어지며 인생의 향기와 삶의 성찰을 더 하게 한다.

이 같은 다양한 유형의 능력을 지닌 수필가들의 구성원이 '창수문인회'다. 많은 재능을 지닌 회원들이 담수(淡水)와 같은 심정으로 바라본 인생이나 자연을 자유로운 형식에 담아 함께 펼칠 수 있는 장이 동인지(同人誌) 마당이다.

다사다난했던 한 해를 뒤돌아보면 잃어버린 듯싶었던 시간이었으나 현명한 문인들은 결코 헛되이 보내지 않았음을 글로 표현했다. 이 같은 글밭에 씨앗을 뿌린 모든 회원님들께 감사의 인사와 함께, 가꾸어 열매를 맺기까지 수고한 허열웅 수석부회장 겸 출판위원장과 채순애 사무총장 그리고 옥고를 엮어 한 권의 작품집으로 꾸며준 우희정 대표께도 진심어린 고마움을 표한다.

2020년 11월

사단법인 창작수필문인회 회장 황덕수

▷ 차 례

1. 남창을 열며

2. 8월의 선물

3. 작고 소중한

4. 꽃바라기

5. 세미원에서

1.

남창을 열며

싸우며 산다

고길자

giljako@daum.net

아침 일찍 일어나 운동 갔다 온 남편이 샤워를 하고 식탁에 앉아하는 말, "새끼 고라니 같은데 도로가에 앉아 눈을 반짝이며 나를 보고 있는 것이 차에 치었나 봐." 한다. 도움을 청하듯 반짝이는 눈빛이 애틋해 하는 말이다. "아마 이번에 우리 집에 다니는 놈인가 봐요."라고 했다.

금년에는 손자가 군 복무를 마치고 할아버지 도와준다며 왔다. 그렇지 않아도 텃밭에 퇴비를 뿌려야 하는데 걱정하던 차에 잘 되었다. 남편이 하려면 하루 종일 할지도 모르고, 아니면 삯을 주고 사람을 사야 하는데 사람도 없어 만만치 않다. 그런 퇴비를 손자는 2시간 만에 끝낸다. 남편은 손자가 대견하다며 흐뭇해한다.

밭에 퇴비를 많이 뿌렸으니 뭐를 심을까, 이곳에 온 지 10년이 지났지만 농사는 늘 초보다. 마을 사람들이 퇴비가 많으면 깨는 안 되고 밑이 잘들 감자를 심으라고 했다. 조합에서 씨감자를 사다 옛날 엄마처럼 순이 나는 곳을 잘랐다. 다음은 풀과 나뭇잎을 태운 재에 버무려 소독을 했다. 두렁을 만들어 감자를 묻고 가운데가 하얀 비닐을 덮었다. 하지가 되면 주먹만 한 감자를 수확할 생각에 마음이 부풀었다. 나누어줄 곳도 이집 저집 세어 본다.

아무리 기다려도 감자 잎이 나오지 않는다. 남들은 나보다 나중에 심었는데 싹이 파랗게 나고, 너무 많이 자라 잎을 따 주기도 한다. 매일 들여다보며 어쩌다 나오는 잎은 반가워 얼른 비닐에 구멍을 뚫어 주었다. 옆집 밭에 감자 꽃이 피기 시작할 무렵 비닐 한쪽을 걷고 파보았다. 그동안은 파 봐도 그대로 있던 씨감자가 마르거나 썩어 있다. 원인은 많은 퇴비에서 나오는 가스 때문이었다. 비닐을 먼저 덮고 구멍을 뚫어 감자 씨를 묻어야 하는 것을 10년이 넘은 초보 농부는 또 하나를 배웠다.

이렇게 감자가 썩은 빈자리는 땅콩을 심고, 그래도 빈 곳엔 '서리태' 콩을 심었다. 정말 예쁘게 잘 나와 자랑할 정도다. 그런데 밤에 고라니가 들어 와 콩잎을 뜯어 먹고 대만 앙상하니 남겨 놓았다. 울타리를 했는데 어디로 들어왔는지 울타리 점검도 했지만 알 수 없다. 이번에는 포토 판에 콩을 넣어 싹을 내 심었다. 이번에도 빈곳을 다 채우고 나니 콩잎이 나풀거리는 것이 꽃잎처럼 예쁘고 귀엽다. 이웃에 자랑도 했다. 그리고 밤이 지나 아침에 밭에 가보니 이번에도 고라니는 어디로 왔는지 땅콩 잎과 콩잎을 모두 먹고, 미안했는지 검은 콩알 한주먹씩 여기저기 흔적으로 남기고 갔다. 주위에서 오는 놈이 자꾸 오는 것이라고 덫을 쳐 잡아야 한다고 한다. 화가 났지만 원인 제공은 사람이라는 생각이 들었다. 산을 파고 그들의 터전을 빼앗기 때문이라고.

매끄럽고 아름다운 갈색 빛의 멋진 몸매와 맑은 눈동자를 가진 고라니. 밭곡식이 아니면 귀엽고 사랑스럽다. 어느 날 밤, 잔디에서 달빛을 받으며 단둘이 춤추는 모습을 봤다. 흔히 볼 수 없는 일이라 혼자 보기 아까워 잠자는 남편을 깨웠다. 무대가 되어준 잔디를 만든 덕에 남들은 볼 수 없는 고라니의 평화롭고 아름다운 사랑의 무도회를. 이렇게 사람과 짐승도 아름다운 사랑을 한다. 그들도 살기 위해 어쩔 수 없지 않은가. 전쟁을 하면서 사는 것이 삶이다. 죽음을 두고 있는 '고라니'가 안쓰럽게 느껴지는 것은 인간이기 때문일 것이다. 누구는 죽이라 하고 누구는 불쌍해하는 고라니의 삶.

세상이 자꾸 어수선하고 시끄럽더니 코로나19라는 희귀한 균이 돌아다니며 서로 가까이 하지 말고 사이를 두라고 한다. 감염이 빠르고 사람마다 증상이 다를 수도 있으며, 숨 쉬기도 힘들고 노약자는 더욱 조심해야 한단다. 문명의 덕으로 소식을 알리고 전해 듣고 하지만 눈에 보이지 않으면 멀어 진다는데, 이웃끼리도 때로는 주의를 해야 한다고. 일요일이면 아들과 손자들이 오는데 혹여, 코로나19가 전염될까 걱정이 되어 보이지 않는 전쟁을 하고 있다. 밭에 고추를 심으니 잎이 마르고 탄저병이라는 병과 벌레들이 생겨 약을 사용하지 않으면 결실이 어렵다. 또 내가 약을 치지 않는다 해도 옆에서 약을 사용하니 완전 무공해는 어렵다. 과일 나무도 그렇다. 어떤 것 하나 약을 하지 않으면 제대로 된 과일은 먹을 수가 없다. 약을 쳐 가꾸어 놔도 또 과일이 익을 때면 산새 들새 다 모여 들어 견뎌나지 않는다.

'살구'가 익기 시작하면 까마귀, 까치, 산비둘기, 어치까지. 산새, 들새 다 모여 들어 주인보다 먼저 잔치하려 달려든다. 이때부터 익어가는 순서대로 보리수, 체리, 복숭아, 아로니아, 사과, 배, 포도, 땅콩, 꾸지뽕, 감…. 가을까지 과일은 모두 먹어야겠다고. 나는 나무에 소독약병도 달아 놓고, 페트병에 줄을 달아 흔들기도 하고 소리치며 손뼉도 치며 새들과 싸운다. 그래도 간 큰 놈은 전기 줄에 앉아 내 행동을 보고 있다. 싸우지 않으면 며칠 내로 빈손이 된다. 그런가 하면 땅 속에는 두더지가 더듬고 다녀 밭에 심은 것은 흙이 들떠 죽는다. 손뼉을 치며 쫓다 못해 페트병을 바람개비 만들어 땅에 꽂아 소리를 이용하지만 페트병 혼자 돌 뿐이다. 바람이 불면 돌아가는 모습과 소리는 옆에서 보고 있는 사람이 즐겁단다. 가을이 끝나도록 사람들은 하기 좋은 말로 같이 나눠 먹으라고 하지만, 자라기도 전에 먼저 먹고 가면 파란 콩잎들은 주인이 먹을 것을 만들어 주지 못한다. 이렇게 삶이란 싸움이고 전쟁이 아닌가 싶다.

그런데 금년은 또 복병을 만났다. 장마다. 코로나19와 싸우며 사투를 벌이고 장마와도 싸워야 한다. 많은 의사들의 노고는 말할 수 없이 크다. 정부는 시책을 내놓고 국민은 마음 졸이며 협조한다. 중국으로부터 건너온 코로나19, 우리나라뿐 아니라 동아세아 아니 세계 여러 나라가 겪고 있으니 이야말로 하늘의 재앙일까? 거기에 장마는 또 웬 재앙이란 말인가. 붉은 홍수가 여기저기 악마로 달려온다. 저 달려오는 악마를 어떻게 달래며 막아야 한단 말인가. 산을 허물며 터전을 파괴하는 것이 어쩌면 본토를 지키기 위한 싸움인지 모르겠다. 살기 위해 늘 싸우다 강자는 살고 약자는 도태된다. 장마와 코로나19에서도 싸워 살아남는 것이 전쟁에서 이기는 것이다. 어쩌면 삶 자체가 싸움인지 모르겠다. 곧 장마는 멎을 것이며 코로나19도 사라질 것이다. 지금은 장마와 코로나19에서 벗어나기 위해 절망과 고통이 따르지만 우리는 이기고 평화를 되찾을 것이다. 비가 개이고 해가 뜰 테니까.

포스트 코로나 시대

공화순
kgdosa@daum.net

코로나라는 말이 처음 나왔을 때만 해도 코로나가 그냥 독감 바이러스의 한 종류려니 생각했다. 그래서 지난해부터 예매해둔 이집트 여행을 감행했다. 당시 이집트에선 코로나의 발생지인 중국 입국을 차단한 상태였고 여행하는 데 아무 어려움도 없었다. 그러나 여행이후 코로나 사태는 걷잡을 수 없이 확산되고 있었다. 벌써 2월의 일이다.

코로나의 장기화로 모든 일상이 변화되었다. 도서관은 문을 닫았고 나는 할 일이 없어졌다. 나의 이런 작은 변화는 나라 안팎으로 엄청난 변화와 문제를 가져왔다. 당장 코로나 바이러스 감염자들이 일파만파 번져가고 자고 일어나면 사망자들의 수가 늘어났다. 유럽을 비롯해 아메리카로, 아프리카로, 안전지대는 없다. 해외여행은 막히고 관광 사업은 사양길로 치달았다. 우수수 일자리를 잃고 직업이 사라지는 초유의 사태가 벌어졌다.

길 위에는 마스크 쓴 사람이 사람을 경계하고 한때 약국마다 마스크 사려는 사람들로 붐볐다. 마스크는 수요자를 충족하지 못해 결국

순번을 정해 일정량만 사도록 정부가 조정안을 내고 차츰 한 번의 위기가 지나는 듯했다. 그러나 점차 수그러들던 바이러스가 다시 번져가고 처음 방역 94규정마스크를 고집하던 사람들도 좀 더 얇고 편리한 마스크로 교체했다. 이제 마스크도 검은색, 꽃무늬 등, 패션과 편리를 따라 다양해진다.

오래 지속되는 코로나 바이러스의 위협에도 닫아 걸었던 학교 문이 열리자, 작은 모임들이 소리 없이 시작되었다. 학원도 문을 열고 교회도 문을 열고 시장도 일을 시작했다. 그런데 도서관과 박물관 같은 공공시절은 여전히 문을 굳게 잠가두고 있다. 따라서 미술전시도, 공연도, 문학행사도 모두 정지된 채, 때 아닌 제2 예술의 암흑시대를 맞고 있다. 코로나 바이러스가 강력한 권리를 행사하는 셈이다.

과거 오랜 인류의 역사에서 이 같은 사태가 왜 없었겠는가. 고대 이집트에서 유행했던 천연두와 과거 스페인에서 유행한 독감으로 수많은 사람이 희생되기도 했다. 우리나라만 해도 끊임없이 역병의 사태를 넘어 성장해왔다. 이번 코로나 사태 역시 우리는 어떤 나라보다 적극적으로 대처하고 있다. 나라마다 코로나 바이러스로 경제, 정치, 문화가 어려움을 겪고 그 해결책에 온 힘을 쏟고 있다.

코로나 바이러스 이후의 시대는 더 많은 변화를 겪게 될 것이다. 앞으로 이러한 바이러스의 유출은 다양하게 변화되고 지속될 인류의 문제이기 때문이다. 따라서 이러한 변화에 대처하려는 여러 분야의 시도가 급격히 늘어나고 있다. 교육계에서 비대면 영상강의가 시작되고, 예술계에서는 모든 행사가 영상으로 시행되고 있다. 이러한 변화에도 유독 꿋꿋하게 그 수를 늘여가고 있는 것은 물류사업이다.

때 아닌 호재를 맞은 형국이다. 사람을 대하기 어려운 사회에서 사람을 대하는 대신 물건을 문 앞에 놓고 가는 것만으로 시간과 감정을 절약하고, 배달을 선호하는 사람들이 더 많아 꾸준히 그 수가 늘어나기 때문이다.

이런 시대의 변곡점에서 여러 가지를 생각하게 된다. 코로나 이후의 시대에 과연 누가 그 중심에 서게 될까. 나는 과연 이러한 변화 속에서 살아남을 수 있을까. 바이러스 감염이 무서워 꼬박꼬박 마스크를 쓰고 나가는 내가 할 수 있는 일이 무엇일까. 어려서 농부가 소에게 재갈을 씌우고 일을 시키는 것을 본 적이 있다. 먹이에 정신을 팔지 못하게 하고 일의 능률을 올리기 위한 것이다. 마스크를 쓴 모양이 꼭 재갈을 씌운 소와 같다는 생각이 든다. 자유롭게 모여 이야기를 나눌 수가 없으니 모두 제각각 바쁘게 어딘가를 향해 움직이는 모습이다.

이렇게 사람들은 사람을 경계하고 제 할 일만 하는 것 같은데 시간은 유독 내게 더 느리게 가는 듯하다. 내가 아무것도 하지 않고 시간을 보내고 있기 때문일 것이다. 그러다 어느 순간 아차, 하고 눈을 들어보면 시간은 벌써 저만큼 나를 지나쳐 있다. 그런데도 입을 닫고 할 수 있는 일이란 고작 집안에 들어앉아 책을 읽고 글을 끄적거리며 시간을 죽이는 일뿐이다. 정말 이 시대에 꼭 필요한 일을 찾지 않으면 안 될 시점이다.

사람들은 문화 예술의 암흑기가 다시 찾아왔다고 하는데 절대 그렇지 않다고 생각한다. 일주일이면 내 앞으로 배달되는 서너 권의 책들은 아직 많은 사람들이 일을 하고 있다는 것을 보여주는 증거다. 배달되는 그 책들도 다 읽지 못하면서 최근 자주 인터넷으로 책을 구입하고 있다. 어쩌면 글을 쓰지 못하는 대신 책이라도 붙들어야 지금을 견딜 수 있겠다는 나만의 위안일지 모른다. 과거 스페인 독감으로 감염자 50%가 사망했다 해도 나머지 반은 살아남았고 그 어려운 때 예술은 더 발전했다. 뭉크는 그중 한 사람이었고 지병인 결핵에도 독감을 이겨냈으며 우리에게 여전히 훌륭한 작품으로 남아 있다.

벌써 뜨겁던 8월도 지나가고 가을이다. 우리가 코로나 바이러스의 위험 속에서 8개월을 버텨왔다. 혹자는 코로나 바이러스가 최소 2년이라고 말한다. 이미 바이러스를 치료할 백신이 개발되었고 곧 코로나19는 역사 속에 기록으로 남을 것이 명백한 일이다. 다만, 이러한 어려움 속에서 우리는 어떻게 시간을 붙잡아두고 가치 있게 보내야 할지 고민하지 않으면 안 된다. 코로나에 발을 잡혀 훌쩍 가버린 시간이 도둑을 맞은 것처럼 허무하다. "이렇게 오래 갈 줄 몰랐지." 하는 변명은 너무 궁색하지 않은가. 코로나 바이러스가 창궐해도 계절은 바뀌고 세상은 끊임없이 진화하고 누군가는 유용하고 새로운 것들을 벌써 준비하고 있다. 이제 포스트 코로나시대의 불확실한 미래는 꿈꾸고 기대하는 사람들이 주도하게 될 것이다.

비련, 그리고 천상재회

권예자
bombi42@daum.net

토요일 오후, 습관적으로 TV를 켜니 KBS2에서 '불후의 명곡'이 시작되고 있다. 종종 보는 왕중왕전이다. 출연 가수 중에는 내가 좋아하는 트바로티 김호중도 있다. 어려운 환경 속에서 질풍노도의 사춘기를 보내며 방황하던 때, 좋은 스승을 만나 성악가의 길을 걷게 된 그의 이야기는 영화 '파파로티'에 잘 소개되어 있다.

그런 그가 생뚱맞게 트로트 경연에 참여했다. 왠지 마음이 짠했다. 어렵게 성악가의 길을 갔으면 그쪽에 충실하지 왜 대중가요 쪽을 기웃거리는지 안타까운 생각도 들었다. 그는 말했다. 성악이 싫어서가 아니고, 장르와 관계없이 그저 '노래 부르는 사람'으로 불리고 싶어 도전했다고.

나는 평소 트로트를 좋아하는 편은 아니었다. 그래도 우리에게 가장 친근한 대중가요이므로 정통트로트를 비롯하여 발라드 트로트, 록 트로트, 팝 트로트 등 여러 종류의 트로트를 들어왔다. 그러나 클래식 트로트는 아직 들어본 적이 없어 궁금했다. 성악가가 부르는 트로트는 어떤 매력이 있을까? 어쩌면 새로운 트로트를 듣게 될지도 모른다는 생각으로 그를 응원했다.

그의 목소리는 둥글고 맑고 깨끗하며 윤기가 흘렀다. 고음도 시원하게 쭉쭉 뻗어 가슴에 쌓인 스트레스를 날려버리는 듯한 시원함이 있었다. 귀하고 품격 있는 음성이었다. 물론 트로트 가수로 오랫동안 활동해온 사람들과의 경쟁이라 불리한 면은 있었지만, 무난히 4위에 안착해 트로트 가수로 활동하게 되었다. 그는 경연 당시보다 더 큰 인기를 끌며, 여러 방송 프로그램에서 색다른 장르의 음악도 완벽하게 소화해 그의 팬이 계속 늘어나는 중이다.

그가 오늘 부를 노래는 조용필의 '비련'으로 노래깨나 부른다는 가수들이 한 번쯤은 도전해보는 품격 있는 노래다. 푸른 바다와 나무를 배경으로 노래가 시작되었다.

기도하는 사랑의 손길로 떨리는 그대를 안고
포옹하는 가슴과 가슴이 전하는 사랑의 손길….

어쩌면 저렇게 서정적인 목소리로 노래를 시작할까? 마치 작은 물결이 모래톱을 어루만지듯 간절한 도입부에 숨도 크게 쉬지 못하고 귀를 기울였다. 심장을 쓰다듬듯 속삭이던 목소리가 어느새 하늘에 닿을 듯 높아지더니, 청중의 머리 위로 소낙비처럼 쏟아진다. 타고난 풍부하고 웅장한 성량에 압도된 채 노래가 끝났다. 노래는 그가 부르는데 내 몸에 땀이 솟고 몸에 전율이 인다. 내가 어디에 있는지 모르는 채 소파에서 벌떡 일어서며 손뼉을 쳤다. 감동이었다.

예전에 조용필이 부르는 것을 들었을 때도 감동이 쉽게 가시지 않았는데, 오늘도 마찬가지다. 가요계에 입문한 지 겨우 6개월인 새내기가 '비련'을 저렇게 소화하다니 참 대단하다는 생각이 들었다.

1982년에 발매된 조용필의 4집 앨범에 수록된 '비련'에는 감동적인 일화가 있다. 당시 조용필의 매니저였던 최동규 씨의 인터뷰에 의하면, 그가 앨범을 발매하고 한창 바쁘게 활동할 때, 어느 요양병원 원장에게서 전화가 걸려왔단다. 내용인즉, 자신의 병원에 입원해 있는 14세의 지체 장애아가, 조용필의 '비련'을 듣더니 눈물을 주르르 흘렸다는 것이다. 입원 8년 만에 처음으로 자신의 감정을 나타낸 것이다.

소녀의 부모는 돈은 원하는 만큼 드릴 테니, 가수께서 직접 소녀에게 '비련'을 불러줄 수 없겠느냐며, 안되면 와서 얼굴이라도 보여주면 고맙겠다는 이야기였다. 당시 조용필의 인기가 대단하던 때여서 그가 카바레서 노래 한 곡을 부르면 요즘 돈으로 3~4천만 원 정도를 받을 때였는데, 가수에게 그 얘길 했더니 그는 피우던 담배를 툭 끄고는 지금 바로 병원으로 출발하자고 하더란다. 그날 4개나 되는 행사를 모두 취소하고 위약금을 물어주고 시골 병원으로 갔다고 한다.

그는 병원에 도착하자마자 사연 속의 소녀를 찾았다. 그때도 소녀는 아무 표정도 없이 멍한 상태로 있었다. 그런데 조용필이 아이의 손을 잡고 노래를 부르자 잠시 전까지 무표정하던 소녀가 펑펑 울기 시작하더란다. 기적이었다. 그것을 본 소녀의 부모는 물론 주위에 있던 사람들도 함께 울었다고 한다.

우리는 조용필을 가왕이라고 부른다. 그는 1979년 데뷔 이후 현재까지 19개의 국내 앨범과 일본 싱글 18개를 발매했고, 수많은 히트곡이 있는 우리나라 대표 가수다. 진정성 있는 목소리와 저렇게 멋진 행동이 있어 그가 지금까지도 가왕으로 불리는 모양이다.

최근에는 김호중이 부른 '천상재회'를 듣고 우울증이 치료되었다는 기사를 여러 곳에서 보았다. 심지어 대구에 사는 68세의 부인은 불치 판정을 받은 '만성염증성 탈수초성 다발성 신경병증(CIDP)'으로 몸이 마비되어 간병인의 부축 없이는 거동을 못 했는데, 그의 노래를 매일 들으면서 가벼운 일상생활을 할 수 있게 되었다는 울음 섞인 전화 제보를 했다.

좋은 음악에는 과학으로 설명하기 어려운 치료의 기적이 있는 모양이다. 남보다 힘든 여정을 통해 새로운 길을 걷는 저 젊은 가수도, 훗날 조용필처럼 존경받는 가왕으로 남기를 바라는 마음이다.

그날 조용필이 소녀를 안아주고 사인 CD를 주고서 차에 타려는데 아이의 어머니가 달려 나오며, 돈은 어디로 보내면 되는지, 얼마를 보내야 하는지 물었다. 그러자 조용필은 이런 말을 남기고 그곳을 떠났다고 한다.

"따님의 눈물이 제가 평생 벌었던 또 앞으로 벌게 될 돈보다 더 비쌉니다."

그럼에도 불구하고

김경란
kkr5766@daum.net

오늘따라 회색빛 머리칼이 더욱 초라해 보이는 것은 내 편견일까? 젊은 날에는 나름 당당하고 자신만만하게 세상을 살았는데 거울에 비추인 내 우중충한 비대칭 얼굴에 화가 나고 쓸쓸해진다.

마흔 중반에 훅 치고 들어온 남편의 병은 원인 불명의 난치성이었다. 미래가 불안하여 임용시험을 치고 예비 생계형으로 교단에 다시 섰고 연이어 원치 않았지만, 갑자기 명퇴를 한 남편 대신 가장이 되었다. 당시 아직 대학에 다니던 두 아이의 교육과 결혼까지 스무 해를 사력을 다해 달려왔고 지금 여기에 와 되새김해 본다.

작년 여름 정년을 채우고 퇴직하여 직장에 대한 미련은 없지만 코로나19를 맞아 격리 아닌 격리 생활을 하며 생각해보니 내 자리가 많이 없어지고 어느 순간 나는 아웃사이더가 되어 있음을 알게 되었다. 각종 모임도 모두 빠지고 학교와 집만 오가며 앞만 보고 살아왔기 때문이다. 흔히 말하는 시대의 변화에 따른 트렌드가 뭔지도 모르고 알려고도 하지 않은 채 오로지 남편과 내 아이들 미래 외에는 돌아보지도 않았다. 과거 나의 삶의 방식에서는 있을 수 없는 일이었다. 그렇게 젊은 날이 휑하니 지나가버렸다.

성장기, 항상 주인공의 자리에서 나는 사랑받기 위해 태어난 존재로 착각하며 살았다. 70년대 유교문화가 지배적인 작은 지방에서 나는 공부, 환경, 집안에서 장녀의 자리 등 안팎으로 늘 칭찬과 우월한 지위를 마냥 누리며 그것이 영원할 줄 알았다. 생각지 못한 빠른 결혼과 육아, 문화와 환경이 다르고 조부모 또래의 시댁 어른들과의 조화를 위해 노력했지만 근본이 다른 가치관으로 무척이나 힘들고 내 인생의 자존감도 점점 작아졌다. 복잡하게 얽혀진 시가 쪽 가족관계는 늘 갈등 상황을 부르고 명색이 종부였지만 나는 어린 나이로 해결의 위치도 아니었다. 외동이지만 맏집이라는 이유로 우리 집은 지방 친인척의 유학용 무급 하숙집이나 볼일 보러 상경하는 친인척의 숙소일 뿐 나의 진심어린 대접은 간데없고 언제나 비아냥대는 소문으로 돌아왔다. 상처는 커져 가고 삶의 의욕은 상실되었다. 어느 날 무심히 바라 본 엘리베이터에서 거울 속 내 모습은 불편하기 그지없었다. 스스로 놀라 뒷걸음을 쳤다. 이렇게 인생을 살아서는 안 되겠기에 생각을 바꿔보기로 결심했다. 내 마음을 리마인드하고 긍정적인 생각을 하고 감사하는 생활을 위해 영세를 받고 신앙에 의지하였다. 주변의 시선에 무관심하자 마음이 편해졌다. 그 무렵 아이들은 중학생으로 공부와 운동, 친구관계도 잘하였고 남편은 직장에서 인정받는 사람으로 안정적인 생활이었다. 돌이켜보면 내 삶의 가장 빛나고 행복한 시절이었다.

그런데 어느 날부터 남편은 몸이 좋지 않다고 했다. 1, 2여 년을 정형외과와 한의원으로 수많은 검사를 했지만 원인을 알 수 없었다.

때마침 새로 도입된 MRI검사로 난치성 질환이 왔음을 알게 되었고 우리는 병마 앞에 절망했다. 26년 전이었지만 그날의 기억이 생생하게 떠오른다. 고통의 시작이었다.

신은 누구에게나 공평하다고 했지만 그 시절이 내겐 가혹하기 그지없었다. 병명이 밝혀지고도 남편은 예닐곱 해를 직장생활을 더 하다 어느 날 명퇴 신청을 했다며 일방적으로 알려왔다. 불확실한 미래에 대한 공포심을 안은 채 나를 다 버리고 현실에 부딪히며 열심히도 살았다. 내 아이들이 부모 때문에 우울한 청년기를 보내지 않도록 씩씩하게 살았지만 그때마다 현실은 수많은 장애와 벽으로 심신이 피폐해져 갔다. 그런 와중에 나는 병을 받아들이지 못하는 남편을 보며 극심한 스트레스로 뇌 수막종이라는 병을 얻고 실명의 위기에서 세 번에 걸친 수술과 시술로 마음은 만신창이가 되었다. 설상가상이었다. 그러나 내 아들들이 겪을 불안을 생각하며 절망 속에서 나는 다시 일어나야했다. 생활이 불편하진 않았지만 형제나 친구들을 보며 상대적으로 여유롭지 못한 경제적인 박탈감도 괴로웠다.

기대했던 자식이 처한 고통스런 상황을 보는 우리 부모님의 마음 또한 많이 힘들었겠지만, 바라던 부모님의 위로나 격려 대신 '네 팔자요, 운명'이라며 무심히 하시는 말을 들을 때마다 벼랑 끝에 선 기분으로 외로웠지만 참아야 했다. 홀로 자동차를 몰고 고속도로를 달리며 울기도 여러 번 너무 힘들어 핸들을 돌리고도 싶었지만 내 분신인 두 아이들 땜에 그럴 수도 없었다. 그러는 시간이 쌓이고 흘러 친정에서 나의 자리는 눈에 띄게 사라지고 있었다. 동생들의 진로를 도와주고 나누고자 노력했던 시간은 잊혀가고 불편한 존재로 내 자리는 줄어들고 있었다. 너무나 슬펐다.

하지만 세월은 쉼 없이 흐르고 모든 일상이 서서히 제자리를 찾기 시작했다. 그 사이 남편은 수술을 받고 병의 진행이 느려지고, 내 아이들은 건강하고 듬직하게 사회의 구성원으로 빠르게 성장하고 자리를 잡아가고 있었다. 지금은 부족한 어미의 울타리로 조력자로 좋은 가정을 이루고 손주들도 네 명이나 태어났다.

아파트 단지 뒤편 공원에 녹음이 푸르다. 숲 그늘을 따라 걸으며 짧지 않은 내 삶을 회상해 본다. 우여곡절이 있었고 비탈진 악(嶍)산의 길이었지만, 젊은 날로 돌아가 다시 살고 싶은 생각은 없다. 그 날그날 최선을 다해 살아온 내 발자취와 결과를 담담히 받아들이고 싶다. 나의 자리가 사라진 줄 알았지만 나와 남편이 함께 만든 우리 가족이 있지 않은가? 아직 남편은 조금은 불편하지만 일상생활을 하며 하루 한두 시간씩 독서와 공원을 산책하기도 하니 얼마나 다행인지 모른다.

내일이 내 생일이라고 아이들이 온단다. 둘째네 초등2학년 쌍둥이 손녀들은 할머니에게 책을 선물하겠다고 읽고 싶은 책이름을 알려 달라고 메시지가 연이어 오고, 큰아이네 손녀는 내가 자기 할머니여서 참 좋다고 카드를 보내 준다. 모이면 열 식구의 대가족이 되어 오순도순 손주들의 재롱이 보기에 참 좋다. 중단된 첼로 레슨은 언제 재개될지 모르지만 끊임없이 곡을 연습하여 언젠가 마땅하고 좋은 날 출판 기념회도 열고 지인들 모아 즐거운 하루를 남기고 싶다.

일생을 즐겁게 살아오신 친정아버진 근래 부쩍 심해진 치매로 지금 요양병원 신세를 지고 계시지만, 세상에 대한 비판이 한결같은 친정 엄마는 그동안 자신의 일생을 3부작 일기체 형식의 글을 써서 모아 두셨단다. 어쩌다 내가 가면 내게 그 노트 한아름을 꺼내어 은근히 보여 주신다. 할머니 살아생전 밀접한 사이로 엄마와는 살짝 애증관계지만 모계 유전인자 덕분인지 나 역시 그 피를 물려 받았나 보다. 다음에 만나면 엄마의 일생을 적은 일기장 3부를 내 손으로 편집하여 자서전 출판을 도와 드리고 싶다.

이처럼 삶에 대한 호기심과 인식욕이 아직도 내게 존재하니 보람된 일을 찾아 계속 긍정의 힘으로 즐겁게 살고 싶다. 그러면 잃어버린 내 자리도 조금씩 되살아나겠지. '내일은 내일의 해가 다시 뜰 거야'라는 비비안 리의 대사를 중얼거리며…. 오늘도 첼로 활을 쥐고 힘껏 켜 본다.

참

김대수
setm065@daum.net

우리는 양호한 입지, 쾌적한 환경, 편리하고 튼튼한 주택에서 가족과 함께 행복하게 살기를 원한다. 주택을 지을 때 단계마다 참여자들이 신의와 성실을 바탕으로 일을 하고 공사를 마무리한다면 지어진 주택은 꿈에 그리던 멋진 선물이 될 것이다. 부동산 관련 일을 하다 보니 재건축사업에도 관심이 간다.

재건축사업은 단순히 낡은 주택을 새 주택으로 만드는 것만이 아니다. 도로 등 정비 기반시설은 양호하나 건물이 낡아 벽에 금이 가는 등 구조적으로 위험에 노출되고, 수도관이 녹슬어 녹물을 마시는 등 위생상 열악한 공동주택이 밀집한 지역에서 하는 주거환경 개선사업이다. 낡은 건물을 철거하고 새로운 아파트를 지으면서 높아진 용적률로 늘어난 수량을 일반분양하여 자기 돈을 들이지 않고 새 아파트를 마련하게 된다. 부담 없이 낡은 집에서 새집을 소유하게 되니 얼마나 흐뭇하고 복 받은 일인가. 낡고 초라한 아파트 단지가 위용도 당당한 고층 아파트단지로 변신하게 되니 어깨가 으쓱 올라가리라. 재산 가치는 상승하고 주위 환경은 좋아지고 생활이 편리해지니 살맛이 절로 나지 않겠는가.

재건축사업은 조합방식과 신탁방식이 있다. 조합방식은 자금 조달이 어렵고 사업 기간이 오래 걸리고 각종 비리가 많았던 사례가 있다. 신탁방식은 자금 조달이 쉽고 사업 기간을 단축하고 비리가 적고 부동산 관련 전문지식이 있다고 생각하여 관심을 두게 된 것 같다. 신탁회사는 자신의 명예를 걸고 최선을 다하여 저렴한 가격으로 최고 품질의 아파트를 공급하겠다고 하니 이보다 더 반가운 일이 어디 있겠는가. 모 아파트단지는 신탁회사의 자신감 넘치고 멋진 계획에 일정액의 수수료를 지급하기로 하고 사업시행자로 정한 일이 있다. 주민들은 자금 조달과 복잡하고 엄격한 시행 절차 등에 고민하지 않고 가만히 있어도 재건축이 될 것으로 믿고 있었다. 신탁방식은 새로운 제도이고 사례가 희소하여 구체적인 내용을 잘 모르는 것이 현실이다. 영리를 목적으로 하는 신탁회사의 말을 그대로 믿어도 되는 것일까? 신탁방식 재건축에 관심이 있다면, 사업시행자로 정하기 전에 신중하게 검토해야 하리라.

신탁방식은 신탁회사가 소유자의 일정 비율의 동의를 받으면 사업시행자가 된다. 주민 의견 수렴, 시행자와 재건축 관련 사항을 협의하고, 전체회의 상정안건에 대한 사전 협의를 위하여 주민대표로 정비사업위원회를 구성한다. 정비사업위원회는 사업시행자와 제반 사항을 협의만 하고, 최종 의사결정은 전체회의에서 소유자 각 개인이 본인의 책임으로 해야 한다. 정비위원회나 다른 소유자가 잘해 줄 거라고 안이하게 생각을 하거나 재건축에 관심을 두지 않으면 낭패를 당해도 할 말이 없을 것 같다. 재건축은 재산과 직결되므로 관련 내용을 잘 검토한 후에 의사결정을 해야 하지 않겠는가. 재건축에서 기간 단축은 중요하고, 소유자에게 불리한 정책에 대하여 지혜롭게 대처해야 할 것이다. 성공 재건축을 위해서는 무엇보다도 소유자의 관심과 협조가 필요하다. 주민의 대표인 정비사업위원회는 규정을 지키면서 소유자를 위해 일해야 하리라.

재건축사업은 시행자와 많은 협력업체가 일하므로 언제, 어디서 불상사가 생길지 모른다. 모두 영리 목적의 회사이므로 소유자가 재건축에 대해 잘 모르는 점을 악용하여 자기 이익을 위해 부실하게 일을 하는 경우도 있을 것이다. 모 신탁회사는 사업 장소가 서울임에도 작업 효율이 떨어질 것이 예상되는 지방소재 도시계획용역회사에 일을 맡기려다 소유자의 반대로 실패한 일이 있었고, 모 신탁회사는 설계도서 없이 제곱미터당 단가를 기준으로 시공회사 선정을 시도했다가 소유자의 강력한 항의로 무산된 일이 있었다. 또한, 모 대형 건설회사가 시공한 대단지 아파트에 입주해 보니 외벽 곳곳은 갈라져 있고, 마침 장마철 누수로 인해 벽지가 군데군데 얼룩이 지는 황당한 일이 있어 입주민들은 협의회를 만들어 시행회사와 시공회사를 상대로 소송을 준비 중이라는 뉴스가 있었다. 수수료 등 대가를 받았으니 성실하게 일을 당연히 하여야 하는데 그렇지 않은 경우가 있으니 문제가 아닌가.

시공회사를 선정할 때 설계도서 없이 단위 면적당 가격으로 계약을 하면, 공사비 산출 근거가 없으므로 설계변경 시 수량을 고무줄처럼 늘리거나, 저질의 자재를 사용하는 일이 있을 수 있다. 이러한 일이 현실화한다면, 소유자는 당초 예상보다 터무니없이 증가한 비용을 부담하면서도 하급의 아파트를 인수하는 비참한 일이 생길 수도 있을 것이다. 이러한 불상사가 일어나지 않도록 미리 대책을 세우는 것이 현명하지 않을까? 행여 고양이한테 반찬가게를 맡기는 꼴이 되어서야 하겠는가. 자랑스럽고 편리한 명품아파트를 기대하기에 앞서 재건축 과정마다 잘못하는 일이 없도록 예방 대책이 필요할 것 같다. 공사가 완료된 후에 후회한들 무슨 소용이 있겠는가. 하늘은 스스로 돕는 자를 돕는다고 한다.

재건축 사업에서 시공회사 선정은 매우 중요하다. 재건축사업비 대부분을 차지하는 공사를 하기 때문이다. 서울시는 시공회사 선정 기준에 따르도록 하고 있다. 시공회사를 선정하는 과정인 현장 설명에서 설계도서를 기준으로 입찰을 하도록 한 것이다. 설계도서가 있음으로 터무니없는 공사 수량을 늘릴 수 없고, 건축자재도 공사 항목별 세부 물량내역이 있으니 품질보증이 되는 셈이다. 기본 자료가 있음으로 실질적인 감독을 할 수 있게 된다. 원칙을 지키는 것이 성공 재건축의 지름길이 아니겠는가. 신탁회사인 사업시행자는 소유자가 아니다. 소유자가 주인으로서 합리적인 가격에 명품아파트를 소유하기 위해서는, 일반 공사에서 시공회사에 공사를 맡기더라도 주인 측이 공사 감독을 하는 것처럼, 재건축이 제대로 시행되고 있는지 감시를 해야 하는 것이 아닐까?

재건축이 완성되기까지 소유자는 긴 기다림이 필요하다. 설레고 들뜬 마음으로 기다려온 명품아파트의 꿈을 실현하기 위하여 소유자는 시행자에게 협조하고 시행자는 신뢰를 바탕으로 소유자가 만족할 수 있도록 사업을 마무리해야 할 것이다. 입지 조건과 주변 환경이 좋고 편리한 주거공간이라면 만족도는 더욱 높아지리라. 건물은 백년대계를 위하여 성실하고 진실하게 시공해야 할 것이 아닌가. 주택은 누군가에게 재산목록의 첫 순위요, 누군가에게는 내 집 갖기가 최대 목표가 되기도 한다. 모두에게 소중한 삶의 한 부분이니 사업시행자는 허투루 해서는 안 될 것이다. 그 누구도 다른 이의 꿈과 희망을 짓밟을 권리가 없지 않은가.

주택은 우리가 살아가는데 기본 요소 중 하나다. 튼튼한 아파트를 짓기 위해서 재건축사업에 참여하는 사람들은 진실하고 참되게 임해야 할 것이다. 꿈에 그리던 자랑스러운 명품아파트를 가지게 되리라는 상상만으로 우리는 흐뭇해진다. 모두가 '참'을 바탕으로 세상을 살아가면 우리 사회는 더욱더 행복하게 살 수 있게 되리라.

첫 발령지에서 만난 J

김도현
hyun19555@daum.net

나는 마산에서 고등학교를 졸업했다. 당시 마산에서 아버지는 운수업을 하시고 엄마는 부림 시장에서 직원도 몇 명 거느리고 옷 장사를 하셨다. 웬만큼 사는 편이었다. 그런데 사람 좋은 아버지께서 대형 사고를 치셨다. 주변 사람들의 빚보증을 서 주셨다가 하루아침에 가진 것을 다 잃게 되었다. 가족들은 서울로 이사했고 서울에서의 생활은 눈물겨운 가난한 삶이 기다리고 있었다.

가정 형편이 어려운 내게 일반 사립 대학교는 꿈도 꿀 수 없었다. 가정 형편과 미래의 직업을 위해 집에서 기차로 통학하는 인천교대를 선택했다. 졸업 후 나는 경기도 화성군으로 초임지 발령을 받았다. 초임지는 거의 집과 먼 곳으로 발령이 나기 때문에 20대 초반을 시골에서 자취나 하숙을 하며 살았다. 친구들은 경기도 전역으로 뿔뿔이 흩어져 발령지로 떠나고 한동안 안부 엽서나 주고 받았을 뿐 제대로 만나지도 못했다.

내가 근무하던 초등학교는 나를 비롯해서 여교사가 선후배까지 10명이었다. 그중 2~3명을 제외한 나머지가 다 미스여서 우린 퇴근 후 어울려서 수다도 떨고, 당시 유행하던 노래를 기타 치며 부르기도 했다. 나는 심심하면 자취집 앞동산에 올라 시골의 논두렁, 밭두렁 길을 아무렇게나 스케치도 하며 지냈다.

학부모들이 가족의 생일이나 작은 행사를 하면 담임을 초대했다. 밥하기 싫어서 우린 몰려다니며 얻어먹었다. 그런 우리들의 행동을 인심 좋은 시골 분들은 다행히 좋아하셨다. 시골 분들은 돈봉투 대신 담임선생에게 감자 한 자루나 금방 낳은 계란 몇 꾸러미를 선물했다. 자취방에 갖다 놓고 먹지도 않았지만 훈훈한 시골의 인심이 묻어나 미소가 절로 나왔다.

우린 주말이면 집으로 달아날 생각에 토요일 수업은 대충, 청소와 정리정돈도 대충, 학교를 빠져 나오기 바빴다. 수원까지 비포장도로를 달리는 직행버스는 2시간에 한번 정도로 다니는 유일한 교통수단이었다. 차를 놓치면 다음 버스를 기다리기가 너무 시간이 아까웠다. 당직이 있는 주를 빼고는 거의 매주 집엘 갔다가 월요일 새벽차를 타고 근무지로 내려오는 생활을 반복하며 살았다.

어느 날, 전주교대를 나온 J가 경기도로 내신을 내서 우리 학교에 왔다. J는 집이 전라도라 멀어서 자주 집에 내려가지도 않고 학교에서 지내는 시간이 많았으며 나와 같은 집에서 자취를 하게 되었다.

J와 나는 많은 얘기를 주고받으며 반죽이 잘 맞는 친구로 지냈다. 우린 연애와 사랑, 집안얘기, 미래의 희망 등 참 화젯거리도 많았다. 그녀의 집은 시골이었고 전주에서 고등학교를 다니느라 하숙을 했는데 몇 년 후 그 하숙집 아들과 사귀게 되었다 했다. 남친이 보내오는 편지를 다 공개해서 그녀의 러브스토리를 지켜보았다. J의 남친

은 성격이 자상해서 그녀의 영양제까지 챙겨 보내왔다. 난 그런 J가 많이 부러웠다.

우린 그때 70년대 유행하는 가수들의 노래를 엄청 좋아했다. 나는 결혼하면 교사를 그만 두고 레코드가게를 차리고 싶다 할 정도였다. 그녀는 내 꿈이 멋있다고 격려와 박수를 쳐주었다.

방학이 되어 J는 고향으로 내려간다며 나더러 놀러 오라고 했다. J가 일러준 대로 고속버스와 시외버스를 갈아타고 갔다. J의 집은 전주에서 꽤 들어가는 시골이었는데 지금은 어딘지 기억도 나지 않는다.

J의 부모님은 나를 친절히 맞아주셨고 딸의 친구를 위해 손수 절구에 찧어 인절미를 만들어 주셨다. 어릴 때 시골에서 자란 나는 그런 J의 집이 참 정겨웠다. 하룻밤을 자고 다음날 우린 전주 시내로 나왔다.

J의 남친이 대접한다고 기다리고 있었다. 깎아놓은 조각상 같이 생긴 선이 굵은 미남이었다. J의 남친 왈 "하도 J가 김 선생 얘기만 해서 어떤 분인지 몹시 궁금했는데 역시 멋있는 분이네요."라고 듣기 좋은 말을 했다. "무엇을 먹고 싶냐?"는 질문에 "전주비빔밥이 유명하다던데…." 했더니 이틀 동안 그곳에 머무르는 내내 그 남자는 매끼를 전주비빔밥만 사주었다. 전주에서 비빔밥 잘 하기로 유명한 집만 골라서 다니며 먹었던 것 같다. 두 끼 정도 먹으면 질릴 줄 알았는데 그때 먹어본 전주비빔밥의 맛은 지금도 잊을 수가 없다. 무얼 넣었는지 기억도 안 나지만 가는 집마다 다 맛이 다르고 먹어도 먹어도 질리지가 않았다. 전라도 음식이 맛있다는 얘기는 거짓말이 아

니었다.

J의 고향을 찾아 구경도 잘하고 J의 남친에게 맛있는 비빔밥을 대접만 받고 보답도 못하고 돌아왔다. 감사한 마음에 '언제 J와 남친을 서울로 불러 보답을 해야지.'라고 생각만 하고 있었다. 그런데 얼마 후 J가 많이 우울해하고 두 사람 사이가 점점 멀어져가는 것 같더니 급기야 결별해버렸다. 그리고 J는 고향 쪽으로 내신을 내서 학교를 떠났다. 나도 성남시로 발령을 받아 초임지를 떠나 서울 집에서 직장을 다니면서 연락이 뜸해져 갔다.

그 후 나에게 J의 남친에게서 전화가 왔다. J가 이기적이고 나쁘다며 J의 흉을 쏟아 부었다. 처음엔 둘 사이를 다시 이어주려고 좀 들어주는 척 했지만 J의 남친 전화는 잦았고 편지와 카세트테이프(내가 그 시절 포크송, 팝송 등을 좋아 하는 줄 알고) 등을 보내오기 시작하더니 그 남자는 큐피트의 화살을 내게로 돌리기 시작했다. 조각미남 같던 남자의 겉모습과 속마음은 좀 다른 듯해 보여 당황스럽고 두 사람 사이에 끼고 싶지도 않아서 내게 보낸 물건들을 돌려보내고 전화도 피하며 내 의사를 전했다. 하지만 그 남자는 멈추지 않고 계속 전화나 편지를 했다.

J와 헤어진 지 1년쯤 지났을 무렵, J에게서 편지가 왔다. 전라도 어느 첩첩산골로 발령을 받아 지낸다는데 많이 외로운 모양이었다. 편지에 사람이 그리운 내용이 적혀 있었다. 곰곰 생각하다가 J의 남친에게 편지를 보냈다. J가 산골에 살며 많이 외로운 상태니 찾아가서 위로하고 두 사람이 다시 화해하기를 바란다는 내용으로 보냈다.

그리고 1년이 채 안 되어 J에게서 청첩장이 왔다. 헤어졌던 남친과 결혼한다며 결혼식에 꼭 내려오라고 쓰여 있었다. 많이 망설였다. 내려가서 축하를 할까? J의 남친이 나를 보기가 민망할 텐데 가지 말까? 그 두 사람을 다시 이어준 메신저가 나인 줄은 J는 모를 거다. 나는 결혼식에 가지 못 했다. 축전이라도 보냈어야 했는데 그때 아무것도 하지 않았던 게 시간이 지나면서 많이 후회되었다. 그 후로 그녀와 영영 연락이 안 된 채로 지금은 어디서 어떻게 사는지도 모른다. 세월이 많이 흘렀다. J의 남친이 이틀 내내 사준 전주비빔밥이 많이 먹고 싶어지고 J도 많이 보고 싶다. 어디서 어떻게 살고 있을까?

비빔밥에 관한 수필 한 편을 읽으면서 젊은 날 J와 함께했던 시간들을 떠올리게 되었다.

인성교육

김동식
eden-kim@daum.net

예로부터 우리 선대들은 자식들을 교육함에 있어 엄격하게 하는 것을 미덕으로 삼아 바르게 자라도록 최선을 다해 왔다. '세 살 적 버릇이 여든까지 간다'는 속담이 있다. 아이가 세 살쯤 되면 버릇이 들 때다. 어릴 때 몸에 밴 버릇은 쉽게 고쳐지지 않고 늙을 때까지 가며 잘 고쳐지지 않기 때문에 어릴 때 바로 잡아야 한다는 교훈이다.

'매를 아끼면 자식을 망친다. 고운 자식 매 한 대 더 때리고, 미운 자식 떡 하나 더 준다.'는 속담도 전해 내려오고 있다. 귀한 자식일수록 잘 키우려면 매를 들어서라도 버릇은 당장 고쳐야하며, 좋게만 해주는 것은 오히려 자식을 망친다는 것이다. 또한 미운 짓을 하는 자식이라도 미워만 할 것이 아니라 곱게 잘 다스리고 다독여야 한다는 것이다.

열 손가락 깨물어 안 아픈 손가락 없다. 자식은 하나같이 모두가 다 같이 귀하고 아끼는 존재다. 부모 치고 어린 자식의 몸에 매를 대기를 좋아하는 부모는 없다. 자식의 아픔은 바로 부모의 아픔인 것이다. 부모 자식지간은 하늘의 인연으로 맺어진 천륜으로 끊을 수도 없고 변할 수도 없다.

우리 선대들은 조금도 때 묻지 않은 자연그대로의 순진무구한 본성으로 태어난 자식이 성장과정에서 나쁜 버릇이 들지 않도록 서슴지 않고 가차 없이 매를 들었다. 그렇다고 마음대로 함부로 생각 없이 다루지 않았다. 매도 매 나름이었다. 부모가 분노해서 때리는 것이 아니기에 아무것이나 쓰지 아니하고 주변에서 흔히 구할 수 있는 가느다란 싸리나무를 회초리로 삼았다. 싸리나무 회초리는 폭력용이 아니기에 아무데나 마구 때리지 않고 살 깊은 종아리만을 가려서 때렸다.

종아리는 살이 깊어 상처를 잘 남기지 않고 멍도 잘 들지 않으며, 맞을 때는 따끔할 뿐, 정신을 번쩍 들게 만드는 수단이었다. 따라서 이 회초리는 부모가 화가 나서 때리는 것이 아니고 스스로 잘못을 깨치도록 하는 도구임을 인식시키기 위해 눈에 잘 보이는 곳에 걸어두고, 필요를 느낄 때만 들고 오게 하여 반성의 기회를 주었다. 부모가 먼저 회초리를 들게 되면 반성보다 공포심을 먼저 느끼는 점을 감안한 것이었다. 이것이야말로 부모의 진정한 사랑이 담긴 매였다.

이러한 매질은 처벌의 수단이 아니라, 오직 성장과정에 있는 철없는 어린 자식으로 하여금 바른 길로 인도하는 기본 필수 과정이었다. 이는 우리 미래세대를 위한 기본교육으로 자신의 내면을 가꾸고 타인이나 사회공동체와 더불어 살아가는 데 필요한 역량을 기르는 기본적인 교육인 '인성교육'이었다. 이는 건전하고 올바른 인성을 갖춘 시민을 육성하여 국가사회의 발전에 이바지함을 목적에 두고 있다.

이런 '인성교육'은 지난 우리 선대들이 남겨준 값진 교육으로서, 후

손들은 이 정신을 이어받아서 바라던 훌륭한 사회인의 한 사람으로 태어나게 함에 기여해 왔다. 근세에 접어들어 산업화시대로 진입하면서 개인주의로 치우쳐 남과 더불어 살아갈 수 있게 길러주는 '인성교육'의 중요성이 새로운 과제로 등장케 됐다. 유아기는 특히 신체적, 사회적, 정서적 발달이 형성되는 시기인지라 올바른 '인성교육'이 강조되는 시기이다. '인성교육'은 자라나는 세대를 위한 필수 교육이다.

'인성교육'이란 마음의 바탕이나 사람의 됨됨이 등의 성품을 함양시키기 교육이다. 이러한 교육은 사람이 살아가는 데 기준이 되는 가치관과 행동이 그 사람의 인격을 만든다는 것이다. 물질문명의 발달로 인해 심화되는 인간성의 상실 요인을 제거하고 개인주의와 이기주의 성향의 사고방식을 탈피하기 위한 '인성교육'은 필수불가결한 것이다.

지난 과거의 우리 구세대들은 선대들이 실시해온 감정 없는 '사랑의 매', '회초리 교육'으로 떳떳한 한 사람의 사회인으로 자랄 수 있었다. '인성교육'은 미래세대에게 이어줄 중대한 교육으로서, 사람의 성품을 함양시키고 자신의 내면을 바르고 건전하게 함과 동시에 국가사회 발전에 이바지함을 목적으로 하는 '인성교육진흥법'이 제정돼 시행되고 있다. 여기에는 국가 등의 책무, '인성교육'의 기본 방향 등을 규정하고 있다.

이 법의 시행으로 민주시민으로서의 자질향상과 인류공영의 이상이 실현돼 가고 있다. 따라서 이와 같은 '인성교육'은 사회와 국가가 성장하고 발전하기 위해서 매우 중요한 것이다.

기찬 랜드

김명원
206kmo@naver.com

기찬 랜드는 전남 영암군 영암읍 회문리에 위치한다. 백두대간을 따라 남쪽으로 내려오면 마지막 산맥인 소백산 끝자락 월출산에 이른다. 월출산은 기암괴석으로 이루어져 산세가 아름다워 소금강이라 불리어온다. 웅장한 기백이 넘쳐흐른다. 한반도의 기가 월출산에 이르러 마지막으로 기찬 랜드에 머물러 있다.

월출산 정상인 천황봉에 올라 내려다보면 산맥의 정기가 작은골로 쏟아져 있다. 천황봉에서 발원한 물줄기는 작은골 은청폭포를 지나 용추폭포와 개금바위를 지나 기찬 랜드에 이른다. 기찬 랜드는 월출산의 기가 흘러 마지막으로 맺혀진 곳이다. 누가 기찬 랜드라 명명했는지 참으로 기(氣)가 막힌다.

이곳에는 가야금태마공원 삼림욕장 웰빙 기도로(氣道路) 펜션, 자연형 풀장 등이 형성되어 많은 사람들이 찾아온다.

마을 이름 회문리는 행정구역상 명칭이고 원래의 마을 이름은 회의촌(會蟻村)이다. 회의촌은 개미떼가 몰려드는 마을이란 뜻이다. 진정 개미떼처럼 사람들이 모여드는 고장이 되고 있다. 사람들이 많이 모이는 초, 중, 고등학교가 있고 고아원도 있다. 근래에는 기찬 랜드가 조성되어 각지에서 사람들이 찾아온다.

여기에 조성된 마을이 회의촌이다. 수백 년 전, 마을 이름을 회의촌이라 이름 지어주신 선대들의 선견지명에 감탄사가 절로 나온다. 이름 그대로 많은 사람들이 몰려드는 고장으로 발전 되어가고 있기 때문이다.

기찬 랜드가 소재한 회의촌에는 많은 인재들이 배출했다. 가야금 산조의 창시자인 김창조 선생이 탄생했고, 우리나라 바둑황제에 등극한 조훈현 9단도 이곳에서 태어났다. 이 마을에는 국가에서 그를 기르기 위해 조훈현 바둑기념관이 건립되어 있고 후진을 양성하기 위한 행사도 이루어지고 있다. 그리고 이곳에 개설된 자연풀장 위에는 도백교가 설치되어 있다. 도백교(道白橋)는 이 마을 출신 해병대 사령관 강기천 장군을 기념하여 설치하였다. 또한 영암이 탄생한 국민가수 하춘하의 노래비도 여기에 새워져 있다.

회의촌은 백여 호가 사는 적은 마을이지만 인물도 많이 배출했다. 역사적으론 김창조 선생이 탄생했고, 근세에는 교수, 군수, 교육장, 교장, 농협지부장, 이사관, 서기관, 대령 등 그밖에도 많은 인재들을 배출했다.

기찬 랜드 가야금산조 공연장은 바로 내가 태어난 생가 터다. 지금은 가야금 공연장으로 변했으나 행사 때는 많은 사람들이 몰려들어 즐거운 잔치가 벌어지곤 한다. 생가 터에 잔치가 벌어지면 마음이 즐겁고 기쁘다.

기찬 랜드 북쪽 언덕에는 가야금 동산이 있다. 이 동산 중앙에는 둥글게 펼쳐진 방석 바위가 있어 여름이면 장기나 바둑도 두었다.

지금은 '김창조 선생이 가야금을 연주한 바위'라 쓰여 있다. 방석 바위 옆에는 말처럼 생긴 말 바위가 있어 그 바위에 올라 말 타기 장난도 하고 우거진 소나무 숲을 이용하여 병정 노리도 하곤 했었다.

기찬 랜드는 내가 태어난 생가 터요, 어린 시절 많은 추억이 서린 곳이다. 꿈속에서도 천진난만한 그 시절이 재연되고 세월이 지날수록 옥을 캐듯이 역사적인 사실이 새로워진다.

지금은 관광과 힐링의 명소다. 월출산 작은골 끝자락에 기가 맺혀 있는 기찬 랜드는 소중한 자연의 유산이며 명승지로 대대로 이어갈 것이다.

남창을 열며

김미자
marianna55@daum.net

베란다의 민들레와 눈을 맞춘다. 며칠 전, 기온 37℃의 맹더위 속에 피었던 꽃이 어느새 솜털뭉치가 되어 남실거린다. 이상 고온에 에어컨 실외기의 열기까지 더해져 숯가마처럼 뜨거운 베란다에 꽃이 핀 것만도 놀라운데, 씨까지 맺다니…. 조그만 꽃의 결기에 거듭 감탄할 뿐이다.

2년 전 봄, 베란다 화초의 묵은 잎을 걷어내다 잔가지에 걸린 조그만 털뭉치를 발견했다. 언제 날아들었는지, 삿갓 모양의 관모를 보고 민들레 씨앗이라 짐작했다. 자연으로 보내려다 호기심이 생겨, 빈 화분에 심고 물을 주었다.

민들레는 좀처럼 얼굴을 보여주지 않았다. 두 계절이 더 가고 11월에야 싹이 돋았다. 영양제를 주고 볕바른 창가로 옮겨주었다. 창문을 자주 열어 대지의 기운을 느끼게 했다. 말도 걸고 사진도 찍으며 관심을 기울이고.

12월 말, 첫 꽃이 피었다. 한겨울의 민들레, 앙증맞았다. 야생의 것만큼 야무지진 않아도 봄을 느끼기에 충분했다. 꽃에게 동요 '민들레'를 불러주었다. 방실거리던 꽃이 씨앗이 되어 날아갈 땐 애잔한 마음이었다. 꽃씨를 보내며 쓴 시를 외어본다.

밤사이 핀 눈꽃이
햇살에 비껴 눈부신 오늘은
먼 길 떠나기 좋은 날
베란다 오지화분 속 민들레
가녀린 꽃씨야
외투도 식량도 나침반도 없이
외벌 날개옷만으로 떠나려느냐

너를 위해 남창을 여느니
떠올라라 꽃씨야
푸르청청 바람을 타고
고이 간직한 꿈만큼이나
높이 솟구쳐 날아라, 날아라
멀리 떨어진 씨앗 크게 자란다 하지 않더냐

꽃씨야, 겨울 길 떠나는 아가야
두려움 버리고 후련히 날아
외진 길섶 산모롱이에 덥석 내려라
어느 날 다시 꽃샘바람 휘감칠지라도
언 땅을 뚫고 활짝 피어나라
무구한 웃음으로 가장 먼저
빛나는 봄을 열어라.

– 자작시 「겨울여행」 전문

겨우내 남창에 비끼는 볕을 거두어 잎 늘리고 꽃 피운다. 꽃이 지고 사나흘이면 훌쩍 솟은 꽃대 위에 뭉쳐 매달린 백여 개의 씨앗이 몸을 말린다. 더 가벼워지기 위해, 더 멀리 날기 위해. 때를 맞춰 창을 열어주면 민들레는 몸을 흔들며 바람을 가늠하다 씨앗을 날려 보낸다. 그리고 고요해진다. 아무 일 없다는 듯 미동도 없지만 나는 그 곁을 쉬이 떠나지 못한다. 영이별을 한 그가 안쓰러워서, 내 가슴도 허전해서.

11층 베란다의 화분 속 민들레도 떠나고 싶을까, 저 창 너머 어딘가로. 그러나 그는 자신이 뿌리내린 이곳, 제 소생들의 태자리를 차마 떠나지 못한다. 그저 싱싱하던 잎들이 시름시름 시들 뿐이니 소임을 다한 후의 소멸이다. 나는 마른 잎을 떼어내고 다시 물을 준다. 뿌리 끝까지 흠뻑 젖으라고.

낮고 옹색한 처지를 비관하지 않는 민들레. 역할에 집중하여 제 몸을 텅 비워내고선 이내 초연해지는 작은 꽃. 올해도 열 차례 이상 꽃 피워 씨앗을 냈다. 그 근면한 일상을 지켜보다 함빡 정들어 친구가 되고 사랑하는 가족이 되었다.

놓인 자리에서 최선을 다하는 민들레. 그의 생활은 내 사는 모습과 닮았으니 나도 고향을 떠나와 처한 자리에서 열심히 살고 있다. 가정을 건사하고 자녀를 길러 떠나보내며. 다만 더러 고향을 찾기도 하고 언제든 아이들을 볼 수 있는 것이 다를 뿐.

그럼에도 늘 고향이 그립고 아이들이 멀어질까 두려운데, 저 조그만 꽃은 고향은 물론 자손과 영이별하고도 의연할 뿐이니, 나보다 한수 위가 아닌가 하여 때로 숙연해지기도 한다. 영근 씨앗을 보며 저들 중 몇이라도 다시 돌아온다면 민들레가 기뻐할 거라는 상상도 한다. 그가 내게로 와 기쁨이 된 것처럼.

금방이라도 떠오를 듯 탱글탱글한 씨앗들과 눈을 맞추다가 "미안하다."고 속삭인다. 솜털뭉치를 조금 떼어 민들레 곁에 묻는다. 오래 생각한 계획의 실천이다. 이제 창을 열고 주문을 윈다. 날아가는 씨앗들이 보이지 않을 때까지 손을 흔들며.

"안녕, 안녕! 가서 잘 살아라. 고향이 그리우면 언제든 돌아오너라. 그날을 위해 남창을 열어둘 테니…."

삼치(三痴)

김성철
ksc54k@naver.com

삼치라 하면 춤을 출 때 몸의 움직임이 박자를 따르지 못하고 혼자 흥에 겨워 노는 몸치, 노래 부를 때 홀로 음이 이탈하여 다른 세상으로 가는 음치, 그리고 박자가 제작자의 의도를 무시하고 살아 움직여 따로 노는 박치, 이렇게 세 가지가 경지에 이른 사람을 말한다. 물론 이 삼치의 정의는 나 혼자 자의적으로 내린 결론이며 국어사전에서 찾을 수 없는 정의이다.

나는 이러한 삼치의 경지에 도달하지 못하고 그 주변을 맴돌고 있어 가끔 노래를 부르면 음정이나 박자가 잘 맞다가도 갑자기 늦거나 빠르거나 살아 움직인다. 예를 들어 김건모의 '잘못된 만남' 같이 반 박자가 들어가는 노래는 혼자만 흥얼거리고 행여라도 누가 들으면 '편곡의 귀재'라고 놀렸지만 나는 아직도 이것을 인정하지 않는다.

나는 흥이 없어 기쁜 일이나 슬픈 일이 닥쳤을 때 감정 표현을 잘 못한다. 기쁠 때는 소리 치르면서 춤이라도 추고 싶고, 슬플 때는 서로 손잡고 큰소리로 울고 싶지만 쳐다보는 시선이 부담스러워 자신을 돌아보고 아무것도 하지 못한다.

부모님이나 가까운 분이 돌아가셨을 때 남들은 관을 붙들고 큰소리로 울부짖으며 다시 만날 수 없는 슬픔을 표현하지만 나는 부모님이 돌아가셨을 때 그리하지 못했다. 다시는 보지 못하는 슬픔을 남들과 같이 표현하지 못하고 흐르는 눈물을 막지 않으므로 그 슬픔을 대신했다.

내가 대학생활을 시작하고 친구들과 많이 불렀던 노래는 아침이슬과 타박네다. 두 곡 모두 저항가요로 금지곡으로 지정되었다. 지금은 풀렸지만 당시에는 방송 금지곡이었다. 그래서 우리가 더욱 이 노래를 불렀는지도 모르겠다.

모두 떼창하기 좋은 노래였고 학교 앞 막걸리 집에서 남을 의식하지 않고 그저 서로가 자기 흥에 겨워 다 같이 소리 높여 부르기 좋았다.

타박네는 전국적으로 전래 동요로 불려지고 추모요로 알려졌으며 지방마다 약간의 가사가 다르고 '다북녀' '따북녀' '다복녀' 등 서로 약간은 다른 이름으로 불리우기도 한다. 엄필진(嚴弼鎭)이 지은 『조선동요집(朝鮮童謠集)』에서 엄필진은 「내 어머니 젖맛」이라는 성천(成川) 지방 동요를 소개하고 나서, 뒤에 '평안북도 지방의 방언으로 머리 다부룩한 소녀를 일으는 말이요.'라고 주(註)를 달아 놓았다. 이 노래는 4·4조로 이어지는 문답체 동요로, 명령과 부정의 문답식 대화가 계속되다가 결사(結詞)에 가서는 어머니의 무덤을 찾게 된다. 이 작품의 고난과 시련, 성취의 구조는 마치 설화 구조를 닮고 있다라고 한국민족대백과사전에 기록되어 있다.

타박네를 부른 가수는 여럿이 있지만 70년대 당시 3대 포크 가수로 회자 되었던 서유석, 김민기, 한대수 중 서유석이 부른 타박네는 함경도 지방의 구전가요로 빠른 템포로 크게 높거나 낮지도 않은 음정에 엄마를 잃은 소녀가 엄마의 무덤가에 찾아가 엄마를 그리는 노래이지만 그때 그 시절에 다 같이 떼창하기가 좋은 노래였다.

특히나 가수 서유석은 청소년 핸드볼 국가대표 출신이라는 이색적인 이력을 소유하고 구수한 입담과 남성적인 매력이 넘치며 중저음의 진성과 가성을 넘나드는 독창적인 창법으로 인기 몰이를 했다. 그래서 내가 더 좋아하고 이 노래를 불렀는지도 모르겠다.

학교를 졸업하고 사회생활을 시작한 후 회식자리에서 노래하게 되면 무반주로 편곡해서 부르기 좋았고 노래방에서 부르려면 반주를 최소로 하고 가사만 보고 내 맘대로 부르기 좋았다.

지난 토요일 저녁 안양 시내를 지나다가 안양 일번가 토속 막걸리 집에서 이 노래가 흘러나왔다. 길을 가다 말고 한참을 가사를 음미하며 서 있었다.

어머니가 돌아가신 지 이제 이년이 흘렀다. 장례를 치르는 그 순간에는 어머니와 같이 하던 시간들이 다시 올 수 없어 흐르는 눈물을 막을 수 없었더니 이제는 조금씩 잊혀져 가고 있다.

그런데 노랫말이 하나하나 가슴에 와 닿으면서 이제야 부모님 살아생전 좋은 것을 다 못해 드린 것, 또 이제는 그리 못하는 현실에 가슴 아파졌다.

우리는 부모님이 살아 계실 때는 힘들면 부모님 품을 찾지만, 조금 형편이 나아지면 언제 그랬냐는 듯 또 잊고 산다.

우리는 소중한 것이 내 품안에 있을 때에는 소중한 것을 느끼지 못하고 그것이 나를 떠난 후에야 아쉽고, 그리운 존재가 되어 버린 후에야 필요함을 느낀다.

부모님이 떠나신 후가 그렇고, 건강이 나빠진 후가 그렇고, 커다란 꿈을 품고 사직한 일이 예상대로 되지 않을 때가 그렇다.

가게 앞을 떠나오면서 혼자 조용히 노랫말을 음미해 본다.

> 타박타박 타박네야, 너 어드메 울고가니
> 우리 엄마 무덤가에 젖 먹으러 찾아간다.
> 물이 깊어서 못 간단다. 물이 깊으면 헤엄치지.
> 산이 높아서 못 간단다. 산이 높으면 기어가지
> 명태 줄라, 명태 싫다. 가지 줄라, 가지 싫다.
> 우리 엄마 젖을 다오. 우리 엄마 젖을 다오.

집에 가면 꼭 원곡을 찾아서 원곡대로 불러 봐야겠다. 서유석의 독창적인 창법은 흉내를 내지 못해도 돌아가신 어머님을 생각하며 그 감정을 담아 부를 수 있도록 하고 언젠가는 나도 삼치의 경지를 멀리 벗어날 수 있는 때가 있기를 믿고, 꿈꾸면서 불러봐야겠다.

사노라면

김은성
kimjg8878@naver.com

지난날 살아오면서 성취감을 느껴보고 만족했을 때가 있었다. 서민들 사는 주택가에 48평 단독주택을 소유하고 살았었다. 비만 오면 하수도가 넘쳐서 세준 사람들한테 미안하여 어찌할 바를 몰랐다.

어느 해 섣달 그믐날 늦은 밤에 보일러가 터져서 아래층 세입자 방 천장에서 까만 물이 흘러내린다고 야단이었다. 2층 보일러실에 연탄도 함께 싸놓아서 까만 물이 한강이 되었다. 보일러 회사에 전화를 했더니 직원이 와서 발이 푹 빠져도 친절하게 고쳐 주어서 고맙고 그 회사를 신뢰하게 되었다.

물을 퍼내야만 하는데, 남편은 사업한다는 핑계로 술 마시고 밤늦게 들어와 드르렁드르렁 코를 골며 자고 있는데 깨울 수가 없었다. 딸아이는 대학 시험공부에 시달리다가 책상에 코를 박고 있어서 고등학교 다니는 두 아들과 까만 물을 밤새도록 양동이로 퍼서 개울가에 버리다가 나중에는 힘들어서 골목길에 마구 버렸다.

다음날은 1월 1일이라 쉬는 날이다. 남편은 새벽에 친구들하고 산에 갔다 오면서 보니 우리 집 골목길이 까맣다고 하면서 무슨 일이 있었냐고 하였다. 밤새도록 두 아들과 전쟁을 치르다시피 했는데, 밤새 일어난 끔찍한 일을 모르는 것이다. 그래서 집을 헐고 새로 건축해야 한다고 했으나 동의하지 않았다. 사업하느라 정신이 없고 돈도 없다고 하였다.

해서 내가 알아서 집을 짓는다며, 건축업자를 찾아가 계약하고 은행융자를 받아 세입자들 보증금을 내주었다. 건축이 시작되었으나 이웃집에서 방해가 말도 못 했다. 그때 받은 스트레스는 말할 수 없다. 집 짓다가 죽는 사람도 있다는 말도 있다. 서민들 사는 동네 가운데 양옥집이 멋있게 들어서는 것을 이웃사람들이 곱게 봐주지 않았다. 그래도 완공하였다. 마루에는 치옥석을 깔고 이층 올라가는 계단은 통나무로 하여 운치가 있어 들며 나며 바라보고 사노라면 이렇게 성취감을 느낄 때도 있구나 하며 행복했었다.

옥상에는 흙을 한차 퍼 올려서 작은 텃밭을 만들었다. 각종 야채를 심어서 우리 식구가 먹고도 남았다. 또 포도나무를 한 그루 심었는데 파란 포도송이가 주렁주렁 열어서 익으면 따먹는다고 좋아했는데, 며칠 후에 보니 포도송이가 쪼글쪼글 수분이 빠지고 익지 않는데 원인을 알 수가 없었다. 그 이듬해에도 똑같았다. 몇 년이 지난 후에야 과수원 하는 지인한테서 들었다. 포도나무 껍질을 벗겨주어야 병충해가 생기지 않는다고 했다.

애착 가는 그 집에서 3년도 못 살고 집을 팔았다. 남편이 사업을 접었는데 수익성도 없는 집에서 살 수가 없어 팔고 보니 또 마땅한 집이 없어 후회를 했었다. 같은 동네 언덕배기 올라가서 평수가 더 넓은 새로 지은 양옥집을 대출 안고 샀다. 버스정류장에서 집에 가려면 온몸에 땀이 젖었다. 그런데다가 국제 금융위기가 와서 은행 대출이자를 감당하기 힘들었다. 큰아들이 회사를 다니는데 월급을 생필품인 비누, 치약, 샴푸 등으로 받아올 정도로 나라 경제가 어려웠다. 아들 친구는 그나마 회사 다니는 것을 부러워했었다.

그런데 내가 교통사고까지 나서 사경을 헤매며 병원에서는 가망이 없다고 하였다. 나의 삶이 딱 멈춘 것 같고 블랙홀에 빠진 것 같았다. 백일 동안 물도 못 먹게 했다. 링거로만 수분 공급을 하였다. 부동산에서는 병원까지 찾아와 집을 아주 싸게 팔라고 했다. 많은 가재도구를 옮길 수도 없고 싸게는 안 판다고 하였다. 백일 만에 퇴원하였다. 주님께서 치료하시고 생명을 연장시켜 주신 것이다.

그 후 주택공사에 찾아가 주택매매 신청서류를 접수하였더니, 서운하지 않은 가격에 팔았다. 그러나 은행융자금과 전세금 주고 나니 판매금액 중 반절밖에 남지 않았다. 조그마한 연립 한 동 살 수밖에 없었다. '돈을 벌려면 돈 벌은 사람을 사귀라'는 말이 생각나서 동네 유지뻘 되고 부동산을 많이 가지고 있는 사람을 찾아다녔다.

그 사람이 평택에 땅을 사서 원룸을 지어 보라며 친척 시동생 된다는 건축업자를 소개해 주었다. 그래서 말만 듣던 평택을 가보니 산은 없고 땅만 평평하였다. 밭으로 되어있는 땅 175평을 샀다. 건축허가가 나와 있어서 건축을 하면 대지로 지목 변경이 된다고 하였지만 애로가 많았다.

다시 팔고 싶어도 팔 수가 없고 집을 안 지으면 벌금이 나온다고 하였다. 소개받은 건축업자는 빚이래도 더 얻어오라며 독촉하였다. 나는 다른 업자를 알아보고 다니던 중 그곳에서 원룸 100여 채 지은 건축업자를 알게 되었다. 평당 건축 가격도 저렴하게 계약하고 모자라는 돈은 다 지은 후 전세금 빼서 달라고 하였다. 다른 건물보다 원룸을 더 잘 지었다. 1층은 주차장 2, 3, 4층은 원룸 12개 투룸 6개 18세대를 지었다. 참 감사한 일이다.

노년에 건물 하나 가지고 달세 받아먹고 살기를 원했는데, 꿈을 이룬 것이다. 불가능한 것을 가능케 하시고 지금까지 호흡할 수 있게 하신 주님께 감사드린다. 사노라면 희로애락(喜怒哀樂)을 비껴 갈 수는 없는 것 같다.

생각의 유희

김지수
kkjisu@daum.net

'세월이 고개를 넘는 소리가 들리는 것 같다'는 어느 스님의 말씀이 생각난다. 그것은 아무나 가질 수 없는 깨달음이요 여유가 있다고 감지되는 것은 아닐 것이다. 나는 겨우 세월이 왜 이리 빠르고 덧없을까 하는 생각을 한다. 그리곤 자신을 되돌아보지만 보이는 게 없다. 간간이 후회스러운 일들이 떠오를 뿐. 그렇다고 조급해하며 허둥댈 수는 없다. 급하면 넘어지니 차라리 아무것도 없느니만 못하다.

홀로 있는 시간이 점점 많아진다. 싫지는 않다. 그 시간이야말로 집안 단속을 하듯 나의 안과 밖을 살피게 된다. 혼자가 아니면 나를 만날 수 없다. 나를 만나지 않으면 아무것도 이루어지지 않는다. 글은 물론이요 단순 노동인 집안 살림조차 그렇다. 같은 일이라도 생각을 하고 하는 것과 무심코 하는 것에는 많은 차이가 있다. 무심히 하는 일은 습관적인 반복일 뿐, '명상은 깨어있는 존재의 꽃'이요 '고독 속에서 자신을 만들어 간다'는 말이 비로소 실감이 되는 요즈음이다.

여름을 좋아하지 않지만 손님처럼 맞이한다. 오랜만에 왔고 또 때가 되면 붙잡아도 머물지 않을 테니. 유난히 긴 장마에 연일 눅눅한 날씨, 불쾌지수가 높다. 거실에 화문석을 깔았다. 건너 방에 있던 태극선이며 죌부채, 분홍, 연두 막부채들을 커다란 항아리에 담아 마루 한편에 내놓았다. 보기만 해도 시원하다. 부채바람이 이는 듯 눅눅한 날씨가 한결 개운하게 느껴진다. 죌 부채를 펴본다. '三秋明月 萬里長江'이라고 일필휘지 해주신 어른이 거기 계신다. 그분이 병원에 계실 때 나를 찾더라는 말을 듣고도 가뵙지 못했다. 두고두고 죄스럽다. 받기만 한 그 깊은 뜻에 예를 다하지 못한 것 같아 후회스럽다. 마음에 추를 매단 듯 무겁다.

며칠 동안 외출을 하지 않으니 집안의 구석구석이 눈에 들어온다. 특히 옷장이 그렇다. 20년, 심지어 30년 된 옷조차 장속에 걸려있다. 오늘은 작정을 하고 정리를 해본다. 모양새가 좋아도 불편한 것보다, 오래된 것이지만 전과 달리 편안한 것을 간직하게 된다. 유행은 별로 상관치 않는다. 그냥 어울린다 생각 되면 버리지 않고 세월을 같이한다. 사실 오래된 옷들이 더 수두룩했다. 가끔 새 옷도 사지만 구관이 명관이라고 전의 옷을 입는 것이 차라리 모양새도 좋고 편할 때가 많다. 헐렁해진 옷장에 숨통이 트인다.

집안을 둘러본다. 신발이며 그릇도 정리할게 많다. 특히 그릇을 좋아하는 나는 무거운 줄도 모르고 여행지에서 구입한 것들이 많다. 하나하나 잊고싶지 않은 이야기들을 가지고 있다. 수탉모양의 접시는 미국(lA irvine)친구를, 은을 두른 장식용 접시는 모로코의 한골목이 떠오른다. 그러나 그 추억조차 내가 아닌 남에겐 짐이 될지 모른다. 쉽진 않겠지만 내가 할 일들이다.

순간순간, 일초 전 이초 전. 다시는 되돌아 갈 수 없는 과거가 되어가고 있다. 현재란 존재치 않고 과거와 알 수 없는 미래만 있는 것 같아 왠지 두렵고 불안 하다. 그러다가 한 생각이 퍼뜩 뇌리를 스친다. 아! 약속을 하는 거다. 그러면 적어도 약속한 그날들은 내가 무엇을 할지 누구를 만날지 알 수 있을 게 아닌가. 그런 생각으로 하루를 계획해 보았다. 하지만 전화벨이 울리고, 약속하지 않은 방문객 등 이 또한 예측불허, 계획된 미래 역시 온전한 나의 것이 아니다.

어떻게 하면 시간과 공간을 내 것으로 할 수 있을까. 학문의 척도, 도리를 감각하는 힘, 참과 거짓을 가릴 줄 아는 분별력, 그것들만 있으면 가능한 것일까? 생각이 꼬리를 물지만 답이 없다.

'있고 없음은 서로를 낳아주고, 쉽고 어려움은 서로를 이루어주며, 길고 짧음은 상대를 드러내주고, 높고 낮음은 서로를 다르게 하며, 음과 소리는 서로 화답하고, 앞과 뒤는 서로를 뒤 따른다' 는 노자의 가르침이 가슴 속에 익어질 때 바른 답을 터득하게 될런지.

세월의 흐름이야 내 힘으로 어쩔 수 없다해도 내 몫의 삶은 온전히 내 자신이 만들어야 한다. 늙는다는 건 누추한 게 아니라 삶을 정화시키는 과정이라고 이런 저런 짧은 생각들을 해보지만 오늘도 어제처럼 하루가 저문다.

마음의 온도

김정의
writer17@daum.net

추운 겨울이 지나고 봄이 와야 파란 새싹이 돋아난다.

사람 마음에도 온기가 있어야만 사랑의 싹이 움튼다. 인간은 태어나면서부터 혈연으로 맺어진 가족, 살아오는 동안의 여러 인연들과 더불어 살아가게 된다. 헤아려보면 지구 75억 인구 중에 나와 맺어진 사람은 아주 미미한 숫자에 불과하다. 얼마나 귀하고 소중한 나의 인연들인가.

인연의 끈을 꾸준히 이어가려면 성실하고 진실한 마음가짐이 필요하다. 평소엔 잘 모르다가도 힘들고 슬픈 일이 닥쳤을 때나 기쁜 일로 축하받을 일이 생겼을 때, 상대방 마음의 온도차를 확연히 감지하게 된다. 진심이 담긴 말과 행동, 얼굴 표정 하나에서 내면의 온도가 드러난다.

3년 전 초가을, 나는 두 번째 수필집 『노을빛에 익어가는 열매』를 출간했다. 첫 수필집을 낸 후 어쩌다가 10여 년이 훌쩍 흘렀다. 생의 뒤안길에 이르고 보니, 사랑하는 사람들 한 분 한 분이 하늘나라로 길을 떠나는 게 아닌가. 정신이 번쩍 들었다. 더 늦기 전에 나와 인연한 분들께 내 삶의 편린인 수필집이라도 편지 띄우는 심정으로 보내드리고 싶었다. 한여름 복중에 서둘러 원고를 정리하고 가을 초입에 책이 나왔다. 이 수필집을 매개로 그리운 이들과 마음이 닿는다면 내 글 인생의 알찬 열매려니 싶었다. 하지만 세월의 흐름 속에 어쩌다 끊긴 소식으로 주소와 전화번호가 확실치 않은 이들이 많았다. 서두르지 않으면 영영 멀어질 것만 같았다. 여러모로 그들의 전화번호와 주소를 알아내느라 애를 먹었다.

책이 나오자마자 정성껏 사인하여 무사히 들어가길 빌면서 곳곳으로 발송했다. 얼마 후, 정겨운 소식들이 날아들기 시작했다. 하마터면 끊길 뻔한 인연이 연결되어 감격스럽고 감사했다. 옛 동무의 가슴 뭉클한 손편지엔 눈물이 글썽거렸다. 책을 잘 받았다는 전화만으로도 고마웠다. 반세기도 넘은 세월 저쪽, 첫 부임지에서 만난 20대의 스승과 10대의 제자들은 꿈같은 황혼의 해후를 함께 얼싸안고 감격했다. 설렘이었다. 축하의 메일이며 독후감, 천 송이의 장미를 담은 동영상, 따스한 문자와 카카오 톡, 답례로 보낸 문인들의 저서 등. 그 다양한 사랑의 선물에 답신을 띄우느라 한동안은 바쁘면서도 행복했다. 마음과 마음의 만남은 그토록 따스한 것이구나. 이 땅에 함께 살고 있음의 따스한 징표였다.

그런데 정작 기다렸던 친지의 묵묵부답에 신경이 쓰이고 답답했다. 책이 분실됐나 싶어 조심스레 걸어 본 전화에 "응 받았는데 깜박했네." 무심한 답에 마음이 시렸다. 서운하고 힘이 빠졌다. 지난 시절 퍽 가깝던 사이였는데…. 사람의 마음이 한결같을 수야 없지만, 온·냉이 급변하진 말 일이다. 생의 춥고 모진 날 온기로 데워 준 인연을 외면하면 서글퍼진다. 이는 나를 다시 돌아보고 들여다보게 되는 채찍이었다. 상대방을 섭섭지 않게 하고 기쁨과 신뢰를 줄 수 있는 마음가짐. 이도 성실한 노력과 아량으로 끊임없이 온기를 다스려야만 관계가 지속될 게다.

봄가을이 살기 좋은 건 알맞은 기온 때문이다. 마음과 마음 사이에도 적절한 거리와 온도가 유지되어야 좋은 사귐이 될 터. 포근한 이불을 덮은 것처럼 편안한 사람의 마음온도는 몇 도일까. 관계가 갑자기 뜨거워지면 화상을 입힐 수 있고, 너무 식어버리면 동상으로 고통을 받게 된다. 상대에게 부담을 주거나 짐이 되지 않으려면 항시 자기 다스림이 필요할 터이다.

좀처럼 숨길 수 없는 것이 사람의 마음이다. 마음은 마음이 먼저 보고 느낀다. '以心傳心'이란 말에 고개가 끄덕여지는 이유다. 사랑은 주고받을 때 다이돌핀이 샘물처럼 솟아난다. 주기만 하는 짝사랑, 받기만 하는 이기적 사랑은 병든 사랑이지 싶다. 인간관계도 주고받는 수수(授受)의 마음을 유지해야 건강하고 아름답다.

고도로 편리해진 통신망과 교통에 맘만 먹으면 안부를 묻고 만날 수가 있다. 손에는 항시 전화기를 쥐고 있지만 닫힌 마음이 문제다. 마음이 열려 있어야 감사의 햇빛도, 소통의 바람도 쏘일 수가 있다. 가장 힘들 때 생각나고, 기쁠 때 보고 싶고, 외로울 때 그리운 사람, 그러한 사람이 되면 얼마나 좋겠는가.

차가운 연말이면, 거리엔 자선냄비가 딸랑거린다. 마음 없으면 보이지도 들리지도 않는다. 내부의 빛이 사그라져 온기가 식지 않도록, 꾸준히 마음의 불씨를 살펴 가꿔야 하련만. 당신 때문에 행복해 하는 사람이 있다는 것은 축복이다. 사는 것이 신나고 재미난 사람은 사랑하는 사람이다. 지금, 내 마음의 온도는 몇 도를 유지하고 있을지….

벙어리장갑

김지영
kjyoung123@daum.net

암컷 거문개똥거미는 제 배 속의 내장을 뽑아서 거미줄을 만든다고 한다. 그 거미줄로 새끼들 집을 짓고 새끼들 먹이도 잡는다고 한다. 그렇게 새끼를 키우고 나면 내장이란 내장은 다 빠져나가고 가죽만 남는다고 한다. 새끼들 다 떠나보낸 개똥거미가 마지막 남은 한 올 내장을 꺼내 거미줄을 치고 있다면 그건 늙은 거미가 제 수의를 짓고 있는 거란다. 그건 늙은 거미가 저 자신을 위해 만드는 처음이자 마지막 거미줄이라고 한다. 나는 문득 내 어머니가 암컷 거문개똥거미 같다는 생각이 들었다.

어린 시절 어머니는 나를 업고 아랫마을로 마실을 다녔다. 마을 사람들에게 나를 자랑하고 싶어서였다. 나는 태어날 때부터 유난히 몸이 약했다. 겨울이면 열이 펄펄 나고 하루가 멀다 하고 끝없이 낭떠러지로 떨어지는 꿈을 꾸며 밤새 앓았다. 그 무렵 마을에 병이 돌아 내 친구들이 하나둘 세상을 떠났다. 함께 숨바꼭질하던 친구들이 며칠 후면 마을 뒤편 작은 돌무덤의 주인이 되곤 했다.

나 또한 그들과 같은 병을 앓았다. 그럴 때마다 어머니는 나를 업고 쇄국이 아저씨네 집으로 달려갔다. 읍내에 있는 병원엘 가려면 이십 리 산길을 걸어야 했기 때문에, 병원에 가는 일이 쉽지 않았다. 그러다 보니 약초를 캐며 살던 쇄국이 아저씨를 찾아갔다. 아저씨는 산에서 캐온 약초를 달여서 치료했는데, 그것이 나에게 할 수 있는 유일한 치료방법이었다. 쇄국이 아저씨네 집에 가려면 산등성이를 넘어야 했다.

가파른 낭떠러지를 지나 산기슭을 돌아 개울을 건넜다. 어두운 산골의 밤은 괴괴했다. 어머니의 등에 업힌 채 비몽사몽간에 눈을 뜨면 칠흑같이 어두운 밤하늘에 별똥별이 산 너머로 떨어지고, 숲 속에선 산짐승의 울음소리가 들렸다. 발을 헛디디면 수십 리길 낭떠러지로 떨어질 수 있는 밤길을 어머니는 나를 업고, 개울을 건너고, 산등성이를 넘어 그를 찾아갔다.

어느 날 나는 산기슭 용등바위 계곡에서 멱을 감은 후 고열이 나고 전신이 마비되었다. 할아버지는 나를 둘러업고 이십 리 산길을 지영이를 살려 달라고 뛰었다. 대전에 있는 작은 병원에 입원했지만 의사는 살아날 가망성이 거의 없고, 살아도 정상적으로 살기 어렵다고 했다고 한다. 어머니는 신발도 신지 않은 채 어린 내 동생들을 업고 병원으로 달려오시던 길에 교회 십자가를 보고는 무작정 뛰어 들어가서 우리 아들을 살려달라고 외쳤다고 한다.

기도 중이던 전도사님이 아들이 살아나면 교회를 다니겠느냐고 묻자 어머니는 우리 아들만 살아나면 평생 교회를 다니겠다고 말씀하셨다. 그 후 정말 기적같이 내가 살아났다. 어머니는 그날부터 돌아가실 때까지 교회에 출석하셨고, 돌아가실 때까지 토씨 하나 틀리지 않는 기도를 하루에도 수없이 반복하셨다.

그 후 여동생 화영이가 시름시름 병을 앓았다. 지금도 그날의 기억이 뚜렷하다. 배가 부풀어 오르고 통증을 이기지 못하던 화영이는 수술을 받겠다고 했다. 나는 밤새 동생의 가냘픈 손을 잡고 병실에서 밤을 꼬박 새웠다. 수술을 앞둔 화영이도 겁에 질린 표정으로 나를 바라보며 밤새 잠을 이루지 못했다. 동이 트자마자 화영이는 수술실로 실려 가고 온종일 수술이 진행되었다. 저녁나절에서야 수술이 끝나고 동생은 중환자실로 실려 갔다. 그날 밤 11시 무렵, 갑자기 의사들이 중환자실로 뛰어가고 몇 분 후, 의사 한 명이 보호자를 찾았다.

아버지는 병원 앞에서 친구분들과 계셨고, 내가 의사에게 다가갔다. 의사는 고개를 푹 숙이고는 화영이가 숨을 거두었다고 했다. 성탄절을 며칠 앞둔 날이었다. 나는 중환자실 긴 복도를 걸어나가 아버지에게 그 사실을 알리고 포장마차에 들어가 마시지도 못하던 술을 큰 컵에 가득 따라서 마시고는 집으로 걸어갔다. 거리에는 크리스마스트리가 밝게 불을 밝히고 함박눈이 내리고 있었다. 한참을 걸어서 집에 도착하자 어머니는 나를 말없이 바라보셨다. 그리고는 날이 밝도록 꺼이꺼이 우셨다.

그날 밤 나는 동생의 유품을 정리하고, 동생은 한 줌의 재가 되어 동생과 내가 자주 찾아가던 개울에 뿌려졌다. 동생이 죽은 후 어머니는 말씀이 없으셨다. 그리고 겨울이 되면 몇 날 며칠을 털실로 옷이며 장갑을 뜨셨다. 밤에 문득 잠을 깨면 희미한 등잔불 아래서 어머니는 늘 뜨개질을 하고 계셨다. 어머니는 며칠을 그렇게 밤을 새워 옷과 벙어리장갑을 뜨고, 겨울이 지나면 다시 풀어서 잘 간직해 두었다가 이

듬해 그것으로 우리들의 옷이며 장갑을 떠서 다시 입혔다.

배 속의 내장을 뽑아서 거미줄을 만들고, 그 거미줄로 집을 짓고, 새끼들 먹이를 잡아서 먹이는 개똥거미처럼 어머니는 그러셨다. 돌아가실 무렵 어머니는 허리가 굽고 몸은 새털처럼 가벼웠다. 그러면서도 온종일 작은 몸을 웅크리고 앉아서 '우리 아들 복을 받게 해주세요.'라는 주문 같은 기도를 끊임없이 하셨다. 그러던 어느 날 어머니는 '보람 있었다.'라는 한마디 말씀을 남기고는 내 곁을 떠나셨다. 이제 어머니도 떠나시고 나는 오랜 교직 생활을 마치고 퇴직을 했다. 거울을 보고 있으면 거울 속에 어머니의 모습이 있다.

어느새 해가 찬바람이 분다. 겨울이 다가오면 어머니가 떠주시던 벙어리장갑이 떠오른다. 단 한 번만이라도 벙어리장갑을 끼어볼 수 있으면 좋으련만. 등잔불 아래서 벙어리장갑을 뜨시던 어머니의 모습이 떠오른다. 어머니가 보고 싶다.

그리워라, 소박한 그 민심

김형도
hyungdokim@naver.com

70여 년 전, 내 어릴 적에 살던 시골마을의 인심은 한 집안 같이 참으로 순수하고 소박했었다. 당시는 모두가 그런 것이구나! 여겼지만 성장하면서, 또 세상을 살아가면서 느끼는 도시의 인심과는 사뭇 달랐다. 장년을 지나 노년을 달리고 있는 지금 내게는 그때 그 시절의 소박했던 인심과 시골마을의 전경이 아련히 떠오르곤 한다.

사회에 나온 후 60년 동안 앞만 보고 달려온 내게는 그런 시절을 생각할 여유조차 없었다. 일에 매달리고 세파에 쫓기면서 차 한 잔 제대로 마실 여유도 없이 달려왔던 것이다. 이제 노년으로 접어드니 그때 그 시절이 그립다는 생각이 가슴에 다가온다. 그렇게 순박했던 마음을 지금은 왜 느끼지 못할까?

오래전, '펄벅' 여사는 한국의 전원 풍경을 보고 그 소박하고 아름다운 농촌의 인심에 짜릿한 전율을 느꼈다고 했다. 장편소설 「대지(大地)」로 1938년도 노벨문학상을 탄 펄벅(Pearl S. Buck, 1892~1973) 여사가 1960년 처음으로 한국을 방문했다. 그녀가 고도(古都) 경주(慶州)를 방문했을 때 목격한 풍경이다.

해질 무렵, 지게에 볏단을 진 채 소달구지에도 볏단을 싣고 소와 함께 가던 농부를 보았다. 펄벅은 지게의 짐을 소달구지에 실어 버리면 힘들지 않고, 또 소달구지에 타고 가면 더욱 편할 것이라는 생각으로 농부에게 다가가 물었다.

"왜 소달구지를 타지 않고 힘들게 갑니까?"

"에이! 어떻게 타고 갑니까. 저도 하루 종일 일을 했지만, 소도 종일 일했는데요. 그러니 짐도 나누어서 지고 가야지요."라고 농부가 답했다. 당시 우리 농촌에서 흔히 볼 수 있는 풍경이었지만, 펄벅은 고국에 돌아간 뒤 세상에서 본 가장 아름다운 광경이었다고 기록했다.

"서양의 농부라면 누구나 당연하게 소달구지 위에 짐을 모두 싣고, 자신도 올라타 편하게 집으로 향했을 것이다. 하지만 한국의 농부는 소의 짐을 덜어주려고 자신의 지게에 볏단을 한 짐 지고는 소와 함께 집으로 돌아가는 모습을 보며 짜릿한 감동을 느꼈다."고 술회했다. 그리고 늦가을 가지에 감이 몇 개 달려있는 감나무를 보고는 "감을 따기 힘들어 그냥 남긴 건가요?"라고 물었다.

겨울새들을 위해 남겨둔 '까치밥'이라는 설명을 들은 펄벅 여사는 또다시 감복했다. "내가 한국에서 가 본 어느 유적지나 왕릉보다도 이 감동의 현장을 목격한 것 하나만으로도 나는 한국에 오기를 잘했다고 자신한다."고 기록했다.

감이나 대추를 따면서도 '까치밥'은 남겨두는 마음, 기르는 소를 내 몸처럼 사랑하는 마음, 작은 배려를 몸으로 실천하던 곳이 당시 우리 농촌이었다. 우리 선조들은 자연과 사람은 한 뿌리임을 알았다. 그래서 봄철 씨앗을 뿌릴 때도 셋을 뿌렸다. 하나는 하늘(새)에게,

하나는 땅(벌레)에게, 나머지 하나는 나에게 서로 나눠 먹는다는 뜻이다.

지금은 옛날 우리가 어릴 때 살던 농촌과는 너무나 달랐다. 70년대 이전에는 요즘 같은 농기구가 없었다. 대부분 수작업이며 손수 만든 농기구와 생활도구가 전부였다. 요즘은 그러한 농기구를 찾아 보고 싶어도 찾을 수가 없다. 초가집은 해마다 손수 이엉을 엮어 새단장을 했다. 당시에 사용했던 생활도구와 농기구는 지금은 민속마을에서나 찾아볼 수 있다.

가을이 되면 벼 수확 등 추수가 시작된다. 가난한 집은 홀테라는 농기구로 낱알을 털어냈으며 부잣집은 탈곡기로 추수를 했다. 추수를 마치고 나면 볏단을 잘 추슬러 곡물을 담을 가마니를 짜서 곡물을 채워 곡간에 쌓아두고 한 해 동안 먹을 식량을 보관했다. 농한기인 겨울철에는 대부분의 집에서 가마니와 새끼줄을 엮었고 짐을 담는 틀도 만들었다.

풍구는 곡식을 선별하는 생활기구로, 방앗간에서 벼나 보리를 찧어 겨를 날려 보내는 기구이다. 그 당시는 동력이 아닌 손으로 바람을 일으켜 사용했다. 쟁기는 소가 앞에서 끌고 사람은 뒤에서 방향을 잡으며 논이나 밭을 일굴 때 사용했다. 두 가지가 있는데 밭을 일구는 쟁기와 논을 일구는 쟁기이다.

옛날 옛적에는 소나 말이 이끄는 달구지에 곡물을 실어 운반하였으며, 사정이 여의치 못한 농가는 지게를 이용하여 농작물을 등에 지고 날랐다. 지게는 가장 대표적인 운반수단이었다. 소는 집안의 재산으로 주 노동인 논과 밭을 가는 일을 담당하였다. 운반도 소가

주로 하고 인력으로는 지게가 그 일을 했다.

'펄벅'은 그런 농촌 풍경을 보았을 것이다. 농부는 소의 짐을 덜어주려고 자신의 지게에 볏단을 한 짐 지고 귀가했다. 그 모습을 보며 펄벅은 아! 하며 전율을 느꼈을 것이다.

지금 농촌에는 일손이 태부족이다. 고령의 나이로 일손도 더디며 예전 같지 않다. 다행인 것은 현대화된 농기구 때문에 그나마 농촌을 이끌어 가고 있다. 농한기 때는 시골에 가 봐도 인적을 찾을 수 없으며, 저녁이 되면 고요에 싸여 아무도 살지 않은 텅 빈 마을 같다. 농촌이 생기가 도는 때는 명절날 단 하루이다. 고향을 찾은 자식들은 잠시 들러 곧바로 떠나기 때문에 이내 예전과 같아진다. 옛적에는 대가족으로 골목마다 아이들이 요란스럽게 뛰놀았으나, 요즘은 강아지 울음소리조차도 듣기가 힘들 정도로 고요하다.

소가 힘들어 할까봐 짐을 덜어주는 배려를 하고, 겨울새들을 위해 남겨둔 '까치밥'이라는 설명을 들은 '펄벅'은 사람과 동물 간에 이렇게 깊고 넓은 배려에 가슴 짜릿함을 느꼈을 것이다. 그녀의 글은 우리들의 마음을 잠시나마 옛날 그 시절로 돌아가게 한다. 지금과는 많이 다르다고 느끼겠지만, 오늘을 살아가는 우리들은 '소박한 그 민심, 그리운 그 시절'을 한번쯤은 곱씹어 볼 필요가 있지 않을까?

살며 사랑하며 배운

김희구자
khkj6992@naver.com

“형님, 우리 집에 밥 먹으러 가요.”

오늘도 밥상은 푸짐하다. 생명의 원천인 밥을 주는 것은 하나의 끈으로 이어지고 사랑을 품는 행위다. 글라라(가톨릭 세례명)는 맛깔스런 음식을 손수 만들어 함께 먹고 즐기는 걸 참 좋아한다. 시골에서 바로 도정해온 쌀로 지은 밥은 기름기 자르르하고 고소하다. 좋은 재료와 양념에 뛰어난 손맛으로 차려진 음식은 가히 진미다. 후식으로 과일과 차까지 대접이 융숭하다. 먹으면서 정 난다는 말처럼 밥상 위 음식을 서로 권하는 말은 하얀 밥알처럼 고봉의 정으로 쌓인다. 우리에게 비타민 같은 사람이다.

글라라를 신혼부터 알고 지낸 지 50년째다. 일찍이 초등학교 4학년 때 엄마는 하늘나라로 가셨다. 엄마가 살아계실 때는 등하굣길에 엄마 등에 업혀서 다니며 귀하게 자랐던 소녀는 작은 손으로 밥 짓고 청소와 빨래하며 서러운 삶이 시작되었다. 계모 밑에서 매섭고 추운 혹독한 겨울을 살았다. 엄마가 보고 싶어 밤마다 이불 속에서 엄마를 부르며 숨죽여 울었다고 한다. 왜 아니겠는가! 어린 가슴에 사무치는 그리움은 시린 아픔이었을 것이다. 엄마의 빈자리가 얼마나 컸을까!

사형제 막내며느리인데도 신혼 초부터 시어머님을 모셨다. 영면(永眠)하실 때까지 고부 관계가 좋았다. 어머니, 어머니를 부를 수 있어서 시어머님 모시고 사는 것도 좋았다고 한다. 친정어머니께 못다 한 사랑을 펼쳐 시어머님을 편안히 잘 모셨으니 시어머님의 막내며느리 사랑도 따뜻하고 컸음을 안다.

시들어가는 화초도 그녀의 손에 가면 신기하게 신열을 이겨내고 생기 되찾아 꽃을 피운다. 항상 밝은 에너지와 따뜻한 손길로 사람이나 식물을 정성으로 보살핀다. 아마도 한 달 중에 스무날은 성당 교우들과 지인들을 초대해 밥을 먹인다. 3, 4명은 수시로 불러들이고 많게는 열여섯 명까지 초대한다. 살림 9단인 엄마들이 손맛을 보태어 김이 모락모락 피어오른 행복 밥상이 푸짐하게 차려진다. 서로의 가슴이 활짝 열려 웃음꽃 잔치가 된다.

글라라는 어려운 사람을 보면 손부터 내민다. 도움이 필요한 곳에 몸 사리지 않고 앞장서서 봉사한다. 지인이 병원에 입원하면 잣죽이나 녹두죽을 끓여 간다. 갑자기 엄마를 잃고 큰 슬픔에 잠긴 이들에게 큰 통 가득히 김치를 담아 보내기도 한다. 솜씨 좋은 손맛으로 여러 종류의 김치를 자주 담근다. 맛 좋은 김치를 꾹꾹 눌러 담아 넘치게 사랑을 여기저기 잘 흘려보내주는 글라라.

가까이 지켜보면서 나를 돌아본다. 진심으로 사랑을 품고 나누며 살고 있는가를! 부끄럽다. 언제나 내가 먼저였다. 소아(小兒)적인 삶이었다. 이젠 나이 들어 나를 돌아보며 좋은 친구 가까이 두고 살며 사랑하며 배운다. 나눔으로 가슴이 충만해짐을 알아간다.

글라라는 노블레스 오블리주의 지혜를 터득한 아낌없이 내어주는 사랑으로 나눔이 일상화된 삶이다. 자기 삶에 만족한다고 말한다. 왜 아니겠는가! 신뢰와 나눔을 사는 행복감일 것이다. 인생을 잘 사는 건강한 모습에 내 마음도 밝아져 비움의 미학을 깊이 느낀다. 물질적 풍요 위에 정신적 풍요로 덕을 쌓는다. 매일의 일상이 복 짓기와 누군가의 천사가 되어주는 따뜻한 삶의 꽃밭을 가꾸는 그녀와 함께하면서 많이 웃는다. 소소한 행복 속에 기쁨이 퐁퐁 솟는다. 이처럼 좋은 관계는 몸뿐만 아니라 정신건강에도 참 좋은 것 같다

주거공간은 집주인의 취향, 개성, 인품이 고스란히 드러나는 곳이다. 그녀의 집은 느낌이 좋다. 온통 흰색 풍에 여백의 간결함은 순수로 이끈다. 다년생 화분과 사계절(四季節) 내내 피는 꽃들로 꽃과 사람이 웃는 집이다. 맑은 기(氣)의 흐름 속에 머물고 싶은 편안한 곳이다.

무엇보다 자기 자신과 약속을 철저히 지킨다. 걷기, 스트레칭, 기구 운동을 매일 두 시간씩 한다. 의지력 강한 그를 가까이 지켜보면서 좋은 영향을 받아 하루 1시간 걷기 운동을 하고 있다. 글라라는 안팎이 똑같은 사람이다. 잘생긴 얼굴에 단정한 차림은 1년 365일 새벽 미사 때 보면 언제나 우아하고 아름답다. 튀지 않고 눈길을 끄는 멋스러움이다. 생활 속에서 모든 면에 응용을 잘하는 센스와 지혜로움에 긍정의 힘이 돋보인다. 조화로운 멋이다.

경천애인(敬天愛人)의 삶이 일상화된 따뜻한 가슴과 맑은 영혼의 성숙한 인격은 누구를 만나도 복을 짓는 나눔의 빛으로 여러 사람에

게 사랑받는다. 나는 그 인향(人香)에 자주 취하곤 한다. 인생 여정 순례길에 귀한 인연으로 길벗이 되어 서로를 보듬고 산다. 아낌없이 주는 나무처럼 살아가는 모습을 보노라면 때론 깊은 울림으로 내 가슴이 너울지니 무엇을 더 바라리오! 사랑할 수 있는 사람이 가까이 있어 홍복(洪福)이다.

마치 사랑의 화수분 같은 존재다. 함께 있으면 엄마 품 같아 가슴으로 마시는 사랑을 느낀다. 그래서 관계의 흐름은 늘 다습고 포근하다. 정말 닮고 싶은데 어렵다. 그래도 바람이 있다. 남은 여생 사랑 빛으로 물들이고 싶다. 지금 살아 있을 때 나눔과 배려로 살아 있는 시간을 살 것을 새김질 한다 마음 그릇이 아주 큰 사람이다. 마치 자선을 하려고 세상에 태어난 사람 같다. 비워내야 채워짐을 아는 열린 마음이 부럽다. 아침이나 저녁 그 시간에 구애받지 않고 어쩜 그렇게 늘 밥상을 잘 차려내는지 놀랍다. 그 삶의 향기에 매료되어 마음은 늘 그녀를 향해 활짝 열려있다. 이런 좋은 인연에 깊이 감사한다.

서로 나눔을 하며 더불어 사는 인생 노정(路程)에 어깨동무하며 활짝 웃고 걷는 꽃길이 아닌가! 인생을 보람차게 잘 사는 모습을 보면서 생각한다. 나이 듦은 성숙한 인격체로 모든 걸 사랑으로 감싸 넉넉히 품어주는 것임을! 때론 영성 깊은 그녀 얼굴에 빛이 난다. 붉게 물든 노을빛처럼 아름답다.

오늘도 글라라의 밥상에 둘러앉아 그의 사랑과 나눔을 배운다.

2.

8월의 선물

파초의 눈물

남복희
nbhkks@daum.net

풍선처럼 매달린 뭉게구름, 뉴질랜드의 파란 하늘이다. 키 큰 파초 나무가 있는 전망 좋은 이층집을 그리면서 12시간의 비행도 멀다는 생각 없이 왔다.

아래층 벽난로 모양의 하얀 타일 장식 위에 정겨운 그림이 있다. 한지에 백 개의 표정 있는 작은 엽서가 젊은 가족의 마음인 양 단정하게 줄지어 있다. 10년 전 새집으로 이사할 때 선물로 보낸 그림이 먼 이국까지 함께 온 것이다. 축하의 마음을 아낄 줄 아는 딸네 부부의 깊은 정에 대견함이 느껴졌다.

창이 많은 뉴질랜드 집들은 창마다 그림이 어른거린다. 집 주위에 흔들리는 푸른 나무들 사이사이 과일나무, 꽃나무는 바람결에 고운 향수를 뿌린다. 비를 머금은 구름 낀 날씨에는 향기가 더욱 짙어진다. 이름 모를 꽃향기에 코를 벌름거리는 엄마에게 "우린 모르겠어요." 하며 신기하게 쳐다본다.

딸네 가족들이 외출하고 호젓한 아침 시간이다. 이층 소파에 앉아 멀리 랑기토토 아일랜드 산봉우리를 보고 있다. 중절모자처럼 생긴 아늑한 산 모양이 뉴질랜드를 평화롭게 지키고 있는 것 같다.

오늘은 푸른 하늘에 커다란 부챗살을 펴면서 한들거리는 파초의 초록빛 풍향계도 보인다. 조용한 집에서 부챗살 풍향계와 수신을 보내고 있는 것 같아 이 시간을 즐기고 있다. 키가 20m 넘는 파초는 심하게 바람 부는 날은 멀리 있는 가족 그리듯 모래바람 소리를 내며 풍랑을 불러올 듯 울부짖는다.

화창한 어느 날, 집안 수목 정리한다고 안전모 쓴 조경사와 인부들이 왔다. 사다리 타고 나무에 오르더니 포승줄로 파초 머리 부분을 동그랗게 묶은 후 아래서 전기차로 힘을 보탠다. 거인이 쓰러지듯 머리부터 떨어지고 몸통은 세 등분하여 분쇄기에 넣어 처리한다. 조금 후에 쿵 하는 소리에 나가보니 뒤뜰에 건장한 나무 기둥이 잘려 넘어지는 소리가 나고 잘린 밑동에 하얀 버터가 흥건하게 뿌려져 있었다. 순간 페인트칠한 줄 알았는데, 지름이 70센티쯤 되는 둥근 나무 그루터기에서 생명의 피눈물이 흐르고 있었다. 우유 같은 유백색 버터가. 땅속에 얼마나 많은 뿌리가 있어 생명을 펌프질 하며 살고 있었는지 놀랍다.

집 입구, 현관 앞, 뒤뜰에 살고 있던 파초 나무들이 어느 나무는 갈색 톱밥처럼 나무 먼지를 날리고 건강한 나무는 하얀 우유를 분사하듯 진액을 분사하며 쓰러진다. 오래된 할아버지 나무부터 장년, 청년까지 10뿌리 가까이 파초 가족이 뿔뿔이 흩어지는 날이었다.

옛집에서 상추를 솎을 때 줄기 끝에서 하얀 진을 본 적이 있다. 베란다에 있는 오래된 동백나무를 어린아이 머리 자르듯 전정할 때 마른 가지에서도 흰 액이 있는 걸 보며 아파서 흘리는 눈물 같아 미안한 생각을 했던 일이 떠오른다.

오래된 키 큰 파초가 집에 어울리지 않은 것 같아 정원수와 과일나무만 남기고 자연으로 보내려고 잘라내는 것이 맞는지 모르겠다. 키 큰 파초는 비치 가까운 도로변이나 커다란 호텔 정원에 호위병처럼 줄 맞춰 서 있는 곳이 제자리인지도 모르겠다.

바람 부는 날 큰소리 내던 나이든 파초의 울음은 크고 작은 파초의 가족이 고향 가는 날을 미리 알고 있었을까. 파초 사라진 휑한 뒤뜰, 집 앞에서 풍향계 노릇하던 키 큰 파초는 밑동만 내민 하얀 얼굴, 밤색 얼굴로 나란히 얼굴 맞대고 향긋한 복숭아나무 옆에서 잠들어 있다.

새 주인이 가구를 바꾸듯 집 주위가 간결하고 명절 전에 이발한 옛날 가장의 모습과도 같고 리본처럼 늘어뜨린 망사 커튼도 모던한 줄무늬 블라인드로 바꿨지만 왠지 파초의 모습이 자꾸 떠오른다. 새 옷은 장롱 안쪽에 넣어두고 남루한 옷을 편하게 걸친 고향의 나이든 부모님 모습이 얼비친다.

간혹 하늘 보며 초록 풍향계의 흔들림으로 바람의 세기를 가늠하며 말 없는 신호를 주고받던 친구 그리듯 파초를 그리워한다. 20일쯤 함께한 파초가 마음에 크게 남아있다. 집 앞 푸르른 잔디 사이사이에 노란 키 작은 꽃들이 서커스 소녀처럼 흔들거리고 있다. 이 연약한 꽃들은 파초의 비밀을 모르는 듯 그저 방실방실 웃고 있다.

멀리 랑기토토 아일랜드 수호신에게 묻는다. "파초의 눈물을 알고 있는지요?" 중절모자 쓰고 변함없는 미소를 보내는 랑기토토는 입을 다물고 엄마가 아이들을 품 안에 품듯 두 팔을 펼치고 푸른 파도를 잠재운다.

어디선가 잔디 깎는 소리와 함께 달큼하고 풋풋한 풀향기가 생기를 준다. 평화로운 마을에 오후의 햇살이 저문다. 파초의 눈물도 언젠가 뽀얀 보석으로 빛날까?

중간 정산

박경란
ran3901@naver.com

남편의 코고는 소리에 이리저리 뒤척이다 살며시 피신한 곳은 작년 어느 즈음에나 앉아 보았을 컴퓨터 앞이다. 기차도 전철도 모두 끊어진 기찻길의 정적이 시작된 지도 두어 시간은 족히 넘은 거 같다. 무슨 생각으로 사는지, 무엇이 나를 이렇게 옆도 돌아볼 틈 없이 만들었는지, 몇 년을 휘둘리며 살았는지 모를 시간들을 고스란히 오늘밤엔 한번은 짚어보고 싶음일까, 애초부터 물 건너간 잠에 미련을 버렸다.

올 정초부터 반도 위쪽부터 불어온 코로나란 전염병에, 21세기 과학의 문명이 속수무책으로 인간의 삶을 무기력하게 만들어 버림을 체험중이다. 중국발 황사나 미세먼지의 위기에도 거부했던 마스크가 이제는 필수가 되고, 바이러스와 인간의 싸움은 반 년째 진행 중, 언제 끝날지 이대로 생활화가 될지 아직 미지수이다. 이 와중에 남편은 연초에 다른 한쪽 폐마저 암의 공격을 받아서 제거 수술을 했다.

첫 번째는 처음이라 어리둥절 당한 일에 침착하게 대처했고, 두 번째 공격은 처음보다 더 의외였지만 남편의 표정에 불안감을 떨치려고 우리 이제 고쳐가며 살 나이가 된 거라며 짐짓 용감하게 앞장선 건 나였다. 그러나 한번은 모르고 당했지만 두 번의 수술이 남편을 정신적으로 나약하게 만든 건 사실이다. 표현을 잘 안하는 남편이지만 말투만 들어도 눈빛만 봐도 안다.

부부란 무엇일까를 다시금 진지하게 생각해 본다. 살면서 한번쯤 이혼을 생각 안 해본 사람이 어디 있을까, 있다면 그 부부는 마냥 행복해서일까. 속을 들여다보면 각양각색의 모양으로 어느 정도는 포기하며 사는 커플도 많아 보인다. 애들 다 키워놓고 나면 갈라설 거라고 마음먹고 사는 사람이 어디 나뿐이었을까. 그래저래 세월은 내 이마에 이등병 계급장을 새기고 남편의 머리에는 어느덧 서리가 내렸다.

인연이라는 게 정말 있긴 한가 보다. 스물두 살이었지 싶다. 직장선배의 소개로 화양리 단독주택에 자취방을 틀고 살 즈음 난 일가친척 없는 서울에 정붙일 곳이 없어 골목 하나 사이인 그 선배의 집에 자주 들락거리며 정을 나누곤 했다. 선배의 집엔 혼기를 놓친 노처녀인 선배의 고모가 특히 나를 예뻐하며 동생처럼 대해주셨다. 나 또한 내 고모인 양 잘 따르던 중 선배의 집에선 적령기를 놓친 고모를 어떻게든 시집을 보내야 조카들의 순서도 무리 없을 양 모두가 혈안이 되어있던 중 가끔씩 고모는 선본 남자들의 평을 가족 아닌 나에게 논하기도 흠을 잡기도 해서 거의 선배보단 가깝기가 내 고모 같았다.

쉬는 날 나랑 같이 가자고 이끈 곳은 선본 남자가 이번엔 조금 맘에 차는지 용한 철학관에 가서 궁합을 본다했다. 어른들이 보기 전에 살짝 먼저 본다고…. 그러니까 비밀스럽게 그래도 혼자가긴 사실 두렵다고 그녀는 항상 나이보다 철이 일찍 든, 자기보다 열 살이나 어린 나를 친구처럼 대해주곤 했는데. 내가 뭐라고 그런 자리에 선뜻 따라 나섰는지 지금 생각해봐도 운명이 나를 이끈 게 아닐까 싶다.

유명세를 타는 중이라 그런가 꽤 오랜 기다림 끝에 고모는 그 점술가 앞에 사주를 써놓고 열심히 혼잣말로 중얼댄다. 아뿔싸! 이제 보니 그 점술가는 맹인이었다. 검은 뿔테 안경 너머로 움푹 들어간 눈언저리가 흘깃 봐도 범상치 않은 두려움에, 아무상관 없는 나도 으스스 떨렸었다. 그래도 나는 고모랑 많이 떨어져있어 그다지 귀 기울이지 않으면 무슨 소린지 잘 들리질 않았다. 맨 마지막에 해도 괜찮을 성싶다고 오케이 사인을 손가락으로 내보이고선 그 뒤에 멀찌감치 있는 처자 이리 좀 당겨오라고 했다.

엥 나더러? 보지도 못하면서 나를 당겨 앉으라니 난 좀 무서웠다. 고모가 괜찮으니 이리오라고 손짓하여 다가갔는데 생년월일이고 뭐고 아무것도 준 게 없는데 혀부터 끌끌 차는 게 아닌가. 에고 부모 형제복도 일 푼어치도 없는 외로운 처자네 하며 맘고생이 많았겠다고…. 그러고는 갑자기 호통을 친다. 연애질 하지 말고 기다리라고…. 지금 맘에 둔 사람은 절대 살이 끼여 안 된다고….

사실 그즈음 사귀던 오빠가 군복무를 하고 있을 때여서 재대하면 복학해서 공부도 마쳐야하고 결혼까진 구체적으로 생각해보진 않았었는데 느닷없이 그 점술가는 내 처지를 용케도 꿰뚫고 있었다. 보이지도 않는다면서…. 신통하기도 두렵기도…. 그러더니 부모 형제복이 없으니 남편복은 있어야지 뱀띠나 소띠가 가만있으면 나타나서 평생 업고 사니까 연애질 말고 조신하게 있으란다. 반신반의 고모궁합을 보러 갔다 내가 혼비백산한 사건, 사십년이 지난일이긴 해도 어제 일처럼 생생하다.

반년 후 군복무를 마친 그는 복학하고 별일 아닌 걸로 서로가 서먹해지고 나는 그의 누나들의 피곤한 간섭을 핑계 삼아 만남을 끝내고 말았다. 마치 점술가의 그냥 자연스럽게 헤어질 거라던 그 예언에 맞추기나 한 것처럼…. 그 후 알게 모르게 입사동기인 남편이 나에게 조심조심 다가오고 생각지도 않게 밀고 당기는 일 년 반 끝에 나는 은연중에 그 점술가의 예언을 믿어보기로 했을까? 알고 보니 남편은 평생 업고 산다는 뱀띠가 아닌가. 스물네 살 지나면 그 고독함과 맘고생 다 끝날 거라던 그 맹인 점술가에 예언에 내 운명을 맡겨보기로 했다. 사랑보다 실리를 셈한 것일까? 운명의 방향을 돌려놓고 싶었던지 어찌 되었건 나는 엄마가 맘에 들어 하는 평범한 가정에서 부모님 사랑 받으며 자란 근면 성실한 직장 동료인 그를 택했다.

사년도 못 살고 보따리 싸면 어쩌나 하는 맘으로 시작한 게 엊그제 같은데 사년을 열 번 사니까 사십년이 훌쩍 여기까지 왔다. 순간순간 권태기도 적당히 넘기면서 말이다.

몇 년 전엔 졸혼이라도 해볼까? 누가 만든 건지, 기가 막히게 좋은 유행어 그러나 생각해보니 너무 이기적이다. 둘 다 손해 안보고 각자가 편해지고 자유롭고 싶다는 꽤나 합리적인 방법이긴 하다고 매스컴에서조차 앞장서서 부추기는 면도 없지 않다.

하긴 참고 살던 시대는 이제 그 어디를 봐도 없다. 황혼이혼이 부쩍 늘어가는 추세.

한때는 나도 그 밥상에 살짝 수저를 올릴까도 생각했지만 지금은 거의 포기상태다.

내가 슬슬 이혼 대신 졸혼에 대한 생각을 조금씩 하는 것을 신이 눈치를 챈 건지 남편의 폐에 병이 도사리고 있었다. 인생 경험으로 보아 늘 조금 느슨해질 때 긴장해야 할 일이 반드시 일어나곤 했었다. 병이 든 남편을 두고 말도 안 되는 생각 따윈 지우고 갑자기 불어 닥친 회오리바람 속에서 날아가지 않으려 안간힘을 쓰고 나니, 이미 계절은 몇 번을 곤두박질친 뒤였다. 그 통에 치매가 심해진 어머님을 어쩔 수 없이 요양원으로 모셨다. 이십년을 함께 산 어머님을 시설로 모셔야함이 너무 죄송해서 나조차도 용서가 되지 않았지만 실지 일과 함께 환자 둘을 감당하기가 생각 외로 만만치 않아 시누이의 의견에 못이기는 척 동조한 것이다. 오빠부터 살리고 보자던 시누이도 고마웠다.

삶이 언제 한번이라도 한가하게 여유를 부릴 때가 있었던가 싶어 속으로 복도 지지리 없다고 혼자 체념하면서 걷는 걸음이 살얼음, 그나마 여차하면 잃게 될 짝꿍의 소중함을 새삼 깨우치는 중이다.

어느새 속절없이 가버린 세월 앞에 그와 내가 만난 이래 처음으로 둘이 된 지도 일 년이 넘었다. 신혼 시절 시누이와 친정동생 그다음은 시어머님 늘 북적이는 식구들, 사십년 다 된 이제야 둘만 남았다. 딸들도 모두 출가하여 각자가 손자들을 하나씩 안겨주어, 손짓 발짓 하나하나 커 가는걸 보랴 시간 쪼개 봐주느라 세월의 발이 달렸나 거울 속에 폭삭 삭은 얼굴이 이제 영락없는 할머니다. 오십대에 그런 생각을 했다. 육십이 되면 무슨 낙이 있을까? 그때 돼보면 안다던 선배들의 미소가 무얼 의미하는지 이제야 알 것도 같다.

60대인 지금, 십년 후엔 또 무슨 낙으로 살까? 그때는 또 어떤 즐거움이 있을까 살아보지 않은 이상 살아본 지인들의 한결같은 지금이 좋을 때라는 말, 지나고 보니 코앞의 즐거움을 모르고 머지않은 노후만 걱정이 많다. 우리의 삶 대부분이 그렇다. 지나온 과거에 너무 얽매여 살다 다가올 미래의 걱정으로 인생의 반을 허비한 나머지 지금 내 앞에 있는 소소한 행복을 놓치고 있는지도 모른다.

잠이 든 남편의 숨소리를 확인한다. 삼년 만에 다시 메스를 댄 그의 반대쪽 흉터가 맘을 짠하게 한다. 성품이 온화하고 말수가 없던 남편도 병에 지쳐서일까? 아님 들어가는 나이 탓인가 부쩍 신경질과 잔소리가 늘었다. 좋게 말하면 마음에 있는 말도 좀처럼 표현을 않는 유머감각이라곤 일 푼어치도 없는 사람이지만 먹은 맘 변함이 없는 게 남편의 장점일까?

우리는 지금껏 사랑보다는 신뢰와 책임으로 살아왔지 싶다. 깊은 우정 같은 믿음으로…. 사십년 결코 짧은 세월이 아니다. 되돌아보면 시련도 기쁨도 함께해 온 여기 코골며 잠든 이 남자를 나도 모르는 사이 측은지심인가 온갖 정은 다 들었지 싶다.

그러고 보니 사랑이란 말을 나조차도 다정스럽게 간지럽게 남편에게 해본 적이 없네.

살다보니 무뚝뚝한 것조차 어느새 그와 닮아있다. 말로 뱉는 순간 효능 없는 약 선전과도 같은 사랑이라는 극히 쉬운 단어를, 요란한 포장지 같은 그 말을 손자들에겐 요즈음 마구 남발해댄다.

오늘은 잠든 그의 귀에다 비밀 하나 털고 싶어진다. 사실은 점술가가 정해준 짝이 바로 당신이었다고…. 업혀 살아오진 않았어도 지난 사십년을 정산 해보면 변함없이 변변찮은 나를 응원하고 묵묵히 지켜줌으로, 스물네 살 나의 선택은 몇 번을 생각해도 옳았다고….

일본 교토 대판 여행

박덕희
pdh1399@naver.com

2월 16일 우리 내외와 아들 가족 등 여섯 명이 MB 189인승 비행기에 몸을 실었다. 일본여행은 10년 전 북해도로 패키지 효도 관광 후 두 번째고, 자유여행은 2년 전 대만 여행 후 두 번째다. 모두 아들가족과 동행했다. 우리 산천 위를 날다가 동쪽 바다 위를 날고, 구름바다 위를 나니 서유기에서 삼장법사가 된 느낌이 든다. 인생은 뜬구름 같다고 했던가. 일본에 도착하자 구름이 먼저 사라졌다.

병법에 지피지기는 백전불패라는 말이 있다. 우리와 가까이 있는 일본에 수십 년간 지배를 당해 고통을 받았기에 일본이라 하면 무조건 싫어해서 일본을 이기려면 일본을 냉철하게 파악하여 일본의 모든 것을 알아야한다. 우리나라를 강점했던 나라여서 배일사상이 강했던 나다. 그래서 북해도 갔다 온 기록을 남기지 않았는데 이제와 회고하니 북해도에 대해서 아는 것이 없다. 그래서 이번 일본에 가서 보고들은 것을 기록으로 남기기로 했다.

요즈음 고령의 부모와 여행 다니길 좋아하는 젊은이들이 없다지만 손자들 교육상 같이 다녀보는 것도 나쁘지 않을 것 같아 동행했다.

국내는 물론 외국에까지 같이 여행을 하니 정이 더 두터워져서 더욱 사랑하게 되는 것 같다. 누구나 해외여행을 자손과 같이 한번은 다녀보기를 권유한다. 돌고래도 칭찬해주면 춤을 더 잘 춘다고 하지만 어린 손자가 조금만 잘해도 칭찬해주니 효심이 돈독해지는 것 같아 좋았다.

한 시간 반 정도 날아서 간사이공항에 내렸다. 시간 절약을 위해 일본 옛 수도인 교토를 먼저 보기로 했다. 교토는 나라(奈良)에서 천도(遷都) 시부터 실권은 없었지만 덕으로 다스린다는 덴노(왕)가 1868년 동경으로 천도 시까지 있던 곳이다. 16세기말 도쿠가와 이에야스가 집권 시는 막부도 있던 곳이어서 명실공히 천여 년 동안 수도로 손색이 없고 국민의 과반수가 국내 여행지로 제일 가보고 싶은 곳으로 교토를 꼽고 있다. 현재 일본을 찾는 외국인 관광객도 적어지고 있다지만 볼거리가 많은 도시다. 오사카와 교토를 다 보려면 한 달도 모자랄 것 같다.

손자들은 종일 무거운 가방을 끌고 다녀도 불평 한마디 없고 싫은 내색도 보이지 않으니 내 발걸음도 가벼워진다. 성인 1인당 4천 엔 정도 되는 버스 겸용 지하철 표를 구매해 승차했다. 일본은 철도교통이 JR, 사철(私鐵), 지자체철도가 있는데 보통, 급행, 쾌속, 특급, 직통특급 등이 거미줄 같이 잘 건설되어 경쟁하고 있다. 그런데 일본에선 큰 도시의 경우 철도회사별로 역명을 지정하여 이름이 같더라도 위치가 다른 경우가 있다. 난바역을 예로 들면 JR난바역, 간데스 난바역, 단카이 난바역, 지하철 난바역 등으로 역 앞에 철도회사 이름을 붙이니 참고해야 한다.

우리가 여행한 곳은 스크린 도어가 없는 대신 정모를 반듯이 쓰고 용모를 단정히 한 역무원이 필요한 곳에 배치되어 안전운행을 돕고 있어 초행자에게 도움이 되었다. 전철은 8~10량을 견인 운행하는데 그중 1개량은 여성 전용칸이 있다. 차내에 보안관도 보이지 않고 구걸하는 자도 없고, 잡상인도 없었으며 경로석을 우선좌석(優先座席) 활애석(活愛席)이라고 표시되어있다. 그런데 선반이 없는 전철이 있어 조금 불편했었다.

난바역, 우매다(梅田)역 등 큰 역은 환승시 간단히 쇼핑도 했다. 지상과 연결된 환큐(版急)역 백화점을 쇼핑하고 하원정역(河原町驛)에 도착해 가방 3개를 화물 보관소에 보관 후 지상에 올라갔다. 제일 먼저 임제종(臨濟宗) 상국사파(相國寺派)인 금각사(金閣寺: 鹿苑寺)로 가려고 버스정류장을 찾았다. 시내중심가 차도는 4차선으로 중앙선을 황색이 아닌 백색 실선이었는데 차선은 깨끗하지 않았다. 운전석은 우측에 있고 택시는 검은색 중형이 많았으며 승용차는 소형차를 많이 이용하고 있었다.

일본 전통 복식인 기모노를 입은 여인들이 삼삼오오 걸어가는 것이 보여 일본이란 걸 실감했다. 시당국에선 교토를 옛날 같이 수도로 손색이 없는 땅으로 만들려고 전통복식을 한 사람은 교통비와 박물관 입장료를 DC해주고 있었다. 건물은 저층으로 오래된 목조건물이 많이 보존되어 있는데 백봉신궁(白峯神宮)이라든가 상국사, 은각사, 청수사, 용안사 등 유명사찰 등이 있어 고도(古都)이고 불교국가였음을 한눈에 알 수 있었다. 현재도 국민의 80%가 불자라 한다.

시내버스로 약 오십분 가량 이동하여 금각사 4거리에 도착했다.

행정구역은 교토시 북구 금각사정 町1번지로 좌측 멀리 있는 기누가사 야마 衣笠山 우측에 보이는 히다리다이몬지 야마 左大文字山 사이 아래쪽 평지의 교고치(鏡湖池)란 호수 변에 있는 사찰로 3층 목조건물인데 규모는 크지 않으나 지붕을 제외한 2, 3층 외부와 3층 내부까지 순금으로 도색되어 아름다웠다. 무로마찌 시대의 대표적인 지천회류식(池泉迴流式)정원인데 국립 특별 사적지와 특별 명승지로 지정되어있고 1994년에 세계문화유산으로 등록되었다.

이 사찰 정문(총문=總門)에 정모를 쓰고 하늘색 복장을 한 경비원 2명이 친절히 안내를 하는데 고령 남자들이었다. 입장권은 8X25㎝크기의 백지로 중앙에 금각사리전어수호(金閣舍利殿御守護)라고 세로로 쓰여 있다. 좌우와 하단에 '집안이 안전하고 복이 찾아와 운이 열리라, 교토의 북산 녹원선찰, 좋은 일이 뜻과 같이 이루어지라.(家內安全 開運招福 京都北山 鹿苑禪寺 如意吉祥)라고 행서체로 쓰고 녹원선사 낙관인이 찍혀 있었다. 가격은 3백 엔이었다. 부처님 사리전(舍利殿)으로 정식 명칭은 녹원사(鹿苑寺)이며 임제종 선사(臨濟宗 禪寺)다. 아시카가(家) 3대(代) 장군 요시미치가 1397년 사이온지 가문으로부터 물려받아 산장을 조성했다. 요시미치의 법호인 로쿠온 인도노에서 앞의 세 글자를 따 로쿠온지(鹿苑寺)라 명명하게 되었다고 한다.

금도색한(金閣) 사리전을 위시해 고리(庫裡: 사찰의 부엌), 방장(方丈: 주지의 방), 사경장(寫經場: 불경을 쓰는 곳), 경호지(鏡湖池: 교코 호수), 에도시대 다실, 은하천(銀河泉: 샘물), 용문폭(龍門瀑: 소규모 폭포), 백사의 총(白蛇의 塚:흰 뱀의 무덤), 셋카데이(夕佳亭: 석양에 아름다운 정자), 후도 불당(佛動堂=영검이 뚜렷한 불당) 등을 산책길 따라 약 한 시간 걸으면서 관람하였다. 일본의 정형적인 지천회류식 정원으로 저 세상의 극락정토를 이승에 만들어 놓았다는 곳이다.

킨가쿠 로쿠온지(금각, 녹원사) 경내를 관람 후 일반 버스로 약 30분 이동해 청수사로 향하였다. 동대로통(東大路通) 이르러 버스에서 내려 폭이 약 5m~6m되고 약 1㎞거리의 오르막길인 기요미스자(清水坂)를 약 1시간 걷는데 포장된 도로였으나 돌계단도 있고 관절통이 있어 걷는데 조금 불편했다. 우리나라 3년 고개와 같은 전설이 있는 오르막길이었다. 장손과 동행하니 편했다.

약 500m를 걸어가니 정면 멀리 5층 정도 되어 보이는 검은 탑이 위용을 자랑하고 있는 것이 눈에 들어온다. 도로 양면에 목조건물인 상가가 늘어서서 과자류와 인형, 서예류와 일상용품 등 소품이 깔끔하게 진열되어 관광객을 기다리고 있다.

기요미스테라(清水寺) 본당(本堂; 혼도)은 오토바산야마(奇羽山) 중턱에 약 100m 높이의 절벽 위에 15m 높이의 나무기둥 139개를 받치고 못은 사용치 않고 건축한 사찰이다. 778년에 승려 연진(延鎭)이 관음상을 모신 것이 시초다. 그 후 1633년 도구카와의 도움으로 재건축한 사찰이다. 사찰 앞에 이르니 우리나라의 일주문 같은 것은 없고 사천왕상도 잘 보이지 않고, 본당 안쪽에 11면 관음상이 있는 곳에 두세 명의 참배객이 기도하는 장면이 보였다. 본당 앞에 자살을 유인해서 자살하거나 아니면 성불한다는 유명한 곳이 있다고 하나 주변 경관이 아름다워 녹색 경관만 보면서 지났다.

청수사 절벽 밑쪽으로 가니 조금 전 지나온 청수사가 절벽 위에 까마득히 올려다 보인다. 내려다보는 전망도 아름다웠지만 본당을 보는 경관도 일품이었다. 과연 국보로 지정됨에 손색이 없는 곳이었다. 다 보지는 못 했으나 당탑도 15곳이 있단다. 걸어가다가 문득 앞을 보니 우측 산에서 샘물이 흐르는데 음익의 롱(音翊의 瀧)이라는 곳에 사람들이 모여 있다. 가모(鴨)강의 수원으로 샘물의 영험 때문인지 갈증으로 목이 말라서인지 모두 물을 받아 마신다.

세 가닥의 가느다란 대나무 수로를 통하여 왼쪽 작은 연못으로 떨어지게 설치해 놓았다. 관광객이 낙수를 길이 약 1m되는 국자로 차례로 받아 마시고 간다. 마신 뒤에 안 일이지만 첫 번째 낙수는 수명, 두 번째는 사랑, 세 번째는 학업 성취인데 인파에 밀려 세 번째 낙수를 마셨다. 그렇지 않아도 손자들의 학업성취를 기원하던 차 잘되었다고 생각을 했다. 욕심을 부려 다 마시면 효험이 없다고 하고 이 샘물 때문에 관음사가 청수사로 명명되었단다.

18시가 되니 문을 닫는다고 일본어 방송이 나온다. 택시와 인력거가 손님을 기다리고 있었지만 타지 않고 문을 닫기 시작하는 상가거리를 수십 명의 관광객과 같이 버스 정류장까지 걸었다. 인왕문(仁王門) 근처로 내려오니 벚나무와 붉은 삼층탑이 보이는데 벚꽃이 필 시기엔, 환상적인 장면이 연출될 것 같아 세계문화유산에 등록됨에 손색이 없는 지역이었다. 손자들은 피곤함 직한데도 어깨동무를 하고 웃으며 대화하고 잘도 걷는다. 맘속으로 칭찬했다. 나는 저만할 때 동생들과 저와 같이 사이좋게 지냈는가? 반성해 보니 그렇지 못했다. 후회된다. 잠깐이나마 먼저 간 동생을 위해 진언을 외우며 참회했다. "옴 살바 못자 모지 사다야 사바하."

버스로 이동 후 전철로 히가시야마(東山)역 외에 몇 개역을 환승

후, 교토역 구내식당 동양정(東洋停)에서 함박스테이크로 석식을 하고나니 시계가 19:50을 가리킨다. 예약한 숙소를 지하철 타고 찾아갔다. 피곤해 외부를 살피지 않고 바로 실내로 들어가니 지난밤에 취침한 숙소와 판이했다. 온풍기는 돌아가나 좁고 추운 방에 침대는 없고 화장실 공간은 사방 약 80㎝정도로 비좁았다. 누수 때문에 양말을 다 버렸다. 연락했더니 즉시 와서 고쳐주고 사과 후 갔다. 욕실은 처마 밑에 가건물 같은 곳에 깊이 약 110㎝되게 스텐 스틸로 욕조를 만들어 땅에 묻어놓고 사용하고 있다. 키 작은 아이나 여인들은 깊어서 사용하기 힘들 정도인데 나만 간신히 들어가 샤워했다. 아이들에게 이런 곳이 있다는 것을 잘 보여준 것 같다.

둘째 날(17일) 토요일이다. 오늘은 어제 다 보지 못한 고대 귀족들의 별장과 사찰이 많아 관광지로 유명한 교토의 '아라시 야마(嵐山)를 관광 후 오사카 중심가를 관광하기로 했다. 국산 햇반과 라면을 맛있게 먹고 밖에 나와 투숙한 건물의 외부를 보니 창문과 도로가 접한 2층 구옥인데 다다미방을 온돌방으로 개조한 것 같았다. 주택과 상가가 혼합된 지역이었고 4~5m너비의 골목길이어서 그런지 소란스럽지는 않았다. 고생은 했으나 아이들 교육상 숙소선택을 잘했다고 생각을 했다.

숙소 옆에 있는 가납종합병원(加納綜合病院) 앞을 지나갔다. 아들며느리가 의료업에 종사하고 있어 가보고 싶었으나 시간 절약을 위해 그대로 지나갔다. 조금 걸어가 마루타마치(丸太町) 전철역에서 승차하여 도리마루(鳥丸)역에서 환승했다. 사철인 한큐~아라시야마선(線)을 이용해 아라시 야마(嵐山 兒峨野)로 가는 길이다. 가추라역에서 전철을 환승해 아라시 야마(嵐山)역에 하차해 가방을 보관함에 맡기고 밖으로 나오니 나무숲이 무성한 야산이 눈앞에 서 있다. 아라시야마공원 옆을 걸어 시내방향으로 향하였다. 약 500m 걸어가니 수심은 깊은 것 같지 않으나 하폭이 150m정도 되는 큰 하천이 있는 풍경이 전개된다. 갑자기 바람 불고 찬비가 내리니 장이 약한 나는 통증 때문에 고생을 좀 했다. 폭이 약 200m 되는 유명한 도게츠교(목교)를 건넜다. 비는 오지만 물안개가 낀 아라시야마 산천의 전망은 아름다웠다.

시내 입구 관광 안내판에 임제종의 대본산 천용사를 위시해 사찰이 15개소나 있어 불교국가임을 알 수 있었다. 천용사 정원 참배 권을 1인 500엔에 구입해 입장했다. 참배하는 곳이 있는 정면으로 가지 않고 일본인 관광객 수십 명이 정원 쪽으로 향하기에 뒤따랐다. 정원을 구경하는 것인지 참배한다는 것인지 이해되지 않았다. 상항을 보니 역시 부처님께 참배하는 것보다 관람하러 오는 것 같았다.

호수 변에 적송 등 수목과 기화요초를 아름답게 조성해 놓은 정원을 길따라 약 1시간 관람했다. 역시 일본은 목조 건물의 웅장함과 지천회류식 정원이라 구경하기 편하고 볼거리를 많이 만들어 놓았다. 후문의 돌쩌귀가 반짝이는 것을 보니 그들의 문화재를 사랑하는 마음을 알 것 같았다.

후문을 나오니 약 20m 높이의 대나무 숲이 하늘을 찌르고 있다. 우리나라 대나무보다 마디가 흐려 보이는 것이 다르다. 대나무 숲 사이 좁은 길을 관광객과 약 100m 걸어갔다가 뒤돌아 나왔다. 도중에 개인 저택이 있는데 사도가 있는 것이 특이했고 차량통행을 금하고 있었다. 약 300m 걸으니 남 청용사로 나온다. 나무숲이 우거진 속에 야궁신사(野宮神社)라는 일본 사찰이 있는데 기도하러온 여인들이 많이 보였으며 유카타를 입고 있는 여인도 보였다. 인력거 몇 대가 손님을 기다리고 있었고. 대학입학 기원, 취업기원 등이 계시된 것을 보니 우리 문화와 별 다른 바 없는 것 같았다.

큰 길로 나오니 도로 좌우에 상가지대가 형성되어있다. 음식점, 과자가게, 인형가게, 생활용품점 등이 소품을 깨끗하게 진열해 놓고 고객을 기다린다. 순두부 맛 집을 찾아 갔더니 손님들이 20m가량 줄을 서서 기다리고 있어 포기하고 비를 맞으며 목교를 건너 역을 향하였다. 공원 내에 5~60년생 벚나무가 수십 그루가 있는데 두 그루가 꽈배기처럼 꼬여있어 연리지를 생각나게 했다. 지역에 대하여 모르는 것을 일본 여인에게 짧은 영어로 물어 보려고 몇 번 시도해도 한국인이라 해서 웃고 말았지만 한국 관광객이 많다는 것을 증명하고 있었다. 전철을 타고 오사가시 우메다(梅田)역에 하차해 맛집을 찾아갔다. 한큐(版急)지하 백화점부근 사거리가 몇 곳에 가까이 있어 너무 혼잡해 일행을 잊어버릴 뻔했다.

백화점 9층에서 환승 후 12층 한 식당에 가니 장어구이가 비싸서 옆의 취상사(吹上舍)라는 식당으로 옮겨 소고기 샤브샤브와 닭고기(地鷄親子井) 덮밥으로 늦은 중식을 했다. 1인분 1,459엔이다. 그런데 이 식당에서 특이한 점을 발견했다. 우리가 손님이 많아 홀 모퉁이 의자에 앉아 음식을 주문하려고 카운터를 향해 부르니, 20대 초반의 남자 종업원이 달려와서 무릎을 거의 바닥에 붙이다시피 구부리고, 주문한 아들과 눈높이를 같이 하고 주문을 받아갔다.

제행무상이란 말처럼 풍신수길이 일본을 통일 후 몇 백 년 살 것 같이 3년간 건축하였으나, 몇 년 안 돼 정적 덕천가강에게 전 가족과 같이 몰살되고 빼앗긴 대판성 천수각을 관광하고 시내중심가 도톤부리로 갔다. 지하에 있는 신호 우 관광협회(神戶 牛觀光協會) 추천 식당인 맛집 기무가스에 가도, 스시(초밥)의 원조집 원록수사(元祿壽司)에 가도, 우동국물 맛이 일본에서 제일 좋다는 이바이(今井)에 가서 음식을 조금 시켜도 친절이 대하고 음식 맛도 좋고 위생관념도 철저했다. 그 외 여러 접객업소에 가봐도 친절이 몸에 배어 있는 것 같다. 손님을 진심으로 왕처럼 대접하고 있었다. 우리도 배워야할 일이다.

숙소에 돌아와서 추운 방에 누워 천장을 쳐다보며 그간 여행 중에 체험한 사건이 주마등 같이 지나가는데 그중 10년 전 북해도에 갔을 때 감격 받은 일이 생각난다. 우리가 투숙했던 곳은 약 오백여 명은 수용할 큰 호텔 식당인데 40대 중반은 되어 보이는 그곳 호텔 사장이 종업원과 같이 손님이 먹다 남긴 잔반을 말없이 냄새나는 잔반통에 쏟고 청소하는 것을 보고 놀랐지만 갑질의 횡포로 사회문제가 되고 있는 우리나라와 비교하니 역시 배울 점이 있는 나라라는 것을 알 수 있었다.

D -7

박숙자
si729@naver.com

D-10, D-9, D-8.
시간이 흐른다.
노을과 함께 초승달도 사라진
서쪽 하늘을 멍하니 바라본다.

불현듯 사막에서 자라는 일명 '야훼의 손'이라는 죠슈아 트리가 뇌리를 스쳐 지나간다.

150년에 12미터밖에 자라지 않는 나무.

2007년 17년 만에 만난 샌프란시스코에 사는 친구의 집 서재에서 나의 등단작품이 실린 책을 발견했다.

첫사랑 연인을 만난 듯 반갑고 흥분됐다. 10년 전 친구에게 보낸 책이다.

그날 밤 친구들 앞에서 「만남」이란 등단작품을 낭송했다. 글 속에 주인공들은 20년지기이다.

그 주인공 여인 다섯 명이 17년 만에 뭉쳤다. 등단작을 읽으며 20년 전 과거 속으로 돌아가 하얗게 밤을 새웠다.

그날 밤 게으른 나의 창작 활동을 반성했다. 그리고 다짐했다.

초심으로 돌아가 창작 활동 열심히 하겠노라고~

며칠 뒤 친구들과 미 서부 여행을 떠났다.

끝이 보이지 않는 광활한 모하비 사막을 횡단하며 신기한 풍경에 눈을 뗄 수 없었다. 척박한 사막에 난쟁이처럼 작은 나무들이 드문드문 자라고 있었다. 두 팔 벌려 하늘을 향한 모습의 나무가 있었다. 특이하게 생겼다.

가이드의 설명이 선인장의 일종인데 하늘 향해 기도하는 야훼의 모습 같다 하기도 하고 여호수아가 방향을 가르키는 손과 같기도 하다고 해서 '야훼의 손'이라고도 하는 죠수아 트리.

그 나무는 사막을 걷는 낙타들의 갈증을 해소해주는 먹이 이기도 하다. 물이 없는 사막에서 오아시스를 찾을 때까지 수분을 섭취하기 위해 가시에 찔려 피를 흘리면서도 먹는다.

낙타뿐만 아니라 사람 또한 무언가를 이루기 위해 가시에 찔려 피를 흘리면서도 도전하는 삶도 있으리라.

3주간의 여행을 마치고 집으로 돌아와 그동안 쌓아둔 수필, 소설, 시, 있는 대로 읽고 썼다.

그러나 난 또 얼마 못 가 글쓰기를 게을리 하며 세월을 보냈다.

양은 냄비 같은 나의 창작열.

10년이란 세월이 훌쩍 지났다.

또다시 미 서부 여행을 10년 전 그 코스 그대로 했다.

사막을 횡단하는데 10년 전에 봤던 '야훼의 손'이라는 죠슈아 트리가 낯설어 보였다. 키도 덩치도 부쩍 커 보였다

내 눈에는….

순간, 무언가 나의 뒤통수를 때리고 지나간 듯 얼굴이 확 달아올랐다. 척박한 사막에서도 죽지 않고 모래바람을 견디며 자라고 있는 죠슈아 트리.

죠슈아 트리는 나무가 아니라 용설란과에 속하는 식물이며 150년에 12미터 밖에 자라지 않는다.

사막의 모래바람 속에서도 쓰러지지 않고 10년 만에 몸도 키도 자랐다.

아! 그동안 난 무얼 했나? 나의 문학의 키는 얼마나 자랐을까?

가만히 눈 감고 자신에게 되뇌었다. 아니, 자라기는커녕 아사 직전이다.

바람불면 바람 분다고, 햇볕이 강하면 너무 강하다고….

이리 휘청 저리 휘청.

순간, 부끄러웠다.

문학에 대한 열정도 끼도 지구력도 없는 속 빈 강정 같은 나,

자괴감이 들었다.

그 이후 누구 앞에서도 작가라는 소리를 하지 못했다.

복잡한 도시를 떠났다.

농촌과 도시 함께 어우러진

노을이 아름다운 곳으로….

서쪽 창밖으로 보이는 노을이,

자꾸만 가슴을 비집고 들어온다.

실오라기 같은 가느다란 외줄,

한 가닥 잡고 작은 숨 쉬고 있다.

동쪽 하늘이 붉게 물들어온다.

동검도, 그 섬에 애인이 있다

박연숙
yeonsuk2992@daum.net

조나단 유!

그 사람은 예술영화와 갯벌과 잘 어울리는 사람인 듯합니다. 애인 만나러 가는 이 길은 왜 이리 먼 가요. 부유하듯 서서히 눈을 감고 갈대를 스치며 동검도에 갑니다.

동검도는 세계 5대 갯벌 중 하나인 5천만평의 신비한 갯벌입니다. 그 앞에 세워진 갤러리풍의 바닷가 DAFA 365 예술극장에서 '보이 콰이어' 영화를 보기 위해 왔습니다. 점심때가 가까워 먼저 석모도에 가서 '뜰 안의 정원'에 왔습니다. 유럽 어느 황실에 온 듯했습니다. 감탄사가 절로 나왔습니다. 아주 넓은 공간에 수많은 꽃이며 다양한 도자기 그릇과 인형들이 즐비하게 장식되어 왕실의 여인이 된 듯 우아하게 앉아보았습니다. 점심 후 입안에 꽃향기가 그득했습니다. 그 집의 분위기와 주인 여인의 모습이 그려집니다.

동검도는 강화도의 동남방에 위치하고 있는 맨 끝에 있는 조그만 부속 섬입니다. 옛날 남해 또는 중국 쪽에서 오는 배가 강화 김포해협을 거쳐 한강을 통하여 서울로 진입하는 배들을 검문하던 곳입니다.

드넓은 원시적인 갯벌이 울퉁불퉁 야트막한 언덕에서 숨 쉬고 있는 작은 구멍들을 보고 생명의 신비 앞에 가슴이 쿵쿵거렸습니다. 무중력으로 처음 달나라를 밟고 왔다는 느낌이라고 할까요. 낭만적인 음률에 물결쳤던 갈대는 지친 암갈색 잎으로 잘게 손을 흔들어 마중하여 주었습니다.

그 앞에 갤러리 풍의 35석의 아담한 예술극장 DRFA는 분실로 존재하지 않는다고 믿었던 세계의 고전, 예술, 작가주의 영화를 찾아서 복원하자는 취지로 1999년에 동호회 형식으로 발족한 극장입니다. 조나단 유는 우리나라 대종상 각본상, 백상 예술대상 시나리오 상을 받은 분입니다. 공간 구석구석에 고전 영화 필름과 영화배우 사진들로 추억의 방으로 초대하더군요. 예술극장과 갯벌과 닮은 곱슬머리. 그는 영화를 시작하기 전에 간단한 극장소개와 '러브 스토리' 주제곡을 직접 피아노로 연주하는 멋진 분입니다. '보이콰이어' 영화를 보면서 얼마 훌쩍이고 울었는지 따뜻한 유자차로 마음을 달래고 눈이 퉁퉁 붓고 벌겋게 되어서 누가 볼까 부끄러웠습니다. 중년의 더스틴 호프만의 중후한 연기가 돋보입니다. 불우한 환경에서의 문제아 한 소년을 따스한 사랑과 지속적인 지도로 마침내 미국 소년합창단(보이콰이어) 정식 단원이 되어 순회공연을 하게 됩니다. 성공하기까지의 과정을 진솔하면서도 탄탄한 구성으로 관객들을 감동의 눈물로 매료시기에 충분한 우수한 작품입니다.

졸시를 올립니다

동검도

신세계 행성인 듯
여기 동검도에
무중력으로 부유하듯 서서히 착륙한다

거대한 갯벌에 크고 작은 골짜기와 웅덩이는
태초의 행성인 듯
미지의 숭고로 다가온다
수많은 생명의 숨구멍에서
'뜰 안의 정원' 장미꽃과 여러 꽃들이 피어나고
대지에서는 천상의 목소리 '보이콰이어'
'메시아' 합창으로 에워싸여
입술이 메마른 갈대를 타고
소용돌이치며 넘실거린다
다양한 층의 감각이 오히려
한동안 가슴에 돌을 매단 듯 더욱
나를 해방시키지 않는다
따끈한 유자차로
도라지꽃빛 심장을 녹이고
흐르는 눈물로 추슬러 달래본다

원시의 동검도가 걸어와
나를 검문한다

그 섬에 애인이 있습니다.

몹시도 그리워 마음이 갈대처럼 흔들립니다. 동검도에 가서 갯벌과 갈대, 진달래꽃도 보고, 커피를 마시면서 추억의 명화도 보고 싶습니다. 거기에 안기어.

순천만 갈대숲의 향연

박정미
parkjengmi47@naver.com

가을의 초입에 창수문인회는 문학기행을 간다. 전남 순천만과 낙안읍성, 영광 불갑사 상사화 축제로 정하고, 이른 아침 설레는 마음으로 관광버스를 탔다. 날씨는 금방이라도 비가 내릴 듯 잔뜩 흐려있다. 작은 태풍이 남해안쪽을 지난다는 소식을 접하고도 일정대로 출발했다.

이번 문학기행 수필 낭독은 일정상 버스 안에서 하기로 돼있다. 계획된 일정표에는 문학행사 운영위원 선생님이 사회를 보기로 돼있는데 부득이한 사정으로 불참하게 되었다. 사무총장이 슬그머니 나에게 다가와 대신 해달라고 부탁을 한다. 할 수 없이 준비도 안 된 상태로 마이크를 잡았다. 일곱 분의 수필낭독 진행을 마치고 나니 쿵당 거리던 내 마음도 홀가분했다. 내 딴엔 큰 경험이었는데 문우님들이 간간이 사회진행 잘 했다고 내 손을 잡아 주기도 해 뿌듯했다. 여섯 시간여 만에 우리는 순천만에 도착했다.

이곳은 대한민국 제1호 국가정원이고 세계5대 연안습지로 등록된 순천만 습지공원이기도 하다. 하필이면 태풍이 지나가는 길목이다. 오락가락하는 가랑비를 만났고 매몰찬 바람을 만났다. 바람막이 점퍼가 무색할 만큼 온몸에 한기가 든다. 두꺼운 옷이 생각났다. 순천만 국가정원은 규모도 크고 각 나라별 국가정원이 조성되었다. 나라별 특색을 살려 조형물도 설치돼있고 예쁜 꽃과 나무들도 잘 가꾸어져있다. 그래서 이곳은 세계국가정원이다. 인위적으로 꾸며진 세계국가정원이지만 단시간에 각 나라 정원을 볼 수 있어 좋았다.

스카이큐브를 타고 문학관역에 도착했다. 스카이큐브는 순천만 습지 생태계를 보호하기 위해 만들어졌으며 전기에너지로 움직여서 배기가스가 없고 소음이 적다. 10m 상공을 가로지르는 스카이큐브에 오르니 발아래 펼쳐지는 순천만 정원과 동천의 풍경을 내려다볼 수 있어서 스릴만점 즐거움이었다. 소설가 김승옥문학관과 동화작가 정채봉문학관을 견학했다.

이번 문학기행의 하이라이트 순천만 갈대숲에 다다랐다. 갈대숲 탐방로를 가기 위해 아치형 다리 무진교에 섰다. 끝없이 펼쳐진 초록의 갈대숲, 갈대들이 어우러져 너울너울 춤을 춘다. 보기 드문 진풍경이다. 갯벌에선 짱뚱어가 숨바꼭질하고 갈대가 바람에 흔들린다. 지옥과 천당을 오가는 처절한 모습이다. 태풍의 위력은 자연도 사람도 파멸시킬 기세다. 헝클어진 머리카락을 모자로 방패삼아 두 손으로 단단히 잡았다. 비틀거리며 간신히 탐방 길로 들어섰다. 아직 영글지 않은 갈대꽃은 초록이다. 뿌리에 중심을 잡고 바람이 불면 부는 대로 감당해 내는 위대함을 가까이에서 체험한다. 우리의 삶의 한 토막이다. 시련에서 희망을 만들어 내려는 안간힘으로 보인다. 오뚝이처럼 일어서려는 좌절의 힘을. 내 삶의 무게도 갈대처럼 혹독할 때가 있었다. 암울했던 그때를 기억하기 싫어 바람결에 실어 보내고 나는 더 씩씩하게 태풍 속을 걸었다.

타임머신을 타고 여고 1학년 때 담임선생님을 만난다. 윤리담당 선생님은 총각 선생님이었다. 노래를 잘 불렀던 선생님은 학교행사 때마다 테너 톤으로 베르디의 오페라 곡 '여자의 마음'을 열창했다. '여자의 마음은 갈대와 같이 항상 변한다'는 노랫말이 여고 1년생인 우리들은 참 싫었다. 환호의 박수는커녕 입을 삐죽거리며 귀를 틀어 막기도 했다. 예민한 사춘기 소녀들의 행동이기도 했지만 나는 유난히 담임선생님을 싫어했다. 그런 나에게 선생님은 어느 날 뜬금없이 "언니 있냐?"고 물었다. 나는 조그만 소리로 없다고 했다. 함께 있던 친구들이 친언니 있다고 고자질을 했다. 그 후론 나만 보면 언니 소개해 달라고 치근덕댔다. 물론 유머로 했겠지만 그 후론 선생님이 더 싫어졌다. 고1때 내 모습이다.

고2때는 서울 명문대 출신이신 미술 선생님이 첫 발령 받고 우리 학교에 오셨다. 난 미술에 취미도 없었고 재주도 없었다. 미술실기만은 반에서 꼴등 수준, 그나마 다행인 것은 이론시험이다. 이해는 못해도 암기는 할 수 있으니까, 이론 성적은 우수했다.

미술 선생님은 여름방학 때 학생들과 함께 임해 훈련을 다녀오셨다.

어느 날 많은 친구들 앞에서 나를 지명하더니 잘 어울리는 별명을 지었단다. 궁금해서 뭔데요? 했더니 순천만 갯벌에 사는 '짱뚱어'란다. 친구들은 배꼽을 잡고 웃었고 나는 황당했다. 왜 하필이면 선생님은 못생긴 '짱뚱어'를 처음 보는 순간 나를 연상하게 되었을까? 미술을 싫어하는 나에게 주는 벌인가? 별별 상상을 다해보아도 난 억울하기만 했다. 그 후론 미술 선생님과 눈도 마주 치지 않았다. 긴 복도에서라도 만나면 선생님은 손짓으로 '짱뚱어' 하며 반겼다. 그럴 때마다 외면하며 되돌아서기를 수도 없이 했다. 미술 시간에는 뾰루퉁한 얼굴로 입을 꼭 다물고 있었다. 무언의 시위였다.

내성적 취향인 나는 새침한 성격에 낯가림도 심했다. 친구들한테도 먼저 다가가지 못했다. 그때 친구들은 오랜만에 만난 나를 보고 내가 많이 변했다는 얘기를 했다. 갈대의 강인함처럼 내 삶의 무게가 나를 강인하게 다듬어 주었는지도 모른다. 두 분 선생님은 우리 학교에서 2년쯤 계시다가 서울로 가셔서 기억 속에 남았다.

일정대로 낙안읍성 민속마을에 왔다. 쉬엄쉬엄 고샷길을 다니며 오래된 초가집들을 기웃거리며 구경한다. 어둑해질 때까지 추억을 찾아 동네 한 바퀴를 돌았다. 내 고향에 온 듯 정겨웠다.

다음날 상사화 축제를 구경하기 위해 영광 불갑사로 왔다. 상사화는 9월 중순쯤 만개하는데 일명 꽃무릇이다. 어제 가랑비가 내린 덕분인지 붉은 꽃빛은 더욱 영롱했다. 절 주변이 온통 꽃무릇으로 붉게 물들었다. 애기단풍나무 아래 빈틈없이 군락을 이룬 꽃무릇 빛이 햇볕에 반사되어 반짝인다. 화려한 군무다.

이번 문학기행의 백미는 태풍이 지나가는 길목에서 만난 갈대숲의 향연과 못생긴 짱뚱어의 만남이다. 바람이 불면 부는 대로 순응하며 이겨내는 강인함을 갈대숲에서 체험했다. 체험하면서 추억을 만들었고 철학을 배웠다. 타임머신을 타고 55년이 훌쩍 지난 나를 보았고 짱뚱어가 보양식으로 귀한 어종이라는 것도 알았다. '짱뚱어탕'이 순천만의 별미 중의 별미라는 것도 알았다.

황혼의 노을이 되어 학창 시절을 회상해보니 두 선생님께 철없이 굴었던 지난날이 새삼 가슴 뭉클한 그리움으로 다가왔다.

추억의 그리움은 순박하고 상큼하고 따뜻했다.

할미가 되고서야

박정분
hohoboon@daum.net

벌써 할머니가 되었다. 내가 첫딸을 낳은 지 꼭 35년 만에. 할미가 되고나서 친정엄마를 이해하게 되었다. 큰딸이 첫아이를 낳아서 미역국을 끓여 주려고, 바리바리 싸들고 딸네로 갔다. 강아지를 기르는 딸네 집 거실에는 늘 강아지털이 수북하다. 나는 성격이 까다로워서 거실바닥이나 화장실 세면대에 머리카락이나 강아지 털이 떨어져 있으면 그걸 치울 때까지 서성이는 버릇이 있다.

그래서 딸네 집도 들어가면서부터 청소기를 돌린다. 그랬더니 딸이 미안한지 애기 낳으러 병원 가느라고 못 치워서 그렇다며 안절부절못한다. 나도 큰딸을 낳고 누워있을 때, 친정엄마가 허리를 구부리고 청소기를 돌리면 그렇게 마음이 불편했는데, 아마 지금 내 딸도 그런 심정일 게다.

딸은 8월 3일 오전 10시 20분에 제왕절개로 첫아이를 낳고, 뇌척수가 새는 바람에 시술까지 받았다. 의사는 제왕절개를 하고, 뇌척수가 새는 일은 백 명 중 한사람이 나올까 말까하니 걱정 말라고 했는데 하필이면 그 한 사람이 내 딸이었다. 시술받은 곳이 또 재발하여 놀라게 만들었다. 아기는 태어날 때 양수를 많이 먹어서 청색증으로 2주일이나 중환자실에 있다. 아기는 병원에 있지만, 산모는 퇴원했기 때문에 조리를 해주려고 딸네로 갔던 것이다.

예전에 나는 감전된 경험이 있어서 전자제품만 보면 먼저 무서운 생각이 든다. 그런데 딸은 아기 젖병까지 소독기를 사용하였다. 소독기를 사용할 줄 몰라서 애가 탔다. 내가 아이를 낳던 30년 전보다 지금은 기계를 사용하는 게 더 많다. 그래서 젊은이들은 살림하기가 편하지만, 중년이 된 나는 기계를 다루지 못해서 그게 더 힘들었다.

기계 앞에서 작아지는 내 모습은 마치 내가 딸을 낳았을 때, 친정엄마가 안절부절못하던 모습과 비슷하다. 그 순간이 떠올라서 눈물이 난다. 그때는 내 엄마가 어떤 마음이었는지 짐작도 못했다. 그저 아이 낳아서 힘들고 아프다고 엄마한테 투정부리고 응석만 부렸지, 곰살궂게 굴지도 않았다. 그런데 내가 할미가 되고 보니 엄마가 얼마나 서운했을지 이제서 엄마를 이해하게 된 것이다.

요즘은 딸들이 결혼하면 친정 근처에 보금자리를 마련해서, 백년손님인 사위도 얼굴을 자주 본다. 자주 보니까 정이 들고, 정이 드니까 또 스스럼이 없다. 그런데 내가 결혼하던 1980년대 사위는 장모님을 만나도, 격식 차리느라 서로가 어려워하였다. 그래서 백년손님이라고 부르는 것 같다. 더군다나 나는 친정이 시골이어서 엄마랑 남편이 만날 기회가 더 적었다.

그렇기 때문에 엄마는 하나뿐인 사위의 성격이나, 식성을 전혀 알지 못하셨기 때문에 산모 챙기랴, 사위 챙기랴 정신없었을 것 같다. 하나뿐인 사위가 식성이 까다로워서 많이 힘들었다고 하셨다. 얼마나 어렵고 힘들었는지 2주일 동안 몸조리를 해주시고 살이 5kg이나 빠지셨다.

그때 엄마가 그렇게 마음고생하며 힘드셨다는 걸 나는 왜 눈치 채지 못했을까. 할미가 되고 기계 앞에서 당황하고 보니 참 답답한 마음이 든다. 나도 웬만한 기계는 쓸 줄 아는데, 인덕션이 속을 썩였다. 휴대용 인덕션과 다르게, 부엌에 가스레인지 대신 설치된 인덕션은 사용하려고, 이것저것 눌러도 켜질 생각이 없다. 기계를 보면서 땀만 뻘뻘 흘리다가 할 수 없이 잠자는 딸에게 물었더니, 조곤조곤 설명을 해준다. 딸아이는 제왕절개를 하고서, 뇌척수가 새서 시술받은 거라 누워있어야 되는데, 내가 기계치여서 자꾸 불러대니 얼마나 피곤했을까. 그래도 딸은 나처럼 성질 내지 않고, 차분하게 설명을 한다. 사위는 내 남편보다 식성이 까다롭지 않아서 다행이었다. 대충 만든 음식도 감동하며 먹어서 더 고마웠다.

내가 딸을 낳았을 때 엄마는 시골에 살아서 세탁기를 써 보지 않았다. 그래도 잠자는 내가 얼마나 안쓰럽고 가여웠던지, 세탁기 사용법을 물어보지도 않고, 그냥 손빨래를 하셨다. 12월 달인데 손빨래를 한 것이다. 내가 몸조리를 못하면 엄마처럼 고생할까봐 몸을 아끼지 않고 도와주신 건 친정엄마이기 때문이 아닐까. 딸만 생각하고 당신 몸이 힘든 건 절대 내색하지 않으신 엄마는 내 몸조리를 해주시느라, 손에는 주부습진이 가득하고, 심하던 허리 병까지 재발하였다. 엄마는 그때 많이 고생해서 그런지 지금도 굽어버린 등과 구부러진 허리를 볼 때마다 가슴이 미어진다. 아프시기는 하지만 그래도 엄마가 곁에 계셔서 나는 참 행복한 사람이다.

이모와 도라지꽃

박춘민
chunmin202@daum.net

꽃집 앞을 지나다가 한 다발의 보라색 도라지꽃을 보았다. 붓꽃인 줄 알았는데 도라지의 조화였다. 카네이션, 장미, 후리지아 등 빨갛고 노란 생화에 둘러싸여 스무 송이 안팎의 도라지꽃이 눈길을 끌었다. 조화지만 반갑다. 아득한 저 남쪽 바닷가가 떠오른다. 문득 막내이모가 생각난다.

고등학교 시절 여름방학이었다. 바쁠 농사철을 염려하여 쉽게 허락해 주시지 않는 어머니를 졸라 막내이모 댁에 갔다. 그곳은 예전에 바다에서 보물이 많이 나온 신안군 증도에 속한, 도독도로 향하는 길목이다. 큰 마을에서 한 시간 가량 걸어가야 하는 바다기슭이었다. 해송들이 늘어선 백사장을 옆에 끼고 좁은 논길과 밭길을 한참 지나야한다. 그렇게 걷다보면 앞에 낮은 산이 가로 막는다.

그 산 모퉁이를 돌아가면 포구처럼 해안선이 오목한 산 밑에 서너 채의 집들이 나란하다. 그중 가운데를 차지한 큰 초가집이 이모네 집이다. 바닷물이 날마다 집 앞의 마당까지 몰려왔다. 서해의 한 자락이 마당을 받친 돌들을 무너뜨릴 듯 부딪치고, 썰물이면 정적과 함께 갯벌이 넓게 펼쳐졌다. 슬슬 기는 다슬기들과 갯벌 속에 숨어 있는 갖가지 조개. 게들은 특유의 옆걸음질로 달리고, 바위는 다닥다닥 흰 굴껍질로 가득 덮여 있었다.

어느 날, 혼자서 뒷산에 올랐다. 힘들게 찾아온 바닷가였지만 며칠이 지나니 무료해졌다. 나는 낮은 산등성이에 앉아 바다를 내려다보았다. 소나무와 억새, 풀 사이로 보이는 흰 파도가 포효하며 백사장에서 미끄럼을 탔다. 바다엔 고깃배도 없었고 물새도 날지 않았다. 다만 맑은 하늘에 흰 구름이 동동 떠 있을 뿐, 적막강산이 따로 없었다. 후르르 산새가 나는 바람에 옆을 보았다. 아, 그곳에 도라지꽃 한 송이가 웃고 있는 게 아닌가. 녹색의 산그늘에 한 점의 맑은 보랏빛, 그 청초함을 어느 꽃이 대신하랴.

나는 이모가 다섯 분이다. 그중 막내이모는 태어나실 때부터 몸놀림이 둔하셔서 외딴 바닷가로 출가시키는데 새아씨 때 6・25전쟁이 일어났다. 그때 마을 이장이시던 이숙님은 불행히 6・25기간에 무사하지 못하셨다. 그래서 이모는 서른도 못되어 청상(靑孀)이 되시어 시부모님이 돌아가시고 시동생도 분가하자, 휑뎅그렁한 큰집에서 딸 하나와 유복자와 같이 쓸쓸히 사셨다. 뭍의 형제들도 뱃길이 멀어 자주 찾을 형편이 아니었다.

철없는 나는 이모님의 외로움을 알지 못했다. 한숨은커녕 언제 한번 어두운 얼굴을 뵌 적이 없기 때문이다. 그저 "오냐 오냐." 하시며 갯벌과 뒷산을 오르내리기에 여념이 없으셨다. 어느 해, 외삼촌과 사촌오빠가 이모의 재혼을 위해 서울에서 내려오시어 이모를 설득하기 위해 꽤 오래 머무셨지만 이모는 떠나지 않으셨다.

나는 바닷가의 이모네 집이 좋아 졸업 후 첫 부임지로 증도를 선택했다. 이모네 집과 학교와는 꽤 멀어서 늦은 시각이면 이모는 등불을 들고 밭길에서 기다리시고, 비가 오면 그 바쁜 농사철에 우비까지 들고 뒤뚱뒤뚱 걸어오시곤 하셨다. 내가 입덧을 할 때는 제사에 사용하려고 아끼던 낙지도 선반에서 선뜻 내려주시던 이모다. 당신의 딸 이상으로 나를 아껴주셨다.

그런 몇 년 후, 나는 결혼하여 증도에서 목포로 옮겨 살게 되었고 다시 서울생활로 접어들었다. 이런저런 일로 바쁘게 지내며 오랫동안 이모를 잊고 지내다가 작년 늦가을, 이모님의 부음을 들었다. 뒷산 기슭에 조용히 묻히셨다는 소식이다. 편찮으시다는 말을 듣고도 차일피일 찾아뵙지 못했고 마지막 가시는 길도 전송하지 못했으니 나 같은 무정한 조카딸이 어디 있으리.

이제 이모는 도라지꽃으로 다가오신다. 이모님 집 뒷산, 그 무덤 가까이 해마다 피는 도라지꽃, 일편단심 외딴 바닷가에서 홀로 절개를 지킨 이모를 닮은 꽃이다. 눈부시지 않아서 좋고 향기가 부담스럽지 않아서 좋다. 뭇 사람들의 시선을 피해 홀로 자신의 위치를 지켜 나가는 꽃, 곧은 줄기와 반듯한 잎은 단정하여 이모님처럼 함부로 꺾지 못할 위엄이 서려 있다. 청산에서 산새와 벗하며 있는 곳에 뿌리를 내리고 조용히 피고 지는 꽃. 그 꽃잎의 남 보라색 통꽃의 매무새는 그리움에 멍이 든, 남몰래 삭힌 이모의 외로움인가.

서서히 여름이 다가오고 있다. 지금쯤, 이모님무덤 가까이에 맺혀있을 도라지 꽃봉오리를 상상해 본다. 연둣빛이 짙어 청산이 되면 약속이나 한 것처럼 꽃잎을 열겠지. 이 세상 한 구석에 말없이 곱게 피었다가 지는 순하고 순한 꽃이기에 더욱 소중하고 아름다운지도 모른다.

유자김치, 그 맛

박현일
hipark99@naver.com

음력 시월 상달은 시제(時祭) 철이다. 공직에서 물러난 후엔 거의 매년 고향의 시제에 참석해 왔다. 이번 시제 길에는 중학 시절의 추억이 서린 읍내 봉황산(199m)에 오르기로 했다. 무려 60여 년 만이다. 산 기슭에 접어들자 잠시 옛 생각에 잠겨있는데 어디선가 소슬한 바람에 은은한 유자(柚子) 향(香)이 코끝을 솔솔 건드린다. 안개비 사이로.

개처럼 코를 식식거리며 향긋한 향을 쫓아 질척질척한 산길을 오른다. 산 중턱에 허름한 외딴집 앞이다. 빈집인 듯 인기척도 없고 유자나무 몇 그루만 서 있다. 주렁주렁 달린 황금빛 유자에서 짙은 향이 풍긴다. 재래종이다. 무작정하고 유자 하나를 가지 채 꺾어서 손가방에 넣었다. 고향의 향이 가방에 가득하다.

유자나무는 본래 중국이 원산지로 갯바람이 일렁거리는 곳에서 잘 자라며, 요통, 위통, 신경통, 무릎관절 이외에 혈액순환과 기분전환에도 효능이 있고 주성분인 리모넨, 노미린, 플라보노이드 중 특히 플라보노이드는 항산화작용이 있어서 활성산소를 줄인다고 알려져 있다.

그 때문인지 최근엔 유자차를 비롯한 유자 향의 견과류가 시중에 상당 유통되고 있다. 유자 고장이 뭐 아니랄까. 유자 막걸리가 인기다.

유자나무는 자신의 보호를 위해 누구나 함부로 접근치 못하도록 가시 울타리를 치고 흰 꽃을 피워서 떨떠름하고 쓴맛 나는 열매를 맺는다. 그 열매는 푸른 옷을 입고 젊음을 자랑한다. 하지만, 마지막 가는 길엔 황금빛의 화려한 옷으로 갈아입고 그 속에 쓴맛 신맛을 감추며 향긋한 맛과 향기만을 뿌린다. 마지막 가는 길에 향기로운 체향을 나누어주고 떠난다. 우리네도 대부분 꽃가마를 타고 불꽃동산에 올라 떠나지 않던가.

시제를 마치고 귀가해서 거실 벽 달력 걸이에 유자를 걸어 놓았다. 온 집안이 황금 유자 향으로 요동친다. 고향의 향기가 물씬하다. 매년 이때쯤이면 김장철이다. 아내는 선뜻 배추 한 포기로 '유자김치'를 따로 담가 주겠다고 제안한다. 30여 년 만이다. 여기엔 그럴만한 사연이 있다.

결혼 후 어느 해 퇴근길이다. 촌티를 벗어나지 못한 아저씨가 리어카에 모과와 황금빛 유자를 가득 싣고 동화백화점(지금의 신세계백화점) 앞 길거리에서 팔고 있다. 그 당시만 해도 유자가 사람들에게 잘 알려지지 않은 시절이다. 유자가 풍기는 고향 냄새에 너무나 반가웠다. 무조건 대여섯 개를 사서 곧장 집으로 달려왔다. 가방에서 탐스런 황금알, 유자를 꺼내서 아내의 코밑에 내밀었다.

내 어릴 적에 먹었던 '유자김치'를 떠올리고 어머님의 손맛을 자랑했다. "참 빛깔도 좋고 향도 좋네요."하며 유자로 속청을 만들어서 김치를 담겠다 한다. 당시 아내는 유자를 처음 보았다. 유자의 성분을 전혀 모른 상태에서 통째로 썰어 무채, 갓, 생강, 마늘, 새우젓

고춧가루 등을 버무려서 속청을 만들고 김장을 했다. 올해는 고향의 토종 김치 맛을 보겠다는 큰 기대로 설레는 마음을 달래며 익혀지기를 기다렸다.

그 결과는 의외였다. 유자를 많이 넣으면 넣을수록 좋겠지 하는 마음이 문제였다. 그보다 통째로 썰어 넣은 것이, 더욱 탈을 일으켰다. 껍질에서 나는 향은 너무 진하고, 알맹이에선 신맛이, 씨앗에선 쓴맛이 나는데, 이들을 함께 버무렸으니, 무슨 맛인지 짐작이 안 간다. 역겨워서 도저히 먹을 수 없었다. 그렇기 때문에 아깝지만 그냥 버릴 수밖에.

그해의 김장은 완전 망친 셈이다. 그 후 '유자김치' 말만 나오면 식구들이 절레절레 질색이다. '과유불급(過猶不及)'이라, 이런 때 적용되는 말이 아닐까?

그 사연 많은 '유자김치'를 아내가 한 포기만 담가 주겠다고 하니 정말 고마웠다. 아마 거실에 걸려 있는 황금알 유자 때문이리라. 이번엔 내가 손수 담겠다고 나섰다. 어머님 손맛을 닮은 시골 누님께 '유자김치 담그는 법'을 전수 받았다.

본격적으로 고무장갑을 끼고 유자 껍질만 채 썰다. 나머지는 일반 김치와 똑같은 방법으로 생강을 빻고 버무리는 등의 속청을 만들어서 배추포기 잎 사이사이로 골고루 넣어서 30여 년 만에 유자김치를 담갔다. 그것도 내가….

이번 유자는 재래종이다. 개량종보다 향이 짙다. '과유불급'을 명심하며 고무장갑을 낀 채, 어정쩡한 자신을 한번 훑어보았다. 유자 속청, 토종 맛, 고향의 맛, 어머님의 정결하고 그리운 손맛이 살아날 것이다. 맛이 어떨까? 벌써 입맛이 다셔진다.

그 시대 살아 보았나

배정화
hk943@naver.com

평화통일 목적을 두고 경복궁에서 뜻있는 사람들의 모임을 만들었다. 열악한 환경에서 시작되었고 순수한 이들의 모임에 열댓 분 모이면서 각자 쌀과 먹을 것을 가져와 소박한 대화로 밤을 지새기도 했다. 참되고 올바른 의견들로 주말이면 어김없이 그 장소에서 토론과 다양한 의견들로 정을 채워 나갔다. 그러던 어느 날 인촌 김성수 선생께서 친일파로 판결을 받아 훈장까지 박탈되었다고 연대출신 K씨가 먼저 제의를 해왔다. 고대출신도 아닌데 잘못된 판단을 한 것에 소리를 높이는 것을 보면서 갈수록 혼탁해진 사회임에도 정의 구현이 넘치는 그들이 있다는 것에 감격했다.

인촌 김성수 선생은 민족의 완전한 독립을 위해 오로지 배워야 한다는 굳은 신념이 구체화되면서 날이 갈수록 국민들의 지지가 높아져 갔을 즈음 정치적 반대파들의 타도하려는 술책에 위협을 당하고 있었다.

인촌은 동경유학을 마치고 부모님을 설득해 일본의 만행의 도탄에 빠진 민족을 위해 30대에 중앙학교, 보성전문학교, 동아일보, 경성방직 등을 세웠다.

구한말에 조선의 경제는 침략자들에게 군사 등 모든 것을 빼앗겼기 때문에 청년이었던 인촌 선생은 자유민주주의 정치 체제 실현을 위해 한국민주당(한민당)에 불가피하게 정치 참여를 했지만 범민족 진영 단합을 위해 고군분투하며 미군정에 대한 협력과 조언에 자유 대한민국 건국을 위해 이승만을 최일선에서 최선을 다해 협조해 왔었다.

대한민국 정부수립은 1948년 8월 15일 중앙청 광장에서 독립 선포식이 있었고 미국 트루먼 대통령 특사 존 무초와 연합사령관 아이젠하워, 야당 당수인 인촌 김성수 선생이 참석해 이승만 초대 대통령 취임을 진심으로 축하했고 그해 12월 12일 파리총회에서 한반도 유일한 합법정부로 공포됐다.

건국 후 이승만 독재정권과 맞서 부통령직을 미련없이 내려놓고 오직 자유민주주의를 실현으로 정치적 대결 단합을 위해 한국 민주당과 민주국민당 통합에 매우 헌신했었다. 본인을 해하려는 자들을 오히려 등용하면서 대표로 위축하는 등 공의정신(公儀精神)이 강했으며 인간미가 넘치고 정이 많은 분으로 알려지고 있다.

실의에 빠진 인재를 양성했으며 실력이 있어도 공부하기 힘든 동료들을 유학 보내는 등 취업에 다방면으로 힘썼다. 또한 故 의제 허백련 선생이 동경 유학 시절 거처할 곳이 없어 어려워하자 의제 선생과 함께 유숙하면서 법학도를 예술가의 길로 인도했다. 귀국 후 가회동 자택 2층 화실을 마련해주어 일본 선전에 1등 없는 2등에 당선되어 개인전을 열어 동아일보에 대서특필로 유명세에 큰 성공을 거두게 한 것도 인촌이었다.

인촌 선생은 조국 광복 과정에서 정치세력 간의 갈등이 있었고 그로 말미암아 친일파로 몰렸던 것이다. 원인은 학병권유 연설과 매일신보에 글을 쓰고 강연을 했다는 것이다. 그 시대 일제 침략 압박에 어쩔 수 없었기에 민족 지도자들이 겪는 뼈아픈 정치는 현대사에 슬픈 비극이었다. 학병을 권고할 때 인촌은 "그들의 교육을 맡았지 전쟁터로 가라 마라할 임무를 맡은 것이 아니다."라고 단호했다.

6·25전쟁 중 국방군이 오면 박수를 치고 인민군이 오면 또 박수를 칠 수밖에 없었던 시대적 상황이었으며 살아남기 위해서는 양쪽 모두에게 박수를 쳐야만 했었다.

독립군이 오면 금고를 열어두고 화장실에 다녀오겠다고 자리를 피해 독립자금을 가져가도록 했으며. 동료의 모략으로 생매장을 당하게 될 처지에 있는 후배를 몰래 빼돌려 유학을 보내는 등 민족 운동에 감히 생각지도 못할 일들을 조용히 실천해 왔었다.

인촌은 일본 경찰의 눈을 피해 독립운동 자금을 지원했고 중국 상하이에서 도산 안창호 선생을 만나 또한 자금을 지원했다. 안창호 선생 일기에 인촌은 임시정부 요인들과 독립 운동가들이 비밀리에 모이는 자리에 참석했다고, 다만 일기에서는 빠져있는 것은 인촌을 보호하기 위한 것으로 추정한다고, 도산 안창호 선생 비서였던 장이욱 전 서울대학 총장이 김재순 전 국회의장에게 말했다고 전한다.

일제침략과 대한민국 건국 과정 정치세력 간에 갈등이 심해 친일파로 몰렸던 것이다. 그는 어떤 말과 위협에 굴하지 않았고 그를 죽이기 위해 중상모략을 할 뿐 아니라 암살하려는 정치적 음모에 결국 함께 일하던 오랜 친구인 고하 송진우가 대신 암살당하고 말았다.

인촌 선생은 일생 동안 민족과 고려대학을 위해 숭고한 삶을 사신

분이었다. 그들은 친일파라고 칼로 무 자르듯. 고려대 캠퍼스 앞 인촌 길이 고대 길로 바뀌었고 고대생들이 인촌 동상을 무단 점검해 동상 앞에 구덩이를 파고 로프를 끌어당기며 결행하던 중 이훈 박사께서 모교 총장실로 단신으로 들어가 학부형들과 학생들에게 사실을 설득해 동상을 지켜냈던 것이다. 일부 교수의 간사한 말에 학생들이 이런 큰 실수를 지지르다니! 그들은 그 시대를 살아보았던가?

인촌의 일대기에 관한 책을 한 줄이라도 읽어 보았던가? 최소한 판결한 판사도 시대적 배경을 참조하고 인촌에 관한 책들을 읽어보고 신중하게 판결을 내렸어야 하지 않았는지 묻고 싶다. 모범으로 거듭나야할 교수와 학생들이 배은망덕(背恩忘德)한 짓을 하고 말았으니 부끄러운 현실이다. 오직 나라를 위해 사욕(私慾) 없이 일생을 바쳤던 분이 아닌가?

일제침략 그 시대에 중앙학교를 창설하여 후학을 이끌어 갈 때 연세대학 명예교수인 김형석 교수께서 당시 중앙학교 교사였기에 인촌 선생과 아주 밀접한 관계였다. 인촌 선생과 친분이 두터워 생존해 계신 유일한 산 증인이 되고 있어 참 다행스러웠다.

인촌과 함께 학병 지원한 좌익 인사들은 거의 친일파에서 제외되어 있는데 왜? 인촌에 대한 것은 공과를 묻지 않고 단죄하는 것이란 말인가? 잘못되어진 것은 바로 잡아야 사회가 바로 설 것이 아닌가 한다. 역사적 사실 판단의 무모한 행위는 다시 일어나지 않도록 공적 업무에는 더더욱 신중히 판단했어야 했다.

나라와 민족의 선각자 인촌 김성수 선생 책이 올해 75주년 광복절에 출판되었다. 편집위원장 요청으로 책표지글씨와 인촌 김성수 칠언율시 한시와 예서휘호작품과 더불어 공저를 함께할 기회를 갖게 되었다. 편집위원장 이훈 박사님과 한국 철학계의 김형석 교수님 외 18명의 인사들이 참여 했었다.

민초들도 확실하지 않는 일로 포장돼 매도하려는 무리들의 시기심에 헐벗겨 인신공격 등 거짓으로 정당화하려는 자들이 있다. 역사나 현실에서나 비양심적인 자들을 향해 사회에 발을 올려놓고 부딪쳐 해명하려조차 하지 않고 무시해버리고 말을 아끼며 조용히 초야에 묻혀 살 것을 오늘도 갈망할지도 모른다.

젊은 날에는 작은 상처에도 자존심이 상해 뜬눈으로 밤을 지새기도 했다. 3, 40년 지난 세월풍파 속에 숙지된 여러 체험과 경험들로 인하여 초연해지는 성격은 아마도 나이가 쌓이니 마음 역시 느긋해지나 보다. 단순해지는 뇌구조가 나를 편하게 하는 것 같다. 이튿날에 마음에 상처는 언제 그랬나! 싶을 만큼 근간(近間)을 잊게 하니까 말이다. 생각 없이 작업에만 골몰한 덕분에 섭섭한 심사(深思)의 앙금은 작심삼일이 작심일일이 되는 것 또한 얼마나 고마운지 모른다.

잡초는 장소를 가리지 않고 번식함에 있어 짓눌려 당하지 않으려면 진초들은 부지런히 잡초를 뽑아야 할 것이다.

'세월이 진실을 대변해주겠지'라고 묵인하며 체념하지 말고…. 나부터 솔선수범하는 자세가 요망된다. 나에게는 애국(愛國) 애민(愛民)에 기본 수칙이 있다. 타인에게 베푸는 것은 크고 자신에게는 인색해 검소함을 몸에 익히려 한다. 그리고 애민은 나보다 더 어려운 이웃을 배려하는 정신이다. 이처럼 사소한 것 같지만 후세에게 물려줄 큰 선물이 될 듯싶다.

진선미가 영그는 삶

서명언
myungan@daum.net

내게는 오랫동안 마음속에 담아두고 있는 관용어가 있다. 그것은 나를 이끌어 주는 길잡이이기도 하다. 일의 매듭이 풀리지 않아 마음이 답답하거나, 어떤 생각이 떠올라 글을 쓰다가 문맥이 끊기고 상련이 되지 않을 때면 이 문구를 떠올린다.

물론 해결을 주는 것은 아니다. 긴 호흡이 거친 숨을 가라앉히듯, 갑갑하던 마음이 한결 풀린다. 한 글자 한 글자 써보기도 하고 써놓은 글자를 바라보고 있으면 산만하던 마음이 서서히 수면 아래로 내려앉는다.

이 관용어와 인연이 된 때가 고등학교에 진학하고 얼마 지나지 않아서이다. 마을 선배에게서 책을 빌려 보았는데 저명한 작가들의 편지 글을 모은 서간집이었다. 표지는 뜯겨나가 없고 책장은 누렇게 색이 변해 있었다. 그런 중에서 나는 진주 같은 이 보석을 캐어냈다. 바로 '진선미의 인생 창조', 아마도 춘원 이광수님의 글이었을 것이다.

당시 어린 나의 식견으로는 '진선미'가 인간의 가치 중에 최고라는 생각은 하지 못했다. 감히 깊은 의미는 상상을 못하고 한자의 풀이대로 바르고(眞) 착하고(善) 아름답게(美), 인생길을 열어 가자는 뜻으로만 해석하였다. 마치 학교의 교훈처럼, 사람들 누구나 지켜가야 하는 도리 정도로 여겼다. 그러면서 나는 왠지 이 관용어에 마음이 끌려 스크랩 노트에 정리해 두었다.

고교 2학년 새 학기를 맞을 즈음, 스크랩 속의 이 관용어가 빛을 볼 기회가 생겼다. 오다가다 예쁜 여학생과 눈이 마주치고 나서였다. 그녀에게 첫눈에 홀딱 반한 나는 온종일 그녀 생각에 들떠 있었다. 감색 교복에 흰 칼라가 더욱 선명해 보였고 걸음걸이며 자세도 바르고 예뻤다. 배꽃 같이 흰 얼굴에는 늘 수줍음이 묻어나고 있었다. 나는 학교가 파하기 무섭게 달려 그 여학생의 통학로를, 길모퉁이 골목에 숨어서 나타나기를 고대하였다.

나는 그녀에게 말을 붙일 용기가 나지 않았다. 떨리기도 하려니와 말을 걸었다가 거절을 당할 일에도 염려되었다. 또 동네 사람이 광경을 보고 소문을 내면 그 뒷말이 두려웠다. 나는 밤새껏 쓰고 찢기를 반복하며 장장 세 장이나 되는 연문(戀文)을 썼다. 그리고 예쁜 봉투에 담아 떨리는 가슴을 누르며 그 여학생 앞을 막아섰다. 그리고 연서를 손에 꼭 쥐어주는데 성공하였다. 물론 이틀 후, 꽃봉투에 담긴 그녀의 답신도 받아냈다.

오랜 세월이 지난 지금 그 추억을 떠올리면 얼굴이 따사하게 열이 오르고 마음이 두근거린다. 그리고 연서에서 가장 매력적인 문장이 바로 "진선미의 인생을 창조하려고 이 서신을 귀양에게 올립니다."라고 쓴 첫 구절이었을 거라는 확신도 해본다.

나의 첫사랑 그녀가 뇌리에 스칠 때면 '진선미'의 깊은 이해도 없이 남의 글을 도용하고 나아가 내 삶의 신조라고 그녀 앞에서 객기를 부린 철없던 자신이 부끄럽고 죄송하다. 그렇지만 그때 이후로 이 관용어는 자연스레 나의 모토가 되었다.

대학에 진학하고 교양과목 '철학개론' 시간에 공교롭게도 "진선미는 인간이 가지는 정신적 가치 중에 최고이며, 진선미를 합하면 성(聖)이 된다."라는 교수님의 강의를 들었다. 진선미를 축어적 의미로만 알고 있던 나에게 깊고 높은 함축적인 의미가 있음을 일깨워준 것이다. 그 후 어째서 성(聖)이 되는지 오랫동안 머릿속에 담고 풀어가는 숙제가 되었다. 아울러 이 관용어 체현에 보다 많은 관심을 기울였다.

93년도에 수필로 문단에 들어섰다. 여생을 마무리하는 방도로써 글쓰기를 선택했던 것이다. 훌륭한 작가가 되어 소망을 펼쳐보리라 다짐했으나 변변한 글을 내놓지 못하고 있다. 나의 글에는 감동이 없고 뭔가 미흡하다. 여러모로 모자람을 알고 있다.

감동의 단서는 '진선미'라고 생각한다. 작품을 읽은 독자가 가령 "그래! 이런 거야, 인생은 이런 것이지." 하고 말로서 형언을 할 수 없는, 그래서 격정에 사로잡히는 진(眞). 아니면 '학대받는 선을 찾아내어 진상을 밝혀 고발하고 학대한 악을 탄핵' 하여 독자들로 하여금 카타르시스를 느끼게 하는 선(善). '전경보다는 후경에, 아니 의미내용으로 지각되기보다는 의미작용으로서 미를 느끼게 하는' 그리하여 독자들이 행복해 하는 미(美), 이런 정도의 글을 써야 되지 않을까 싶다.

그러려면 지식과 경험을 쌓아야 한다. 광범위한 학문적 영역에서 진선미를 철학과 윤리학 미학에서 다루고 있지 않던가. 나는 나의 조그만 글방에 이와 관련된 서적들을 얼마만큼 비치해 두고 있다. 틈이 날 때면 탐독하며 내재화에 힘쓴다. 진선미가 나의 문학관(觀)과 일체가 되도록 체 화에 힘쓰고 있다.

누가 알랴, 언젠가 독자들로부터 사랑받을 작품 몇 편 정도는 탄생하지 않을까! 주문을 읊조린다.

흔들리는 당신이 아름답다

서숙자
67crystal@daum.net

기계가 인간을 넘어설 수 있느냐 없느냐 하는 문제로 온 세계가 떠들썩하다. 농업사회와 산업사회를 거치고 인터넷이라는 3차 혁명을 거쳐 4차 혁명이 도래한다는 즈음에 인류에게 큰 충격을 안겨준 바둑 대결이 우리나라에서 열린다. 공상 세계가 아닌 현실이다.

AI(Artificial Intelligence) 프로그램인 알파고(Alpha Go)와 이세돌 9단의 대국을 시청한다. 이 9단의 완벽하고 자신감 있는 모습을 기대하지만 잘 풀리지 않는 것 같다. 계속 긴장한 표정을 짓더니 3국을 패하고 만다. 순간 충격과 실망이 세계를 사로잡는다. 모두들 어느 쪽이 이기느냐에 관심을 기울인다.

이세돌 9단이 누구인가. 어려서부터 바둑 가정에서 자라온 세계 최정상급 기사다. 하지만 흔들리는 그의 모습에서 안타까움보다는 따뜻함이 느껴진다. 그가 강심장을 가졌고 바둑에서 입신(入神)할 정도이지만 얼굴도 감정도 보이지 않는 냉정한 인공지능 알파고와 대립한다는 당혹감과 긴장감은 어쩔 수 없나보다. 딸의 손을 잡고 대국 장소에 들어가지만 평소 실력을 발휘하지 못한다.

인공지능 전문가들은 "알파고가 냉철한 대응과 수 읽기에서 강점을 보인다. 균형감을 유지하며 차분한 게임을 이어간다."고 말한다. 긴장할 때 손가락을 만지작거리며 초조한 표정을 감추지 못하는 이 9단과 대조를 이룬다.

나는 흔들리는 인간 이 9단에게 한없는 격려를 보낸다. 그의 말은 신선하면서도 깊이가 있다. 대국이 패배로 끝날 때마다 "비록 포석에서 실패했지만 잘 보완한다면 승산이 있을 것"이라고 말한다. 희망을 잃지 않고 재도전 하리라 다짐한다. 그리곤 지친 몸으로 밤늦게까지 동료 기사들과 그날의 실패에 대해 연구한다. 흔들림에 주눅 들거나 좌절하지 않고 다시 추스르는 모습이 아름답다.

대결 결과는 인간의 패배다. 구글 측은 '우리는 달에 착륙했다'고 기뻐한다. 기계를 이기지 못한 충격에 사로잡힌 일부 사람들은 앞으로 상상할 수 없는 일이 생길 것이라면서 가슴이 울렁거린다고 한다. AI 기술은 사회의 모든 분야에 응용돼 인간의 자리를 빼앗을 것이라면서….

비록 졌지만 그는 후회하지 않고 5국이 다 끝났을 땐 "원 없이 바둑을 즐겼다."고 환히 웃는다. 사실은 5국에서 진 것을 본인도 그의 어머니도 무척이나 아쉬워했다고 한다. 특히 '백'이 아닌 불리한 '흑'을 택한 것을. 4국에서 이기자 "한 판 이겼는데 이렇게 좋을 수가 없다."면서 아이처럼 천진스런 표정을 짓는다. 더구나 "(알파고)개발진에게 존경심을 표한다."는 말을 잊지 않은 것은 자신감의 표현이리라.

대국에서 승리한 인공지능의 소감을 듣고 싶다. 그런데 아무런 반응이 없다. 뉴욕 증시에서 AI를 개발한 구글의 시가총액이 5번의 대국 기간에 58조 원이나 늘어났다는데 막상 AI의 환희에 찬 표정을 볼 수 없다. 승리와 희망의 말도 없다. 다만 허사비스 구글 딥마인드 대표가 스타로 떠올랐을 뿐.

인간은 열망을 갖고 도전한다. 그렇다고 도전이 다 성공하는 것도 아니다. 때로는 오버하면서 상대방을 한 수 낮게 보기도 한다. 인간이 더 아름다운 것은 좌절할 수 있고, 실수할 수 있고, 그 실패의 원인을 찾아보는 노력과 겸손함이 있어서다. 내일을 기다리면서.

세계의 관심 속에 이겨야 한다는 압박감에 시달리며 침묵으로 긴 시간을 참고 견딘 이세돌. 행마(行馬)가 부드럽지 않으면 손으로 머리를 감싸거나 턱을 고이며 가느다란 한숨을 내쉬던 작은 위인. 대국 동안 몸무게가 7kg이나 빠질 만큼 시달렸다니 정신적 육체적 고통의 무게를 짐작할 만하다. 그의 동료가 5국 때처럼 괴로워하고 고통스러워하는 이 9단의 모습은 본 적이 없다고 말할 정도다.

내가 살아가는 과정도 이와 다르지 않을 테다. 후회하고 고통하고 살길을 찾아 머리를 감싸 안고 몸부림치는 바로 나, 아니 당신, 이것이 바로 기계가 아닌 인간의 실체다. 그 실존적 운명과 함께 걸어가는 길은 늘 흔들린다. 이 또한 아름답지 않은가. 우울한 겨울도 있지만 곧 봄날이 오기 마련이니까.

지금 코로나19(신종 코로나바이러스 감염증)로 인해 한 번도 가지 않은 길을 가고 있다. 극심한 불안 초조 걱정 근심에 초겨울 나무처럼 흔들거리며 '코로나 블루'라는 증세로 고통 받는 사람이 많다.

조용히 이세돌 9단을 회상한다. 좌절과 실패에 흔들리면서도 희망을 잃지 않던 연약한 듯 강인한 모습. 그 즈음 신문에 실린 기사 두어 줄도 떠오른다. "대국이 있던 일주일은 인류에게 가장 인간다웠던 일주일이라 전해진다. 인간이 아름답다는 것을 깨우쳐 주었다."

덩굴장미와 함께 산 이십 년

서주린
jrseo2003@daum.net

늦가을이다. 가을 문턱에 들어서면서부터 아침마다 뜰에 나가 낙엽 쓰는 일이 일과다. 쓸던 빗자루질을 멈추고 아치를 덮고 있는 덩굴장미를 올려다본다. 무성했던 잎이 거의 떨어진, 듬성듬성한 가지 사이로 보이는 파란 하늘에서 내 모습을 본다. 해마다 보지만, 해가 바뀔 때마다 눈에 들어오는 느낌도 다르다. 화려한 꽃을 피우기 위해 그들도 많은 아픔을 겪으면서, 생존에 심한 경쟁이 있음을 본다. 봄과 함께 새순이 돋으면 진딧물이 어린잎에 삽시에 꼬이고, 그들의 배설물을 탐하는 작은 개미들이 줄을 이어서 나뭇등걸을 쉼 없이 오르내린다. 또 거미는 크고 작은 거미줄을 수없이 친다. 공중에 차륜상(車輪狀)의 둥근 그물을 치고 종일 기다리는 왕거미에게서는 인내심을 보지만, 잎과 잎 사이를 촘촘히 친 거미줄은 서서히 나뭇잎 뭉치를 말린다.

병충해뿐만 아니라 자연환경과 세월의 영향을 많이 받는다. 대체로 오랜 나무줄기가 새로운 줄기와 세대교체를 하지만, 새로 나온 어린 가지가 제 수명을 다하지 못하는 경우도 많다. 생로병사가 인간에게만 있는 것이 아니다. 새로 나고 시들어 죽는 것이 순서가 있는 것이 아님을 이에서도 본다.

나도 나이 들어 몸 안팎의 고장을 순리로 받아들여야 함을 이들에게서 배운다. 장미가 오월의 여왕이라고 불릴 만큼 화려함을 자랑하지만 '화무십일홍'이라 했던가. 화려함의 뒤끝, 꽃이 지는 그 모습은 추하다. 꽃은 산발해 떨어지고 나뭇잎도 곱게 물든 단풍이 아닌, 거무튀튀한 반점으로 퇴색한 채 말라 있다가 속절없이 떨어져 나뒹군다.

내 삶도 비록 장미의 화려함만큼은 아니지만, 그런대로 열심히 살고 잘 살아왔다는 생각이 든다. 그 과정에서 크고 작은 실수와 아픔을 겪으면서 살아왔음을 부정할 수는 없겠지만, 장미 가지가 얼마 남지 않은 아치 끝을 향해 자라감을 보면서…, 내 남은 삶에서 꽃 지는 추함이 아닌 지성적인 노년이 되어야겠다는 다짐을 한다.

오늘도 아침 일찍 뜰에 나와 낙엽을 쓸다가 덩굴장미를 바라본다. 몇 송이 철부지 장미꽃과 새 가지에서 자란 어린잎이 싱싱한 생기를 보인다.

무심히 바라보던 내 마음도 어느덧 푸르러진다.

8월의 선물

서혜경
seo_hk@naver.com

친정어머니 생일은 8월이다. 올해 생일선물은 어머니의 사진(2005년부터 2020년까지)을 모아 사진첩을 만드는 것이다. 생일선물을 고민하다 얼마 전부터 아들이 가족사진을 찍고 관리하는 걸 보고 아이디어를 얻었다. 제목은 '아름다운 김은숙 여사의 2005~2020'이다. 완성되면 어머니와 동생들에게 선물할 생각이다.

목표를 정했지만 어떻게 시작해야 할지 막막했다. 과제를 하는 것이라고 마음먹고 며칠 후 다시 시작했다. 인터넷 사이트 세 곳에서 사진첩 크기, 용지, 커버 재질 등을 선택하고 페이지 수도 확인했다. 3일이 걸렸다. 다음은 해마다 생일, 특별한 좋은 일들, 여행지의 사진을 찾아 날짜와 내용을 작성했다. 여러 개의 외장 저장 장치에서 필요한 자료들을 뽑아내는 것도 어려운 일이었다. 장장 7일이 걸렸다.

내가 선택한 회사의 앨범북은, 인화는 빛을 이용하여 출력하고, 양면 부착방식 제본으로 용지는 두껍고 견고하며, 커버는 하드로, 좋은 사진 인화지로 선명도와 색감표현이 우수하다고 한다. 앞, 뒤

커버와 내용물이 50쪽. 커버 앞쪽은(2020년) 예술의 전당 레스토랑에서 아름다운 김은숙 여사가 앉아계신 사진이고, 뒤쪽은(2006년) 스위스 인터라켄의 카지노 앞에 서 계신 귀여운 모습의 어머니 사진으로 결정했다. 내 아들의 포토샵 덕택에 2020년과 2006년 사진이 별반 세월의 차이가 보이지 않았다. 하지만 연륜의 깊이는 더 느껴진다. 멋지고 우아한 우리 어머니.

사진은 2005년 북경과 만리장성으로 시작했다. 서유럽, 스페인, 미국, 일본에서 찍은 어머니와 가이드분, 같이 간 가족사진도 넣었다. 동유럽, 터키, 자주 다닌 동남아, 남태평양, 중국과 일본에 대한 사진은 넣지 않았지만, 대신 설명을 넣었다. 혹시 깜빡하고 잊어버리는 경우를 생각한 나의 오지랖 때문이다. 전체 사진에 대해 각각 연도와 제목을 넣은 것도 같은 이유다.

그 외 어머니의 환갑, 아버지의 산소, 특별한 가족 모임, 딸들과 콘서트와 연극 관람하기, 손자들의 입학과 졸업식, 어머니의 형제 모임, 설날 모임 등의 사진을 넣었다. 사진집 하나에 넣을 얘기는 많았고 또 동생들의 좋았던 일의 사진도 적절히 넣어야 했다. 어쨌든 내가 선택해서 올린 사진을 보는 분들은 각자 과거의 시간을 느껴볼 것이다. 어머니 환갑(2005년) 사진 같은 경우 내 얼굴이 아주 통통한데 지금은 그렇지 않아 다행이라는 생각이다. 또 막내를 보며 그렇게 날씬할 때도 있었네 하며 웃을 수 있다. 어쨌든지 추억이다. 좌우지간 1차는 끝났다.

어머니의 사진을 연대별로 보니 앞부분은 그 나이에도 순수하고 열심히 사시는 아름다운 분으로 보였다. 지금은 세상을 편안하게 보시는 여유로운 모습이다. 가족에게 조용히 든든한 존재를 보여주신다. 개성 있는 딸들로 키워주시고 손자 손녀들을 돌봐주시고 듬뿍 사랑을 준 어머님. 몸이 아프지만 늘 괜찮다고 우리를 안심시키는 김은숙 여사. 항상 고맙고 항상 감사합니다.

1차 완성된 사진첩을 남편과 넷째 동생에게 보여줬다. 서로의 의견을 듣고 돌아가신 아버지에 관한 사진을 줄이고 산소 사진과 기일 추도 예배 사진을 넣었다. 일부 사진 설명도 줄이고 바꿔야 할 용어도 있었다. 수정 후 두 번 더 확인했다. 그래도 깜빡한 최신 일본 여행 사진을 발견해 또 넣었다.

드디어 사진첩 최종본을 끝내고, 어머니와 동생들의 집으로 배송했다. 아울러 동생들에게 감사의 글도 보냈다. 그동안 사랑하는 동생들은 우리 가족을 위해 서로 노력하고 협력해주고 감싸주었다. 어머니가 예쁘고 지혜로운 동생들을 낳아주셔서 그 또한 고마운 일이다.

사진첩을 만들기 위해 어머니께 전화해 자꾸 옛일을 여쭤봤었다. 그럴 때마다 어머니는 큰딸을 걱정하셨다. 혹시 병이 생겼나 하고. 그런데 사진첩을 받고 마음이 놓였다고 한다. 추가로 하신 말씀은 어머니 독사진도 마음에 들지만, 아버지랑 함께 찍은 사진이 더 좋다고 하셨다. 남편과 동생의 의견을 듣고 아버지 사진을 줄였는데, 어머니는 그것이 좀 서운했던 모양이다.

앞으로 사진첩을 만들게 되면 '서봉석과 김은숙'이란 버전으로 만들어야겠다. 어쨌든 어머니가 추억의 사진첩을 아주 좋아하시니 다행이다. 사실 사진첩은 내가 더 좋아하는 것 같다. 사진첩을 받은 동생들도 좋아했다. 동생들은 내가 이유도 없이 갑자기 전에 갔던 여행지의 내용을 묻고, 또 사진도 달라고 했을 때, 응답을 잘해줬다. 고맙다. 앞으로 동생들이 더 멋진 가족 사진첩을 만들어줄 것을 기대해본다.

'아름다운 김은숙 여사님!

제가 어머니의 딸이어서 참 감사합니다. 어릴 적부터 성인이 될 때까지, 그리고 결혼하여 큰 병이 났을 때도, 저를 보살펴준 어머니. 어머니가 안 계셨다면 지금의 제가 존재하지 않을 겁니다. 어머니. 어머니의 끝없는 사랑에 제 마음이 절로 숙연해집니다. 저도 당신처럼 그렇게 멋진 여자가 되고 싶습니다. 이제는 자식 걱정 내려놓고 더 편안하게 더 건강하게 사셨으면 좋겠습니다. 8월의 선물은 제게도 큰 기쁨이었습니다.

어머니, 사랑합니다.

허전한 마음

손광야
ccyanno1@naver.com

외출에서 돌아와 개밥을 주려니 빈집이 다섯 개나 있다. 남편에게 이유를 물어보니 과수원 하는 지인에게 보냈단다. 며칠 전 얼핏 듣긴 했지만 이렇게 빨리 보낼 줄은 몰랐다. 한두 마리인 줄 알고 어떤 놈을 주느냐고 묻기에 두 마리 찍었다. 유난히 부산스럽고 산만한 녀석으로, 검정 점박이는 밥을 주러가도 펄펄 뛰고 야단을 쳐서 물그릇을 엎어 놓기가 일쑤고 먹어도 먹어도 식탐이 그리도 많던 녀석. 또 다른 놈은 밥그릇을 물어뜯어 놓고 또 한 놈은 하도 요란하게 움직여 늘 끈이 꼬여 있어 그것을 풀려면 너무 힘이 들었다.

서울에서 손녀들이 와서 돌돌이가 없다고 울상이다. 하도 많으니 돌돌이가 어떻게 생겼는지도 모르는데 손녀들은 눈물이 그렁그렁하다. 나도 막상 빈집을 쳐다보니 마음이 아팠다. 이렇게 일찍 헤어질 줄 알았으면 영양식이라도 먹여 보낼 것을…. 함께한 세월은 3년, 4년, 5년, 6년, 7년이 되었다. 점백이, 누렁이, 털부리, 흰둥이 대문에서 마당까지는 꽤나 거리가 있는데도 녀석들은 어찌 내 차 소리를 알아듣는지 한 놈이 엄마 왔다고 컹 짖으면 나머지 13마리가 모두 합창으로 짖어댔다.

운이 좋으면 회식에서 남은 음식 잔치가 벌어진다. 꼭 아이들 어릴 적 시장 다녀올 때 뭐 간식거리를 기다리는 것 같다. 나도 뭔가 손에 녀석들 먹을거리가 있어야 귀가 하는 마음이 편해서 정 줄게 없으면 마트에서 소시지라도 산다. 손님들이 오면 웬 강아지를 이렇게 많이 키우느냐고 다 한 마디씩 한다. 발정이 나면 어찌 알고 타 동네의 수컷들이 모여드는지 모른다. 동물들의 생리는 참 묘하다. 오면 며칠씩 숙식을 함께 하면서 지내고 두 달만 지나면 영락없는 종족을 번식하여 숫자가 그렇게 늘어난 것이다.

어떤 지인은 자꾸 개체수가 늘어나 시장상인에게 개 값은 안 받고 넘긴다고 한다. 그러면서 나 보고도 그렇게 하라 한다. 하지만 그러고 싶진 않다. 녀석들도 어찌 보면 나와 인연이 되어 한 가족이 되었는데 죽을 때까지 함께 가야지 하는 마음으로 지금껏 지내왔는데 이렇게 마음 아픈 이별을 하게 되었다. 과수원을 하는 집인데 산짐승 들이 내려와 과일을 남기질 않는단다. 그래서 변두리에 파수꾼으로 임무를 부여한다고 가져갔다고 한다. 잘 기를 집인가를 걱정했는데 겨우 과수원을 하는데 네 귀퉁이에 파수꾼으로?

산짐승이 많아 과일을 남기지 않는단다. 또 걱정이 된다. 사나운 짐승과 싸우다가 불행한 일이나 당하지 않을까 하는 마음으로 오늘 밤은 잠 못 이룰 것 같다. 가족회의를 했다. 이번 추석 연휴에 녀석들의 합숙소를 찾아가기로…. 만나면 알아보기나 할까? 오늘 밥을 주는데 먹던 밥그릇과 빈집을 보니 또 다시 가슴이 아려온다. 부디 새 주인 만나 건강하게 잘 살길 바랄 뿐이다.

꽃지게도 버거울 때

손수자
solnae12@hanmail.net

꼬마 지게를 요리조리 들여다보며 섬세한 솜씨에 감탄한다. 지게에는 발채(바지게)도 달려 있다. 어르신이 침침한 눈과 굳은 손마디로 이 정교한 작품을 만드셨다니 놀랍다. 마을 어르신이 도시에서 살다 온 우리 부부에게 지게를 만들어 주셨다. 한 노인의 생애를 엮은 물건이라 여기니 결코 소홀히 다룰 수 없다. 정성을 모아 손수 만든 것이야말로 최상의 선물이 아닐까.

어르신은 어려서부터 어성전 두메산골 높은 산을 지게 지고 오르내리며 봄, 여름에는 산나물, 가을에는 각종 버섯을 따고 겨울엔 땔감을 지게에 지고 나르셨다. 짐 진 지게가 가족을 부양하는 무거운 삶의 무게였지만, 무거운 줄 몰랐다. 이제는 자녀를 출가시키고 기력이 쇠진하여 지게를 내려놓으셨단다. 하지만, 마음의 지게까지 벗지 못하신 것 같다. 출가시킨 삼 남매와 손주들이 늘 눈에 밟히시는 모양이다.

지게는 수작업으로 만들었다. 가지가 달린 소나무 2개를 다듬어 몸통 만들고 철사를 불에 달구어 네 쌍의 구멍을 냈다. 거기에 단단

한 나뭇가지로 만든 세장을 끼웠는데, 위는 간격을 좁게 하고 아래는 넓게 하여 안정감 있다. 지게에 등이 닿는 부분은 볏짚을 곱게 다듬어 도톰하게 엮어서 달았다. 등태라고 한다. 무거운 짐을 져도 등이 배기지 않고 편안할 것 같다. 멜빵은 포장용 붉은 비닐 끈을 알맞은 넓이로 갈라서 세장 위아래에 매었다.

맨 솜씨가 깔끔하고 매듭이 야무지다. 지게에 올려놓은 발채는 또 얼마나 정교하게 만들었는지 볼수록 감동이다. 이쑤시개 굵기쯤 되는 느릅나무 잔가지를 매끈하게 다듬어 검은색 비닐 끈으로 촘촘하게 둥근 모양으로 엮었다. 그 발채를 가느다란 철사로 지게에 단단히 묶었다. 여인의 손끝으로도 엮기 까다로울 세밀한 작업을 84세 어르신이 박음질하듯 만드셨다. 차라리 큰 지게를 만들기가 훨씬 쉬웠으리라.

꼬마 지게는 어르신이 우리에게 주신 세 번째 선물이다. 첫 번째 선물은 눈이 많이 쌓인 어느 겨울에 다래 줄기를 엮어 만들었다는 설피를 주시면서 신발에 덧신고 눈 위를 걸어보라고 하셨다. 예전에 겨울 산을 오르내리면서 사냥할 때 설피를 만들어 신었다고 했다. 두 번째 선물은 짚신 두 켤레다. 민속박물관에서 전시품으로나 만날 수 있는 짚신을 신어보다니! 짚신을 신고 마루에서 걸어보았다. 매끈한 구두에 길든 발이 짚신을 쉬이 받아들일 수 있었을까. 그러나 짚신은 발바닥이 지압이라도 받는 것처럼 시원했다. 설피와 짚신을 우리 집 통나무 벽에 걸어 놓으니 산촌의 서정이 물씬 풍기는 장식품이다.

요즘은 농촌에서도 지게가 흔치 않다. 농로가 잘 정비되어 경운기와 트럭이 자유롭게 드나들고 지게차가 지게를 무력화한다. 어르신도 우리 집에 물건을 가져오실 때 자전거나 경운기를 이용하신다. 콤바인이 즉석에서 벼를 베어 탈곡하고, 볏짚을 잘게 부수어 논바닥에 뿌린다. 볏단을 지게에 지고 풍년가를 부르던 농부들의 모습은 요란한 기계 소리에 휩싸여 뒤안길로 사라진다. 독일 기자 지그프리드 겐테가 1901년에 펴낸 『한국견문록』에 "지게는 사람이 어깨 근육을 이용해서 힘을 덜 들이고 수월하게 운반할 수 있게 만든 조선인의 탁월한 발명품이다."라고 극찬하여 기록하였다는 지게도 문명의 이기에는 맞설 수 없는 처지가 되고 말았다. 하지만, 좁고 경사진 길이나 건축 현장에서는 간간이 이용되지 않나 싶다.

지게는 아련한 그리움이기도 하다. 지게가 서 있는 고향 집 마당과 지게를 지신 아버지 모습이 생생하다. 마당에서 아버지가 지게 작대기로, 부엌에서는 어머니가 부지깽이를 휘두르면서 자식들의 그릇된 버릇을 즉석에서 바로잡으려고 쫓고 쫓기던 그 찡한 풍경이 그립다. 산에 가서 땔감을 구하여 지게에 켜켜이 쌓아 짊어지고 집으로 가던 동네 사람들, 봄이면 나뭇짐에 진달래꽃도 꽂혀 있었다. 홀로 사는 이웃 아주머니와 까까머리 소년도 힘겹게 나뭇짐을 졌다.

우리 집 마당에서 벼 타작하는 날, 발로 밟아 돌리는 탈곡기가 와랑와랑 소리 내며 벼를 떨어낸 짚단을 어른 지게에 지고 가는지 끌고 가는지 구분이 안 되는 아이도 있었다. 내가 그랬던 기억이 어렴풋하다. 그러기에 지게는 사람의 체형에 따라 다양한 형태와 크기로 만들었다. 자기 몸에 알맞아야 무거운 짐을 편히 지고 나를 수 있는 것이다. 삶의 무게처럼….

지게도 어느 것을 지느냐에 따라 이름이 달라진다. 나무를 지면 나뭇지게, 물을 지면 물지게, 꽃을 지면 꽃지게다. 옛날 인분으로 농사짓던 시절 똥장군 지게도 있었다. 오늘까지 내가 진 지게는 어떤 것이었을까. 뒤돌아보니 소녀 시절의 꿈 지게, 청춘에 욕망 지게, 그리고 자식들을 위해서는 똥장군 지게도 마다하지 않는 것이 부모의 마음이었다. 예쁘고 향기 나는 꽃 지게만 지고 싶었지만, 세상만사 어디 그리 호락호락하던가. 어느 선배님의 부친이 생각난다. 부친께서는 추운 겨울날임에도 집에서 빈둥거릴 수 없다며 산에 가서 나무 한 짐 지고 오시다가 양지바른 산모퉁이에 지게를 내려놓으시고 돌아가셨더란다. 향년 53세에 심장마비로 너무 일찍 지게를 벗으셔서 안타까웠다. 지게는 삶의 애환이기도 했다.

이세호 어르신이 주신 꼬마 지게 멜빵을 검지와 약지를 어깨 삼아 걸었다. 지게가 내 손등에 업힌 형국인데 손가락 움직임에 따라 다양한 자세를 취한다. 손가락을 펴서 세우면 빈 지게 진 듯 반듯하게 서고, 손가락을 구부리면 고꾸라진 모습이다. 어린 시절, 지게에 너무 많은 짐을 지고 일어서다가 균형을 못 잡아 옆으로 넘어지던 동네 아저씨 모습이 언뜻 스친다. 그 광경에 철없이 깔깔대던 아이들 모습도….

어느 사이에 꽃지게도 버거워질 나이가 된 것 같다. 이제 더 지려 하지 말고 걸음마다 한 짐씩 내려놓을 때다. 손등의 꼬마 지게가 내 마음을 알아차린 듯 슬며시 몸을 돌려 발채를 들이댄다. 무거운 마음의 짐 있으면 혼자 지지 말고 나누어서 지잔다. 고맙고 미더운 꼬마 지게! 코로나19로 어수선한 세상, 갑갑하고 응어리진 마음도 나누자며 마주 보며 미소 짓는다.

3.

작고 소중한

도림천변을 걸으며

신지호
sinj36@daum.net

말복이 지나도 더위는 수그러지지 않는다. 아니 한 술 더 떠 일기 예보에선 매일 폭염경보의 연발이다. 태풍 덴무는 더위도 식혀주지 못하고 남쪽 해안가에 생채기만 남기고 지나갔다. 그 바람에 습도만 높아져 후덥지근한 열기를 더한다. TV화면에 피서인파가 넘치는 모습을 보니 모두들 덥긴 더운 모양이다.

더위 속에 나는 도림천변의 산책로를 걷는다. 어느새 등에서는 땀 줄기가 밴다. 둔치의 풀잎들은 햇볕에 농익은 듯 달착지근한 풀냄새를 한껏 뿜어내고 있다. 그것은 마음 편안하고 든든한 고향의 냄새다. 강아지풀, 명아주, 쇠비름, 물달개비, 쐐기풀들이 서로 뒤섞여 풍성하게 자라고 있다. 화려한 핑크색의 털부처꽃, 물가에 피어난 물봉선 등 들꽃은 앙증스러운 것들이 많다. 손톱보다 작은 꽃들이 햇볕 속에 돋보인다. 연보랏빛 구절초는 고결한 태를 내지 않고 다른 잡초들 속에서 가을의 들국화 역할을 미리 하고 있다. 그 모습이 너무나 청초하다.

나는 이 하천변에서 더위 속의 희열을 구가하고 있다. 성근진 사람들이 풀숲 사이로 난 산책로에서 팔을 앞으로 치켜 올리며 빠른 걸음 걷기를 하고 있다. 이 얌전한 오솔길이 쿵쿵 울릴 것 같은 힘찬 걸음들이다. 고개를 빳빳이 세운 자세가 자신감이 넘치고, 오히려 더위를 즐기는 기세다. 나도 물론 이들 못지않게 힘을 낸다.

옆으로는 빨간색으로 채색된 자전거 전용도로다. 사람들이 운동용 자전거로 가뿐하게 스피드의 쾌감을 즐기고 있다. 몸에 착 달라붙는 바지에 디자인이 세련된 오픈 저지를 입고 페달을 쉼 없이 돌리고 있다. 앞뒤가 튀어나온 헬멧까지 쓴 것을 보면 모두들 야무진 선수들 감이다. 남녀 젊은이들 뿐 아니라 할머니 할아버지, 아니 초등학생들까지 기염을 토한다.

한쪽 물가 식물 조성지에선 여인네들이 시든 넝쿨들을 걷어내고 있다. 챙이 너른 모자 밑에 얼굴들을 보니 거의가 할머니들 같다. 노인일자리사업인가. 그래도 자외선을 막기 위해 두른 타월 속으로 간간이 웃음소리가 터져 나온다. 분명히 더위에 짜증만 내는 사람들은 아니다.

모두가 더위를 잊고 사는 사람들이다. 나도 그중에 한 사람이다. 2년 전, 국립도서관 창가에 앉아서 시 한 편에 매료되었다.

> 아무리 더워도
> 덥다고
> 불평하지 않기로 했습니다
>
> 차라리
> 땀을 많이 흘리며

내가 여름이 되기로 했습니다.

일하고 사랑하고 인내하고 용서하며
해아래 피어나는
삶의 기쁨 속에

여름을 사랑하며
내가 여름이 되기로 했습니다.

'발 달린 천사'로서 믿음과 사랑과 희망을 기도(祈禱)하는 시인 이해인 수녀의 작품이다. 그날의 시 한 편은 내 영혼을 일깨워 놓았다. 세상의 온갖 고통도 받아들일 줄 알고, 마음속의 미움과 원망의 대상까지도 사랑할 수 있는 도량을 헤아리게 되었다. 그것이 결국은 나 자신을 위하는 길임을 알기까지는 오래 걸리지 않았다. 그렇지 않아도 수년 전, 병석에서 내 삶에 좀 더 겸손해야겠구나 하는 것을 배웠고, 어떤 고난도 초월할 수 있다는 종교의 가르침에 용기를 얻고 있었다.

더구나 지금의 나는, 더위가 극성을 부린다고 투정부릴 나이가 아니다. 무얼 탓할 게 아니라 주어지는 대로 그저 감사해야 할 처지인 것이다. 로버트 엘리엇이 '피할 수 없으면 즐기라'고 했는데, 물론 너무나 당연한 충고로 받아들인다. 그런 마음이 되니까 삶의 순간순간들은 삶의 기쁨으로 채울 수 있겠구나 하는 자신감도 생겼다.

이제는 흘러가는 시간들의 소중함을 생각한다. 한순간이라도 의미없이 보내면 내 삶이 그만큼 초라해질 것 같았다. 어느 철학자가 말했던가, '꿈은 높게 가지되 오늘이 마지막인 것처럼 살아라'고. 나는 하루하루를 의미 있게 최선을 다하란 말로 받아들이고 있다. 나는 더위 생각할 틈도 없이 바쁜 사람이 되어버렸다.

치매 서포터즈 활동, 동화구연 등 자원 봉사활동에 참여하고 있다. 거기다가 머리 녹슬지 않게 하랴, 건강 챙기랴, 늘그막의 소외감 안 느끼게 나들이 하랴, 나름대로 분주한 나날이다. 시간이 너무 빨리 지나간다. 월요일에는 어쩐지 생기가 나고, 금요일쯤에는 아! 벌써 한 주일이 지나가는구나 하고 탄식이 나올 지경이다.

이해인의 시에서 '일하고 사랑하고 인내하고 용서하며'의 구절을 항상 생각한다. 시인도 삶속에 온갖 것들을 포용하는 너그러움에서 기쁨을 찾는 것 같다. 누가 객관적으로 인정해주는 것이 아니라, 내가 창조하는 보람에서 얻는 기쁨이리라.

나도 나 스스로 만든 바쁜 일상 속에서 기쁨을 맛보고 있다. 다른 사람은 짐작할 수 없는, 더위 속의 나만의 희열감일지 모른다.

지금도 내 주머니 속 메모장 겉면에는 '해 아래 피어나는/ 삶의 기쁨 속에// 여름을 사랑하며/ 내가 여름이 되기로 했습니다'의 시 온 편이 바르고 정중한 글씨체로 적혀있다. 그리고 아무 때고 허전하거나 고달프다 싶으면 꺼내보곤 한다.

오늘, 삶의 기쁨들이 넘쳐나는 도림천변의 풍경 속에서 나도 힘이 난다. 마음속에 피어오르는 희열감으로 안양천을 넘어 여의도의 한강변까지도 걸어가고 싶다. 더위 같은 건 아랑곳없이….

생일

신혜경
newblessing@daum.net

사람이 세상에 태어난 날. 또는 태어난 날을 기념하는 해마다의 그날. 해학적으로 말해 귀빠진 날. 1년 365일 중 생일날은 단 하루뿐, 그래서 더 특별한 날이다. 우리나라에는 해마다 돌아오는 생일날을 개인적 축하일로 삼는 풍습이 오랜 옛날부터 전해져 내려왔다. 자녀의 생일은 부모가, 어른은 당사자나 성장한 자손들이 축하의 소연(小宴)을 베푼다.

들깨가루 넣어 끓여 뽀얗게 우러나온 미역국에서 김이 모락모락 피어오른다. 식욕이 돋는다. 오늘은 나의 71회 생일. 만 70세, 특별한 날이다. 생전(生前)의 어머니가 차려주시던 생일상 그대로 차려본다. 찰밥에 잡채, 나물, 불고기, 김, 그리고 내가 좋아하는 호박전과 연근전 등, 식탁이 푸짐하다. 초코파이 위에 촛불 하나 켜놓고 축복송을 부른다.

"당신은 사랑받기 위해 태어난 사람. 당신의 삶 속에서 그 사랑받고 있지요. 태초부터 시작된 하나님의 사랑은 우리의 만남을 통해 열매를 맺고, 당신이 이 세상에 존재함으로 인해 우리에게 얼마나 큰 기쁨이 되는지~. 당신은 사랑받기 위해 태어난 사람. 지금도 그 사랑 받고 있지요~"

언젠가부터 혼자 차리고 받는 생일상, 하지만 서글프지도 어색하지도 않다. 이른 새벽에 동생, 올케 그리고 조카의 축하전화를 받고, '친구야, 미역국은 끓였니? 내가 가서 끓여줄까?'라는 짝꿍의 전화, 언제나 챙겨주는 친구가 있어 행복하다. 뿐이랴, 은사님과 목사님을 비롯한 교인들, 제자, 친구들의 메시지, 카톡, 카카오스토리에 수없이 올라오는 축하 문구들이 행복을 선물한다.

문득 생일의 진정한 의미를 생각해본다. 내가 선택할 수 없지만, 생일은 육신이 이 지상에서 생명을 얻은 날이자 하나님의 사랑을 통해 다시 태어난 날이다. 내 육신의 생일은 11월 7일이지만, 예수그리스도의 십자가 사랑이 없으면 영적으로 거듭난 새 생명(重生) 없는 것이라는 걸…. 부모님 사랑과 무엇보다 생명의 주인이신 하나님 사랑 없이는 내가 세상에 존재할 수 없다. 그뿐이랴. 지금까지 지내온 모든 것이 하나님 은혜인 것을…. 동생, 선생님과 친구들, 그리고 제자들과 성도들이 있기에 늘 감사하다. 올해도 이미 세 번이나 생일 케이크를 자르고 식사 나눔을 하지 않았는가.

어느 해 생일에는 특별한 의미를 부여한다. 우선 아이가 태어난 지 정확히 1년이 되는 날은 돌이다. 전통풍습 중 하나로 육십갑자를 한 바퀴 돌고 난 후의 61세 생일을 환갑, 나이 10단위의 자리가 바뀌는 해의 생일은 칠순(70), 팔순(80), 구순(90) 등으로 부르며, 장수를 축하하는 의미에서 다른 생일보다 큰 규모의 잔치를 연다.

우리 식구의 생일은 북적거리지 않았다. 생일이면 엄마의 정성 가득한 따스한 밥상과 가족의 축복기도, 그리고 사랑의 선물 나눔이었다. 삼 남매만 두신 부모님께 제대로 효도를 하지 못한 아쉬움이 늘 마음에 걸린다. 식구 많은 다른 집 잔치, 집이 떠나가라 북적거리는 분위기를 접할 때마다 한없이 부러웠다. 오죽하면 나의 어릴 적 소원은 종가(宗家)의 맏며느리였을까

만혼으로 인해 아버지의 회갑 때 언니는 대학 1학년, 나는 고1, 동생은 중학생이었다. 하여 평소의 생일상 그대로 축하하고 어머니 회갑 때 함께 잔치하자고 했다. 당시에는 부모 회갑연을 성대하게 치르는 것이 효도의 상징이었다. 하지만 아버지가 어머니 회갑 훨씬 전에 돌아가신 까닭에 물거품이 되었다.

유독 금슬(琴瑟)이 좋으셨던 부모님. 아버지 회갑을 차리지 못했기에 어머니의 회갑도 감사헌금과 조산원 협회에서 실시한 제주도 여행이 전부였다. 칠순 잔치도 마다하시고, 팔순은 동생이 유학 중인 캐나다 방문으로 대신 하셨다. 부모님이 그리 원하시던 결혼을 하지 않은 두 딸은 더 큰 불효를 범했다. 성대한 잔치가 중요한 것은 아니지만 많은 가족이 함께 축하해 드리지 못한, 자녀로서 도리를 하지 못하였기에 지금도 가슴 한쪽은 시리고 아프다.

오늘은 내 주변 사람들의 사랑에 감사함을 잊지 말고 마음 깊이 기억해야 하는 날. 나의 삶을 돌아보는 자성일(自省日)이다. 나를 낳아준 부모님께 감사하자. 지금까지 나의 삶을 인도하시고 지켜주신 하나님께 감사하자. 하여 더 참된 삶을 살기 위해 노력하자. 나에게 남아 있는 시간에 최선을 다하자. 성령 하나님의 인도하심 따라 섬기며, 베풀

며 살자. 연약하고 부족해도 걸림돌 아닌 디딤돌의 삶을 살자. 나의 생일을 축하해 주는 이들에게 감사와 사랑을 나누며 살자.

사랑하는 사람들은 나를 위해 선물을 준비하고 축하해 준다. 생일 의미를 다시 생각해본다. 매년 돌아오는 생일을 선물 받는 날로 치부해 버리지는 않았는가? 이번 생일에는 좀 다르게 지내보자. 지금의 내가 있기까지 함께 기도해주신 분들과 많은 도움을 준 친구들, 선생님께 감사의 마음을 보여드리자. 선물 받는 날이 아니라 내가 선물 주는 날로 만들어보자. 비싼 것이 아니라도. 가격을 매길 수 없는 선물에 필적할 만한 것은 어디에도 없을 테니까. 고맙다는 전화 한 통, 나의 진심을 보여 주는 메시지 한 통이면 충분하겠다. 그리고 진정 고마웠던 사람들을 몇 명 불러 소박하고 진지한 생일축하를 하자.

진짜 중요한 한 가지, 나 자신에게 선물을 주자. 내 좋아하는 꽃다발 주며 자축하자. 이 세상에서 누구보다도 내 생일을 축하해야 할 사람은 나 자신이다. 잘 살아왔노라고, 힘들고 어려운 시간 들을 잘 이겼노라고 축하하자. 겨울이 시작하는 입동(立冬)에 태어나 냉정하다는 어머니의 말씀을 기억하며 따뜻하고 사랑 많은 나로 거듭나자. 한없이 부족하지만 주신 사명 잘 감당하게 하신 하나님과 사람 모두에게 인정받는, 스스로 행복을 확인하는 생일이 되게 하자.

수囚

안 태 희

thee5244@daum.net

희뿌연 새벽, 나뭇가지에 새 울음 파랗게 흔들린다.

가면을 쓴 코로나가 인간을 점령해 안전선이 무너졌다. 태양은 하늘을 가두고 하늘은 구름을 구름은 바람을 바람은 인간을 가둔다.

해가 바뀌고 산 너머 청보리 밭에 산새들 지저귀고 푸르름도 익어가는데 봄을 빼앗긴 사람들 계절 잃은 헛헛함 느낄 새도 없이 숨 막히는 방호복 속에 갇혀 땀을 짜내고 있다.

더위가 숨을 옥죄는 어느 날 "원 이렇게 더워서야." 푸념으로 택시를 탔다. 택시 기사는 50~1백 년 사이에 지구가 폭발할 거란다. 조선 중기 전래 비기(秘記) 예언서인 「정감록」 내용이라며 설명까지 덧붙인다. 인간들 욕망이 재앙으로 온단 말 폭염과 함께 귀를 열고 들어오는 예언이 설마가 아닐 거란 불안이 인다.

기후 시계가 9시 46분. 남은 시간 2시간이라는 통계. 빙하기역이 가까워온 것 같다. 80%가 녹았다니 곧 역에 닿아 내려야 하겠지. 끝 모르고 질주하는 욕심에 숲들도 생태계도 모두 종점이 가까워 왔다는 생각에 아찔 멀미가 난다. 순리에 역행하는 인간의 業, 죄 등에 업고 눈이 있어도 보지 못하고 귀가 있어도 듣지 못하는 욕망 제거하는 명의는 도대체 이 지구상에는 없단 말인가? 슬픔이 파도처럼 밀려든다.

정체도 없는 균들이 정신도 육체도 다 파먹는다.

'글을 쓴다는 것. 그것은 모두 공통분모를 가지고 출발한다.'고 시인 이서빈은 「시와 수필, 경계를 허물다」에서 언급했다.

시와 수필의 경계를 허물 듯, 지금 이 시점에서 푸른 하늘 더욱 새파랗게 열어젖히고 맑은 강물소리 더욱 맑게 길 트고, 푸른 지구 숨 트이게 공중 길 터주고 너와 나 사이도 입가리개 없이 드나들 수 있는 경계를 허물고 싶다.

경계 하나 허물지 못해 격리 병실 창 너머로 찍은 사진, 소통이 갇히고 인정마저 갇혀 버렸다.

이 적막한 시기에 시와 수필이라도 경계를 허물고 함께였으면 하는 마음 간절히 두 손 모으며 시와 수필의 경계를 허물어 보았다.

결국 부화에 실패했다

21일간 동글동글 온도를 굴렸으나
새끼는 껍질 밖으로 나오지 않았다

마당을 가로지르는 빨랫줄이
툭, 목을 끊는다
수컷 고환과 암컷 난소에
다량의 살충제가 스며있었다
참담함에 제비는 꽁지를

아이의 뒷머리에 붙여두고
어디론가 날아가 버렸다
흥부놀부도 따라 사라졌다

지지배배 머스매매
고무줄 놀이하던 지지배 머스매도
어디론가 훌쩍 날아가고

텅빈 집 한 채 바람이 드나들며
살을 소진하고 있다

물 찬 제비, 젖은 턱시도 하얀 말
흙벽에 새긴 오돌토돌 글자들

양식 처마 밑 거부당하고
시장골목 천막 철주기둥에 가족목숨 걸었다
비 줄줄 새고 지친 삶 펄펄 날아내리는 곳

잃어버린 계절 지지지지 울고
3월 3짇날 입주란 전설이 되고
철철 흐르던 인정 말라가고
바람도 어질어질 길 잃는
지구 아수라장이야 그렇지?

- 졸시「제비의 눈물」전문

두 번째의 선물

양금애
yka5004@daum.net

구정을 이틀 앞둔 날이다. 2년여 전 남편이 예상치 못한 병으로 입원하게 되더니 하루하루 전쟁 같은 투병 끝에 오늘 집으로 돌아오게 된 것이다. 금의환향도 아니건만 왠지 마음이 설레고 손님 맞는 들뜬 마음에 대청소를 시작했다. 남편의 장롱 속 옷들은 꺼내서 먼지 털고, 설에 입을 한복과 두루마기 동정도 새로 갈아 놓는다. 구김 있는 건 다림질해서 매초롬하니 손질해 놓는다.

서랍도 열어 본다. 오랜 세월에 먼지가 더께로 앉은 핸드백이 보인다. 건장하고 혈기 청청한 시절 남편이 손수 골라 선물한 손가방이다. 열 때마다 기분 좋던 경쾌한 '딸깍' 소리가 내 귀엔 아직도 생생한가. 지금은 시커먼 녹 때문에 열리지도 닫히지도 않게 돼버렸다. 도톰하게 품위 있는 유선형 몸뚱이도 버석버석 삭아 내려 애틋함마저 느낄 수 없다. 어찌 안 그러겠는가? 그 오랜 세월 함께 왔는데 한결같다면 오히려 이상하지 싶다. 선물을 받던 봄의 새순처럼 푸릇하고 복숭아 뺨의 그 아가씨는 이제 애착 있는 물건들을 정리하려고 앉아있는 노인이 되어있다.

가방 안에는 예전부터 넣어뒀던 그다지 값어치랄 것도 없는 것들이 들어 있었다. 새 가방으로 옮길까? 모조리 쓰레기통에 쓸어 넣어버릴까 망설인다. 가방은 미련 두지 말고 버리기로 했다. 쓰레기통에 넣다 다시 꺼낸다. 결혼 선물로 두근대는 가슴을 진정시켜가며 받은 가방이다. 수줍음에 남편과 눈도 못 맞추고 시선 비켜 힐끔거렸던 그 가방이다. 귀티 나는 검정 비닐 가죽에 황금색 돛단배가 박혀있어 내겐 희망찬 세상으로 이끌어 줄 것 같았다. 연분홍 치맛자락 돌려 입고, 왼손에 백을 착 감아쥐고 친정집 나들이 나설 때면 온몸에 힘이 들어갔는지 턱도 같이 치올랐다. 그랬다.

가방 안에는 그 옛날엔 귀했던 코티 분 한 통과 편지 서너 통이 있었다. 그분도 역시 결혼 선물로 받았다. 분 뚜껑을 열고 코에 대보니 음~소리가 절로 나고 새색시가 되어있었다. 꿈에 부풀어 결혼했지만, 분칠은커녕 예쁘게 꾸미고 살 여유도 없었다. 하지만 종일 밭일을 하고 와서도 이 가방만 열면 난 향기로운 새색시가 되었다. 옆에는 누렇게 변한 편지 뭉치도 있었다. 신혼 때 잠깐 객지에 나가 있는 남편에게 내가 보낸 편지다. 시댁 식구들 일손 돕고 있으면 객지에서 먼저 터를 잡고 부르겠다던 새신랑. 너무나 많은 낯선 시댁 식구들 속에서 말뿐인 새색시는 농사일, 집안일을 새벽부터 자기 전까지 해야 했다. 그러다 동서 시집살이가 정점을 찍으면 눈물을 찍어냈다. 더는 못하겠다고 얼마나 절절하게 한 자씩 써 내려가던 편지였던가.

오래된 거라고 다 쓸모없고 버려야 하는 건 아니다. 낡으면 어떻고 살이 다 떨어져 나가 펄럭이면 어떤가. 닦아본들 예전의 모습과는 거리가 멀지만, 오히려 마음이 편해졌다. 먼지를 닦아서 코디분이랑 그 안에 있던 편지 뭉치도 다시 넣어둔다. 분향을 맡으며 편지를 읽고 있는 나는 여기 있고, 이 향은 아직 나를 감동하게 한다. 이것들은 나에겐 천금을 주고도 못사는 것들이다.

오늘, 아직 몸이 성치 않은 남편을 2년 만에 맞으려니 장롱 속에 있던, 잊혀왔던 추억들이 새롭다. 그 옛날처럼 벅차지도 빛나지도 않지만, 난 남편한테 두 번째로 선물을 받은 거려니 생각하기로 했다. 그때는 남편이 객지에서 돌아오기를 애타게 기다리며 열어봤다면, 이제는 집을 너무 그리워하는 남편을 기꺼이 맞아주겠다는 의미 정도 되려나….

'딸깍' 소리도 안 나고 열기도 힘들지만, 녹도 닦아주고 먼지도 털어낼 것이다. 그리고 힘들다고 느낄 때 가방을 열어 보겠다. 삭아서 떨어지는 가루는 애쓰는 나의 삶을 어루만지는 따뜻한 위로이고, 아직 누렇게나마 남아있는 돛단배 장식은 그래도 삶은 살만한 거라고 나를 이끌어 줄 것이다. 그때처럼….

오늘은 코디분을 잔뜩 두드리고 남편 앞에 서보겠다. 두 번째로 받은 선물이니.

피아노

양정화
by_janice@naver.com

결혼하며 혼수로 해온 물건 중 최고가(最高價)는 피아노였다. 좁은 신혼집, 안방 침대 옆에는 화장대 대신 피아노가 있었다. 첫 아이의 태교를 함께 해주었던 피아노는 아기침대의 곁도 든든히 지켜 주었다. 세 번의 이사를 거치고 아이들이 성인이 된 지금까지도 피아노는 우리 집에서 여전히 최고가 터줏대감의 자리를 고수하고 있다.

아이들이 여섯 살이 되면서부터 피아노를 가르쳤다. 피아노 전공자는 아니지만 오래 배웠던 터라 초급 과정은 직접 가르쳤다. 내가 초등학교 때 연주하던 악보를 아이들이 물려받아 치기 시작했을 때는 나의 유년의 추억 속에 아이들이 고스란히 들어와 있는 것 같았다. 아이들도 나처럼 피아노에 대한 행복한 기억을 많이 가지길 바랐다.

내가 그랬듯 딸아이에게 피아노는 더없이 좋은 친구가 되었다. 기분이 좋을 때든 우울할 때든 심심할 때든 아무 때나 만날 수 있는 친구가 되었다. 중학교에 들어간 이후로는 느긋하게 피아노를 칠 여유가 없었지만 딸은 틈날 때마다 늘 피아노를 쳤다. 늦은 밤 피아노를 치며 고3의 입시 스트레스를 풀고 싶었던 딸은 한밤중에도 헤드폰을 끼고 연주할 수 있는 전자키보드를 사달라고 했다. 전자 악기의 소리는 가끔 아주 매력적일 때가 있다. 게다가 시간에 구애받지 않고 칠 수 있다니.

며칠간은 살까 하는 생각에 인터넷 검색을 해보기도 했다. 덩치가 커서 자리도 많이 차지하고 습기도 조심해야 하고 조율도 해주어야 하지만 나는…. 나는 아무래도 어쿠스틱한 피아노의 소리가 좋다. 정성 가득한 나무의 소리가 좋다. 전자 악기가 아무리 세밀하게 만들어졌다 해도 절대 따라갈 수 없는 부분이 있다. 사람의 감정에 따라 세밀하게 나타나는 나무의 울림이 있는 피아노가 좋다. 윗집 아랫집 옆집 신경 쓰느라 아파트에서 마음껏 연주할 수 없다 해도 말이다.

나의 첫 번째 피아노는 아직 친정집에 있다. 내가 일곱 살 즈음 부모님이 사 주신 피아노다. 그 피아노가 처음 들어올 때를 잊을 수 없다. 기다랗고 좁은 화단을 따라 들어오던 반짝반짝 윤이 나던 검정 피아노를 맞이하느라 얼마나 신이 났는지 모른다. 엄마는 손수 파란색 벨벳 천으로 피아노와 의자의 덮개를 만들어주셨다.

나의 어렸을 때 모습이 담긴 사진 중에 조그만 모형 피아노 앞에 무릎 꿇고 앉아 뚱땅거리는 사진이 있다. 피아노를 너무 좋아하는 것 같아 엄마는 내가 다섯 살 때 피아노 학원을 수소문하셨는데 너무 어리다고 받아주지 않았다고 한다. 시간이 좀 지나서였는지 한 선생님에게서 배우기 시작했는데 처음부터 바른 자세로 배워야 한다고 회초리를 들고 가르치셨다. 계란을 쥔 것처럼 손을 오므리고 치라던 선생님 말씀에 바짝 얼어 피아노를 치던 때가 떠오른다. 부모님은 선생님을 무서워하면서도 열심인 내가 무척 기특하셨을 것이다. 피아노가 흔하지 않았던 시절이었는데 큰 맘 먹고 장만하신 게 아닌가 싶다.

20년을 나에게 그리고 부모님에게 행복한 소리를 들려주었던 피아노를 남겨두고 나는 새로운 피아노와 함께 결혼생활을 시작했다. 친정에 갈 때마다 만나는 피아노는 별 말 안 해도 통하는 푸근한 친구였고 때로 즐거웠던 기억을 떠올리게 해 주었다. 하지만 명절이나 휴가 때 아이들이 치지 않으면 항상 입을 다문 채 우두커니 방에 앉아있기만 하는 피아노는 점점 기력을 잃어갔다.

그런데 불혹을 넘긴 피아노가 칠순이 된 엄마의 손끝에서 소리를 내고 있다. 10년 전 귀촌하시면서 피아노를 데리고 가신 엄마는 어느 날 갑자기 피아노를 쳐야겠다는 생각이 들었다고 하셨다. 한 번도 피아노를 쳐보지 않으셨지만 성가대를 하셔서 악보를 볼 줄 아신 덕에 오른손으로 띄엄띄엄 치기 시작하셨다. 명절날 오른손 멜로디를 도와줄 왼손 반주를 쉽게 알려드렸는데 하루는 전화를 하셔서 들어보라 하시며 찬송가를 서툴게 쳐 주셨다.

전화기로 들리는 엄마의 피아노 소리는 아이들의 피아노 소리와는 또 다른 감동이 있었다. 제대로 배우지 않아 서툴지만 진심을 담은 소리. 곁에 계셨다면 크게 박수를 쳐드리거나 함께 손바닥을 마주치거나 했을 텐데 딸이 멀리 살아 이렇게 밖에 나눌 수 없는 것이 안타깝고 속상했다.

엄마는 몇 달 전부터 일주일에 한번 피아노 교습을 받으신다. 바쁜 중에도 시간을 내어 연습을 하신다는 데 피아노가 제대로 소리가 날 리 없다. 어떤 건반은 소리가 안 나기도 하고 어떤 건반은 정확한 음정을 내지 못하지만 피아노가 최선을 다하고 있음은 분명하다. 삐걱삐걱 힘겹게 소리를 내고 있지만 그렇다고 영영 쉬게 내버려 둘 수는 없는 일. 얼마 전 조율사가 다녀갔다고 아버지가 말씀하셨다. 나이도 나이인데다 오래 돌보지 않아 조율사가 아주 애를 먹었던 것 같다. 피아노는 반짝 기운을 냈다. 불사조처럼 다시 태어났다. 주름지고 굵어진 손마디에 아주 오래전의 어린 딸 못지않은 설렘과 열정을 담아 피아노를 치실 엄마의 모습이 떠올랐다. 엄마에게도 나에게도 딸에게도 피아노는 대를 이어 좋은 친구가 되었다.

모차르트, 베토벤, 쇼팽을 연주했었던 피아노는 이제 초급 악보와 찬송가밖에 연주할 수 없다. 하지만 그 소리는 절대 가볍지 않다. 마흔 해가 넘는 세월을 견뎌온 피아노와 일흔 해의 세월을 더 치열하게 이겨낸 연주자가 힘을 합쳐 소리를 낼 때의 감동을 뭐라고 말해야 할까. 부디 오래오래 그 감동의 소리를 들려주길, 마음을 다해 연주자와 피아노의 건강을 빌어본다. 힘을 내요 슈퍼 파워!!

일거삼득

양혜원
haeyana@daum.net

"숨 쉬세요, 숨을 제발." 다소 깐깐해 보이는 강사가 플로어를 돌며 계속 외친다. 젊고 예쁘다. 몸에 군살이라곤 하나도 없다. '나도 요가를 하면 저리 될까?' 생각하며 엉거주춤 따라 했다. 그런데 얼마 지나지 않아 허리가 아프더니 다리가 떨리다 못해 팔까지 부들부들 무너지기 일보 직전이다. 그동안 너무 운동을 안 했음이 몸이 말해주고 있었다. 이 와중에 숨 참지 말고 숨을 쉬라니 도통 무슨 말인지 모르겠다. 간신히 버텨 한 동작 하니 겨우 3분 지났다. 첫날부터 후회가 밀려왔다.

요가를 시작하기 전, 해가 갈수록 몸이 삐꺼덕 거리고 이곳저곳 고장이 났다. 체중도 불기 시작했다. 이래서는 안 된다는 생각에 헬스클럽을 기웃거리게 되었다. 그동안 사는 것이 분주해 운동할 짬이 없었다. 막상 운동하려니 내 여건에 맞는 것을 찾을 수 없었다. 그중 만만해 보이는 요가를 쇠뿔도 단김에 빼다고 덜컥 등록했다. 첫날 운동을 마치니 무식하면 용감하다고 딱 나를 두고 한 말임을 알았다. 한 발로 서는 나무자세, 몸을 거꾸로 세우는 물구나무, 두 발을 머리 위에 놓는 쟁기 자세, 팔과 다리를 꼬아 한 다리로 지탱하는 독수리 자세 등. 어느 세월에 저런 동작을 할 수 있을까. 요가를 시작하기에 늦은 나이인가 싶어 착잡했다. 설상가상 옆 사람이 흘끗 나를 보며 나이든 사람은 따라 하기 어렵다고 기까지 죽였다. 이럴 수가.

며칠 고민했으나 뾰족한 다른 대안도 없었다. 이왕 시작했으니 그냥 해보기로 했다. 어떻게든 되겠지. 자신이 없어 앞자리는 피하고 강사의 시선이 안 미치는 구석진 자리만 찾아 다녔다. 자세도 어렵고 한 시간을 긴장 속에 하고 나면 몸살이 나기도 했다. 어지러울 때도 있었다. 힘을 잘못 사용해 온몸 근육이 뭉치거나 뒤틀렸다. 근육도 적응 못해 그만 혹사시켜 주었으면 하는 듯했다. 포기하고 싶은 유혹에도 자주 시달렸다. 그럼에도 계속했다.

처음엔 나보다 잘하는 사람이 부러웠다. 왜 이렇게 못하지 비교하며 옆 사람에게 한눈을 파는 순간에 집중력이 떨어져 자주 넘어졌다. 내 주제를 모르고 잘 하는 척하는 마음이 앞섰다. 빨리 따라 잡으려는 조바심도 방해가 되었다. 하여 요가를 계속 하려면 옆 사람과 비교하지 말 것, 내가 할 수 있는 쉬운 자세를 집중적으로 할 것, 목표는 크게 잡지 않고 내 양껏 천천히 할 것으로 정했다. 그랬더니 조금씩 자세가 잡혔다. 차츰 호흡도 제대로 되고 힘도 덜 쓰는 요령이 생겼다. 요가는 자신만의 속도가 중요함을 그제야 깨우쳤다.

우리네 삶도 이와 비슷한 것 같다. 결혼 후 지방근무를 하고 오랜 시간을 해외에서 지냈다. 귀국해 겨우 한국생활에 적응 중이던 아이가 큰 병이 났다. 아이 치료와 교육을 위해 이사를 수 없이 다녔다. 얼마나 옮겼는지 언제나 정착해 한 곳에서 살아보나 싶었다. 그러다 보니 친구들은 안정되고 걱정 없이 살고 있는 것 같았다. 다른 사람의 앞선 경제력과 능력을 부러워하고 나도 모르게 비교하며 모든 것이 자꾸만 움츠러들었다. 소중한 내 삶을 스스로 인정하지 못 하고 위축되는 마음으로 헛되고 어리석은 자책을 하고 있었다. 아무짝에도 쓸모없는 짓을.

강산이 변한다는 시간이 흘렀다. 포기하지 않았더니 내 몸이 좋아지기 시작했다. 충고하며 우쭐대던 옆 사람도, 자세가 완벽해 부러웠던 앞자리 회원도 다 떠났다. 요가를 통해 몸을 단련하니 매일 밤 깊은 수면에 들고, 구부정했던 어깨도 펴진 것 같았다. 요가를 배우며 마음 휴식하는 법도 알게 되었다. 몸과 마음이 더불어 건강해졌으니 일거양득 아닌가.

이만해도 품에 비해 과한 소득인 것을. 거기에 한 가지 더 덤이 왔다. 요가를 통해 내 분수에 맞게 사는 지혜도 배웠다. 나보다 우월한 사람, 부와 명예가 높은 사람과 비교하지 않고 지금 있는 그대로의 나를, 내 속도로 천천히 가는 것에 만족하는 '삶의 지표'까지 얻게 되었다. 그것이 바로 일거삼득 아니겠는가.

코로나로 지루한 터에 요가매트에 가부좌로 앉는다. 눈은 지그시 감고 코로 깊게 마신 숨을 아주 천천히 다시 코로 내쉰다. 구름처럼 가볍고 비단결 같이 부드럽게. 올바른 호흡을 하면서 불안과 두려움, 탁한 것은 내뱉고 활기와 희망, 신선함으로 몸 구석구석을 채운다. 마음이 고요하고 평화롭기만 하다. 숨 쉬라는 말을 이제는 온몸으로 체험한다. 호흡 조절로 심신을 다스리니 생각도 유연해졌다. 앞으로 어떤 고난이 닥칠지 모르지만 삶이 흔들리고 위축될 때, 마음을 다잡고 앞을 향해 나갈 수 있을 것 같다.

한숨이 저절로 나오는 요즘, 가슴 활짝 펴고 천천히 깊은 숨을 내쉰다. 탁한 것들은 이제 그만 물러나길. 오늘 하루는 문제없다.

그날 배를 못 탔더라면

오경자
kjoh1942@daum.net

사람들은 그때 이랬더라면 어떤 일이 생겼을까? 하는 상상을 곧잘 하지만 그 일의 실제 상황이 이루어졌다면 어찌 되었을까는 아무도 모른다. 여러 가지 상상을 하면서 즐기기도 하고 후회하기도 한다.

그날은 날씨가 매우 좋았다는 기억만 난다. 아침 일찍 챙 넓은 모자에 색안경을 챙겨들고 서둘러 나가는 딸을 쳐다보며 어머니는 매우 흡족해 하는 표정이었다. 누구를 만나러 간다는 말은 않고 친구와 놀러 간다고만 하는 딸이 그야말로 좋은 사람이라도 만나러 갔으면 좋겠다는 바람을 잔뜩 안은 표정이다. 시집을 안가겠다며 독신주의를 표방하는 것이 마치 당신 때문인 것 같아 노심초사하는 어른이 보통 외출과 좀 다른 나들이를 하는 것 같은 딸의 모습에 촉각을 곤두세우는 것은 당연한 일이기도 하다.

좀 늦을지 모른다는 말만 남기고 집을 나서면서도 어머니의 마음을 깊이 헤아리지는 못하고 약속 장소로 갔다. 며칠 전에 만나고 오늘 인천에 가서 바닷바람을 쏘이자고 약속하고 헤어졌다. 무슨 생각으로 처음 만난 날 그런 약속을 했는지 지금은 기억나지 않는다. 그저 가벼운 기분이었던 것으로 볼 때 사람들 눈도 많은 시내에서 만나느니 멀리 인천에 가서 조용히 만나고 오는 것이 더 좋겠다는 판단이었던 것 아니었나 싶다.

서울역에서 만나 인천으로 가면서 작약도에 가기로 했다. 작약도라는 말을 듣는 순간 작약이라는 말 때문에 선뜻 그러자고 했다. 화판이 큰 작약을 좋아하는 터라 친근감이 있어서 아무것도 모르고 좋다고 했다. 6·25전에 아주 어릴 때 아버지를 따라 송도에 가서 온 가족이 해수욕을 즐기던 기억이 나서 인천 바다에 간다는 것이 그저 막연히 마음에 들었다. 연안부두에 가서 배를 타고 들어가는 동안 바다가 시원하니 기분이 좋았다. 섬에 내려 점심을 먹고 해변을 걸으며 많은 이야기를 했던 것 같다. 이야기래야 서로가 하고 있는 업무중심의 이야기를 맴돌면서 시간만 죽였다. 누군가가 두 사람이 만나고 있는 목적에 근접한 남녀의 이야기로 좁혀 들어가야 할 텐데 둘 다 그 노력을 하지 않는 것 같았다. 탐색전만 하고 있은 셈이다.

누군지는 기억이 잘 나지 않는데 거절하기 힘든 어른의 소개라 만나기는 했지만 결혼을 별로 하고 싶은 생각이 없던 터라 아주 마음에 끌리면 혹시? 하는 정도의 생각을 가지고 나온 것이니 그렇게 홀가분한 대화가 내심 편하고 좋았다. 그 역시 똑같은 생각이었는지도 모른다. 학교가 같아서 화젯거리가 공통점이 많았고 무역회사 직원이니 경제부기자인 나로서는 그 또한 공감대가 쉽게 형성되는 편이었다.

백령도에서 군생활을 했는데 모래사장이 활주로로 쓰일 만큼 단단하다는 이야기는 호기심을 자아내게 했다. 그렇게 무덤덤하게 시간을 보냈는데 여름해가 길다는 것을 미처 생각하지 못한 채 시간을 너무 흘려보냈다. 서둘러 발길을 돌려 선착장에 와보니 장사진을 이룬 행렬이 끝이 없었다. 배는 한 편 뿐이라니 중간에 끊기면 무인도나 다름없는 이 섬에서 발이 묶일 지경이란다. 아차 낭패였다. 만약 배를 못 타면 어떡하지? 그 순간부터 속이 타기 시작했다. 내일 출근을 못 할테니 무어라고 설명을 한다? 엄마에게는 어떻게 말하지? 배를 탄다 해도 통금시간 안에 집에 들어갈 수 있기나 한건가? 걱정이 꼬리를 물면서 진정이 되지 않는다. 가만히 살펴보니 무표정이다. 다 알면서 일부러 해가 사산에 걸릴 때까지 그냥 있었나? 계획적일까? 싶은 생각이 들면서 괘씸한 생각마저 든다. 속이 탈수록 더 의연한 자세로 무심한 척 서 있었다.

다행히 배는 탔고 통금시간 직전에 간신히 집에 도착했다. 그날 속 탄 생각을 하면 지금도 약이 오른다. 그 후로 둘은 더 만나지 않았다. 지독히도 멋대가리 없는 여자하고는 다시 만날 필요가 없겠다고 잘 판단을 했던 모양이다. 그로부터 연락 오기를 기다리느라 목을 늘였던 기억도 없고 딱지 맞았나 싶어 자존심 상했던 기억도 없다. 중간의 어른께 내가 미안해 할 이유가 없어서 기분이 가벼웠던 기억만 난다.

그날 배를 못 탔더라면 어찌 되었을까? 글쎄….

야래향은 피고 지는데

우희정
sosori39@daum.net

먼 길 준비하는 선생님을 만나러 가는 길은 온통 봄꽃으로 눈부셨지요. 그래서 더 부아가 치밀었답니다. 이렇게 꽃은 피고 지는데 어찌하여 선생님은 세상과 하직을 고해야만 하는가? 천릿길을 달려가는 내내 누구에게랄 것 없이 종주먹으로 을러대었지요. 백세시대에 아직은 할 일이 많은 분인데…. 그래요, 선생님은 자신의 일보다 주변사람들 앞가림 해주느라 항상 분주했지요.

저하고도 특별한 인연이었습니다. 선생님의 수필집 네 권을 전부 제 손으로 만들었으니까요. 첫수필집은 한 번 만난 적도 없으면서 아드님이 들고 온 디스켓으로 책이 되었지요. 그러고도 몇 년 후에야 처음 만나 우리는 급속히 가까워졌습니다.

"우 부장, 부산 한 번 안 올래. 부산 사나이들과 한 번 놀자."

무덤덤한 제게도 다디단 유혹이었지요. 야간열차라도 타야했으니까요. 매번 수필에 대한 뜨거운 열정과 토론이 해운대의 밤바다를, 송정 모래사장을 달구었습니다. 그러고 보니 꼬박 밤을 지새우던 날들이 열 손가락으로 모자랍니다. 해운대뿐만 아니었습니다. 배냇골 깊은 골짝에도, 미포의 그 어디쯤에도, 바닷길 따라 올라가다 진하 해수욕장 어름에도, 울산 못미처 꽃이 다복하게 피고 지던 그 농가에도 우리가 나눈 정(情)은 여태도 남아있을 듯합니다.

직장을 그만두고 아주 어려운 처지에 놓였던 그때도 무작정 부산행 열차에 몸을 실었지요. 그 밤을 잊을 수가 없습니다. 달맞이고개 제일 전망 좋은 곳에 방을 마련해 두고 마음 맞는 이들을 다 불러 격려해주었지요. 그곳에서의 3일은 제 평생 가장 사치스러운 휴식이었습니다. 그야말로 힘을 팍팍 불어넣어준 선생님 덕분에 용기백배하여 새로운 길로 들어설 수 있었으니까요.

그랬던 선생님과 아직도 할 일이 많이 남았는데 마지막 이별의식이라니요. 도저히 인정할 수 없는 현실이었습니다.

"바쁜데 뭐 하러 왔노."

말은 그리 했지만 내심 반기는 기색이었지요. 환자 같지 않게 선생님의 얼굴은 맑고도 투명했습니다. 복사꽃처럼 발그레한 안색이 주변 분들을 놀래려고 연기를 하는 게 아닐까 싶었지요. 맞아요. '깜짝 놀랐지?' 하며 벌떡 일어설 것만 같았습니다.

그날 제게 굳이 병상머리에서 천혜향 한 알을 먹으라고 했지요. 그 상황에서 과일이 목구멍에 걸려 넘어갈 리가 없는데도 말입니다. 하지만 선생님은 천혜향 향기가 맡고 싶다고 했습니다.

'향기라고요?' 그 순간 저는 천혜향에 겹치는 야래향을 떠올렸답니다. 평소 밤에만 향기를 뿜는 이 식물을 애지중지 키우고 수필집 제목에까지 썼던 그 야래향을 떠올리며 냉큼 선생님에게 약속을 해버렸네요.

"저, 선생님이 좋아하시던 야래향 한 그루 키울 거예요."

옆에 계시던 남편분이 완곡하게 말리셨습니다.

"모양새도 없는 것을 무엇 하러…."

목숨이 경각에 달렸음에도 B작가가 저희 출판사에서 수필집을 내기로 마음먹었다고 귀띔하시던 선생님, 돌아서는 제 귓전에 꿈결처럼 말하대요.

"우리, 천국에서 다시 만나자."

일주일 뒤, 선생님과 영영 이별을 하기 위해 또 한 번 부산행 열차에 몸을 실었네요. 하르르 하르르 벚꽃이 눈처럼 날리는 길을 가면서 무너지는 가슴을 추스르기 참 힘들었답니다. 세상 끝날까지 제 일거리 없을까봐 걱정을 하던 선생님을 잃은 그 참담함이라니요. 천지에 홀로 뚝 떨어져 고아가 된 것만 같았습니다.

그리 속절없이 선생님을 보낸 며칠 뒤 저는 오래전 예정되었던 열흘 동안의 여행을 떠났네요. '개똥밭에 굴러도 이승이 낫다'는 말을 입증하듯 떠난 선생님을 간간이 잊기도, 웃기도 했지요. 그리고 돌아오는 길, 인천공항에 내리자마자 거래처로부터 급한 전화를 받았답니다. 책 주문본이 당장 필요하다고.

시차를 따질 겨를도 없이 급히 책을 배달하고 충신동 꽃시장을 지나오다 뜻밖에 야래향으로 선생님을 만났답니다.

하필 그 시간에, 그 자리에서 꽃장수 아지매가 제게 한 말이 뭔 줄 아시나요?

"이 야래향 싸게 주께, 가져다 키워."

울컥 치미는 서러움을 눌러 삼키며 홀린 듯이 화분을 받아들고 오다 허방을 짚어 보도에 나뒹굴 때까지 제정신이 아니었답니다. 선생님을 떠나보내고 가슴에 든 멍처럼 내 얼굴에도 그와 꼭 닮은 시퍼런 멍을 만들며 한 식구가 된 야래향. 그 야래향이 어스름 녘 향기를 뽐낼 때면 선생님이 절절이 그리워집니다.

올해도 여전히 야래향은 피고 지는데 선생님은 그곳에서 평안하신지요.

가을의 수상(隨想)

유성헌
ushy07@daum.net

여름에 극성을 부리던 모기가 입이 삐뚤어질 것(처서가 되면)을 예측했음인 지 자취를 보이지 않음은 가을이 다가왔음을 알리는 것일 게다. 처서가 몰고 온 귀뚜라미는 어둠이 내리자 합창하는 노랫소리와 더불어 밤하늘에 별들을 세느라 바쁘기만 하다. 날씨는 여름을 걷던 길목을 가을이 뒤 쫓아와 가득 메운다. 그래서인가. 살랑거리는 바람이 조석으로 차츰 선선함을 더한다. 가을이 기다려짐은 뜨거웠고 긴 여름이 있은 탓이기도 하지만 탐스러운 열매가 있을 기대감 때문이 아닐까. 높고 푸른 하늘에는 두둥실 떠 있는 흰 구름 꽃이 듬성듬성, 그림도 그리며 노니는 정취가 사람들의 가슴에 불을 지핀다.

가을은 풍성하게 결실을 맺는 계절, 여름에 농부가 숱 뙤약에 흘렸던 땀방울이 오곡을 영글게 해서 온 세상이 즐겁고 향기를 만끽케 한다. 이는 적게 베풀고 크게 바라는 욕심(小善之大惡)을 부림이 아닌 흘린 땀만큼의 결실을 되받는 자연의 이치에 농심을 더함이 아니겠는가. 뿐인가. 들녘의 황금물결에 젖어 곡식을 거두는 부푼 가슴이 일렁인다. 화가 '밀레'도 이 절경에 매료 되어 정적(情迹)을 화폭에 쏟아 놓았을 게다. 연례행사인 줄로만 알았던 태풍이 자주 일지 않을 때는 모래성처럼 불안함을 건너뛰고 그저 고마움이 두터워질 뿐이다.

이 풍요로운 계절을 누가 가져다 놓은 것일까. 예쁘게 물들여진 홍엽으로 뽐냄을 오래 머뭇거리지 않도록 함이며 비바람이 땅위에 내려지고 자기를 키워준 뿌리를 덮어주는 현상 등은 자연만이 갖는 재주가 아니겠는가. 실력 있는 문필가도 이런 현상을 그리기란 흉내 내기 어려울 게다. 이는 오묘한 재주꾼(조물주)이 내어준 축복이 아닐 수 없다.

인생이 세월을 삭임에는 주름을 늘게 하지만 해마다 찾는 가을은 더 싱그럽고 아름답고 풍요로움에 감탄을 않겠는가. 이토록 경탄과 기쁨을 자아내게 하는 자연의 질서에 대해 감사한 마음으로 예찬할 수밖에 없지 않은가. 지구상에서 우리의 가을만큼 아름다운 나라가 얼마나 있을까. 찾기가 어려울 것이다. 광활한 중국도 가경(佳境)이라고는 하나 잦은 안개로 하늘을 가리거나 황진으로 불편을 겪게 하는 일들이 많을뿐더러 높은 하늘에 청정하고 싱그러운 환경을 접하기 어려움을 보면 예까지는 못 미치지 않는가.

산하는 형형색색의 단풍으로, 황금벌에는 올곧게 영금을 자랑하며 가지에 앉은 과일들의 진경들도 가을을 대표하는 상징인 것이다. 뿐인가. 멀리 산해에 비치는 연봉들의 아름다움 또한 빼놓을 수가 없다. 산과 바다가 모두 가춘 가을이 포만감을 함께 향유하는 계절임을 그 누가 부인하겠는가. 푸른 하늘과 일렁이는 맑은 물결이 동해바다와 어우르는 금강산은 더더욱 그렇다. 해서 '금강산을 보지 않고는 천하의 풍경을 논하지 말라'는 옛 선인들이 금강산을 극찬함이 아니겠는가.

금강산이 갖는 사계의 이름 중 옛적에 유랑을 즐기던 산수파들은 가을을 '풍악산(楓嶽山)'이라 한 것 또한 절묘한 표현이었음이 지금에 이른 것일 게다. 인생이 세월을 삭임에는 주름을 늘게 하지만 해해마다 찾는 가을은 더 싱그럽고 아름답기만 하지 않은가. 첩첩이 쌓인 기봉(奇峰)들이 푸른 하늘을 이고 오색단풍으로 물들이는 것, 1만 2천 봉우리가 만물상을 이루는 등, 절경에 솟구치는 열정을 뉘 잠재우겠는가. 이 무렵이면 많은 사람들이 풍악(楓嶽)의 비경을 볼 수 있다는 부픈 마음이 설렘에 더욱 찾게 마련인가 보다.

타오르는 붉은 빛깔이 하늘과 바다가 아우러진 멋에 끌리어 자리를 떠나지 못하게도 한다. 이는 계절 따라 색다르게 연출하는 색채들을 덮는 풍악산을 감상할 기회를 놓치기 싫어서 일게다. 금강산은 우리에게 내려진 '금수강산' 그대로인 것이다. 중국의 장가계나 스위스의 몽블랑 등도 규모는 크고 웅장하여 나름의 특성은 있겠으나 오색 단풍의 비경을 지닌 금수강산에 비기랴.

가을이면 야생화들이 진한 향기를 토해 낸다. 이름 모르는 벌레들이 자기들의 노래를 모은 합창도 들려준다. 비록 미향(微香)이기는 하나 아름다운 향으로 건사했던 향낭(香囊)을 열어 보노라면. 이를 바람에 실으며 저 푸른 하늘에서 씨방속의 채송화처럼 속삭이며 노니는 흰 구름을 두른 채 가슴 깊숙이 마셔 본다. 옛 선인들은 '자연, 특히 산은 위대한 스승'이라고 했다. 누구와도 관계없이 사색을 가까이 하며 스스로 가르침을 받아 자신을 일깨움인 것이다.

들녘에서는 사랑의 이불자락을 망아지에게 소롯이 덮어주듯 보듬으며 새싹들이 땅을 밀고 오르는 풀을 뜯게 하는 어미 말의 넉넉하고 한유함이 진정 평화롭기만 한 목가적(牧歌的) 풍경이 아름답기만 하다. 대지를 편만(遍滿)*시킨 넉넉한 가을은 등허리에 흐르는 기름기, 망아지의 토실한 살결, 이 모두가 천고마비란 그 자체의 뜻을 일깨우게 한다. 사람뿐만 아니라 생명을 지닌 모든 것들은 풍성한 가을을 마음껏 마시고 즐거워하며 갈무리하는 계절(가을), 그래서 이 계절위에 거듭되는 세월이 포갤지라도 늘 감사한 마음으로 가을을 예찬하게 되는가 보다.

*遍滿: 널리 가득 참. 꽉 참.

365일 부르던 '어머니' 노래

윤연모

yeammo777@sen.go.kr

어머니께서 우리 곁을 훌쩍 떠나서 다시는 돌아오지 못할 그 먼 나라로 여행을 떠나신 2019년 6월 19일! 그 이후로 너무나 슬프고 암울하여 무더운 줄도 몰랐던 오십여 일이 지나고 입추가 우리 곁에 슬그머니 다가왔다. 그제 보문사 큰스님과 금주 스님, 상법 스님을 모셔서 법문도 듣고 '회심가'와 승무로 어머니 영혼을 달래 드리는 49재를 지냈다. 슬픔은 여럿이 있을 때는 쓰윽 지나가는 듯한데, 어미를 잃어 마음이 무너진 인간이 홀로 있으니 무자비한 슬픔이 여지없이 침입하여 눈물을 쏟게 한다. 어머니 노래를 거의 매일 불러드렸는데 그 노래를 들어주실 대상이 안 계신다는 생각에 가슴이 미어진다.

매일 오후에 퇴근하면 어머니께 가서 하루의 이야기를 말씀드리고 함께 운동하고 노래 부르며 어머니께 응석을 부렸다. 그 시간이 나에게 하루 중 가장 보람 있고 즐거운 시간이었다. 하지만 지금은 어머니께서 마석에 있는 모란공원의 아버님 곁에 계시니, 어머니를 그저 그리워할 뿐이다. 어머니는 산소 주변에서 우는 새소리를 딸의 노랫소리 삼아, 아버지와 그동안의 이야기를 도란도란 나누며 계실 것 같다. 불효막심한 딸이 '어머니' 노래라도 불러드릴 수 있게 많은 시간을 곁에서 지켜주셨던 어머니께 감사드리며 다시 부를 수 없는, 뜨거운 눈물의 '어머니' 노래를 추억해 본다.

어머니와 나에게 공통되는 즐거움이 있다면 노래를 즐기는 것이다. 하여, 모녀가 함께 노래를 부르거나 딸이 어머니께 노래를 불러드렸다. 어머니는 가만히 듣다가 불렀다느니 2절 가사를 1절에 섞어 불렀다고 하며 가사가 틀린 곳을 지적하신다. 어머니와 나의 '노래 부르기 오락'은 어머니께서 S대 병원에 입원하셔서 내가 어머니를 간호해 드리며 본격적인 놀이가 되었다. 어머니를 휠체어에 태우고 꽃과 나무가 있는 휴게공원을 산책하곤 하였다. 그러다 사위가 조용해지면 나도 모르게 어머니께 큰소리로 노래를 불러드렸다. 어머니는 "좋아! 우리 딸 윤 선생, 잘했어!" 하시며 흐뭇한 표정을 지으셨다.

어머니의 애창곡은 '칠갑산' '앉으나 서나 당신 생각' '애모' '소양강 처녀' '비 내리는 영동교' '돌아와요 부산항에' 등 다양하다. 그런데 요즈음 어머니께 신청 곡목을 받으면 무조건 '앉으나 서나 당신 생각'이었다. 이 노래를 부르면 어머니께서 아직도 아버지를 얼마나 그리워하는지 쉽게 짐작할 수 있었다. 노랫말이 떠나간 임을 그리워하는 것처럼 들려서, 딸이 살아있는 어머니께 부르는 가사로서 마음에 들지 않았다. 마치 사랑하는 어머니께서 돌아가셔서 딸이 그리워하는, 얼토당토않고 방정맞은 느낌마저 들었다.

앉으나 서나 당신 생각

앉으나 서나 당신 생각
떠오르는 당신 모습
잊을 길이 없어라
가지 말라고 애원했건만
못 본 채 떠나버린 너
소리쳐 불러도 아무 소용이 없어라
앉으나 서나 당신 생각
앉으나 서나 당신 생각
떠오르는 당신 모습
잊을 길이 없어라

어머니 앞에서 이 노래를 부를 때, 부득이 '당신'을 아버지 성함 '상렬' 씨로 고쳐서, 어머니께서 아버지를 그리워하는 내용으로 개사하여 불러드렸다. 이전에도 어머니는 내가 작사한 '어머니' 노래를 경로당에서도 부르고 시디로 감상하며 아주 좋아하셨다. 하여, 고작 그 노래를 만들어 어머니께 불러드리는 것을 어머니에 대한 효심을 다하는 것인 양 여겼다. 노랫말은, 어머니께서 나를 낳아 주시고, 분홍색을 좋아하셔서 어린 딸이 다 자라서도 진달래 색깔 옷을 사주신 것에 대해 어머니 사랑에 감사한다는, 어린양이 철철 넘치는 내용이다. 원래 어머니 연작시 중에서 '어머니 5'를 기초로 하여 만든 것으로 1절을 여기에 소개한다.

어머니는 내 몸을 만들어주시더니
이제는 진달래꽃 겉옷을 사주십니다
내 용기로는 입기 화려한 옷을
어머니, 당신을 생각하며 입습니다

나는 당신의 따뜻한 품 안에서
재롱을 떨고 싶기 때문입니다
어머니! 당신의 사랑 앞에서
나는 언제나 어린아이입니다

병실 앞 복도에서 어머니를 모시고 다니며 노래를 부르거나, 병원의 휴게 공간에서 어머니께 정성껏 노래를 불러드리면 사람들이 쳐다보곤 하였다. 그들의 반응은 여러 가지였는데 연세 드신 분은 어머니를 부럽게 쳐다보며 어머니나 나에게 말을 건네기도 하셨다. 어머니 병원에 가지 못하는 날에는 전화로 어머니께 노래를 불러드리곤 하였다. 그 습관이 계속되어 학교에서 근무하다 쉬는 시간에 아무도 없는 곳을 찾아다녔다. 학교 안 빈터나 사람들이 없는 곳이면 어디라도 좋았다. 특히, 여자 화장실에 들어가서 노래를 부르곤 했는데 지금 생각하면 '눈 가리고 아웅'한 것 같다. 화장실 바깥이 아이들로 소란스러우니 괜찮다고 생각하여, 바빠서 시간이 빠듯한 날이면 쉬는 시간에 화장실에서 그 노래를 조근조근 불러드렸다. 나중에 우연히 화장실 앞을 지나가는데 안에서 나누는 이야기 소리가 들려서 당황하였다.

또 하나의 비밀 장소는 승강기 옆의 후미진 곳이다. 이곳에서 어머니께 '어머니' 노래 혹은 '앉으나 서나 당신 생각' 노래를 전화로 정성껏, 목청껏 불러 드렸다. 한번은 점심을 먹고 난 아이들이 승강기를 타고 3층에서 내려 우연히 엘리자베스 선생님이 노래 부르는 것을 보았다. 수업 시간에 들어가자마자, 아이들은 이구동성으로 "선생님, 누구에게 노래 불러 주셨어요?" "우리에게도 불러 주세요!"

"노래 안 불러 주시면 수업 안 들을 거예요." 등등 요구사항으로 난리가 났다. 하여, 하는 수 없이 아이들 앞에서 '앉으나 서나 당신 생각'과 '어머니' 두 곡을 부르고 나서 평소처럼 수업을 할 수 있었다. 아이들은 노래에 대한 답례라도 하듯이 잘 불렀다고 선생님인 나에게 귀여운 칭찬도 해주었다. 비록 그것이 선생님을 위한 사탕발림하는 소리였을지라도 그날 나는 무척 행복하였다.

조선 시대 고종 황제 때인 1898년, 경운궁에 전화가 처음 설치되었다. 순종은 아버지를 염려하여 매일 일본인들을 피해 숨어서 고종 임금에게 전화를 한 통씩 하였다고 한다. 일본인들에게 들키면 어쩌나 전전긍긍하며 숨어서 통화하였으니, 불안한 만큼이나 무척 행복했을 것 같다. 어쩌면, 순종이 고종에게 전화하는 것이나 윤 선생이 학교에서 어머니께 숨어서 전화하는 재미가 그리 다를 것 같지 않다.

이제 어머니도 세월의 강물에 실려 먼 곳으로 가셨으니 다시는 '어머니' 노래를 부르지 않으려고 한다. 부르게 된다면 부르다가 통곡을 할 것 같다. 어머니를 차가운 땅속에 모시고 파놓은 흙더미 앞에 주저앉아 그 노래를 마지막으로 목 놓아 불러드렸다. 어머니 영혼이 딸의 노래를 얼마나 슬프게 들어주셨을까 생각하니 가슴이 또 미어진다.

영원한 멘토와 멘티

윤연옥
pioneer52@daum.net

L여인은 레이스 뜨개를 한다. 삼십대 후반의 그 여인은 손목이 굽은 채로 뜨개를 멈추지 않는다. 오른손은 심하게 휘어지고 손목이 상으로 다리는 아예 펴지지 않아 일어서지 못하는 상태다. 중증 장애인으로, 앉거나 걸을 수도 없다. 엎드린 자세에서 팔꿈치를 이용해 기어야만 하는 모습이 L 여인의 걸음걸이다. 앞가슴이 돌출되다 보니 목소리조차 정상 아니다.

어느 날, 현관문을 열어놓고 하얀 '레이스' 뜨개를 하던 그녀가 지나가는 나를 부른다. 무슨 일인가 싶어 조심스럽게 다가가자 시원스레 말을 걸어오는 여인의 밝은 붙임성에 놀라지 않을 수 없다. 내가 다가가도 여전히 그 상태로 거실에 엎드려 레이스 뜨개를 하고 있다. 놀라운 점은, 차라리 눈이 부시다고 해야 맞는 표현일 게다. 부탄의 여인들이 행복치수가 가장 높다고 했겠다. L은 부탄의 여인이 아니라도 상큼하고 발랄하다.

바라보기조차 면구스러운 여인이건만 그윽한 향기마저 풍겨온다. 멋진 탱고 춤을 추는 팔등신, '여인의 향기'가 아니다. 자신의 장애를 장애라고 여기지 않는 정신력 앞에서 오히려 사지가 멀쩡한 내가 초라하게 느껴진다.

다리가 아니라 팔꿈치로 걸어서 안방으로 들어가 하얗게 풀 먹인 '레이스' 작품을 들고 나온다. 바늘 잡기에 터무니없이 구부러진 손으로 떴다고 보기에는 믿을 수 없는 솜씨다. 그 작품을 앞 상가에 가서 팔아다 달라고 나를 불러 세운 것이다. 성한 사람도 잘 못하는 일을 해내는 여인의 강인함과 섬세함에 감동 안할 수 없다. 어찌 마다하겠는가 싶어 한 걸음에 상가로 달려간다. 시원스럽게 구매해주는 상점 주인에게 고마운 마음에서 두세 번 인사를 하고 물러나온다. 여인의 심부름을 몇 번 더 해주다 이사를 오게 되어, 그 여인 아직도 뜨개를 하고 있나 궁금하다.

자신의 장애를 하얀 '레이스'로 승화시키던 사람, 그 여인에게 절망이란 없다. 고통은 얽힌 레이스 밑바탕에 묻어두고 뛰어난 솜씨로 소리 없이 무늬 지던 여인이다. 파인애플 무늬와 국화나 나뭇잎 혹은 잔잔한 안개꽃이 여인의 마음인양 펼쳐진다. 드러남은 드러남이 아니고 감춤은 감춤이 아니다. 잘한다고 자랑하거나 잘못한다고 해서 숨기는 게 아니라 어떤 상황에서든 포기하지 않는 사람이다.

반드시 대외적으로 거창한 사회활동을 해야만 '커리어우먼'이 되지는 않겠다. 성한 데라고는 한군데도 없는 몸으로 굳이 가는 실을 엮어 마음의 무늬를 드러내는 그가 바로 카리스마 넘치는 여인이다. 불편한 몸으로 섬세한 부분까지 세세히 엮어내는 강한 의지력, 내게서는 볼 수 없는 건강한 정신으로 채워진 완벽함이다.

언젠가 나도 틈틈이 손을 대던 뜨개를 꺼내어 다시 보자니 부끄럽기 짝이 없다. 내 솜씨에는 견고함과 사랑이 결여됨으로 시간 소비하기 나부랭이가 아닐까 싶다. 말하자면 나는 남는 시간을 얽어서 버린 것이고 여인은 고통스런 시간을 엮어 반듯한 작품으로 내놓았음이다. 그에게 있어 뜨개란 자신을 아낄 줄 아는 지혜의 다른 이름이다.

그 여인, 지금도 뜨개를 한다면 어떤 무늬로 세상을 살아갈까 싶은데 살아지는 대로 사는 게 아니라 사는 날을 멋지게 연출할 줄 아는 사람이다. 자신의 결점을 감추지 않고 타인의 눈총에서 걷어낸 아픔을 하얀 작품으로 거듭나게 하는 그녀의 '아우라'가 세상을 밝힌다.

어느 여인은 자신이 장애라는 사실에 감사한다고 했음을 기억한다. 아니 단 한 번도 장애인이라고 생각해본 적 없다고 하였겠다. 장애가 아니라면 그토록 열심히 살아낼 수 있겠냐는 뜻이다.

뜨개질을 하는 여인도 그러하다. 육신의 장애쯤은 아랑곳하지 않으며 심리적으로도 나와 비교할 수 없을 정도로 건강하다. 당당하고, 예쁘고 사랑스럽다 못해 빛이 난다고 해야 옳을 것이다.

누군가 '고매한 인품 옆에는 언제나 가난한 수행 병이 따르기 마련'이라고 했다면 장애인에게는 대개의 경우 맑음이 따른다. 오히려 내 자신이 가라앉은 것이지 그들에게는 밝음이 오후 한시 툇마루 위의 햇살처럼 소복하다. 쌀풀 먹여 다림이한 '레이스'처럼이나 눈부시다.

몇 년 전, 내가 소속된 한 단체에서 중병을 앓고 있는 지방의 어느 여인과 '멘토와 멘티'로 엮여지는 기회가 주어진 일이 있다. 지금은 가끔 안부를 물으며 지내지만 성격이 놀라우리만치 긍정적인 여인이다.

도려내야 하는 것은 상처 입은 육신이 아니라 몇몇 정상인의 벗어난 눈길이다. 누가 잉여인가, 때에 따라 나일 수 있고 아닐 수도 있다. 디자인에 따라 무늬가 바뀌듯 마음먹기에 따라 세상 살아가는 무늬도 달라진다. 어쩌면 세상을 품은 건 사지가 튼튼한 사람이라기보다 마음이 건강한 사람이고 장애인을 폄훼한 건 마음이 건강하지 못한 소수의 사람들이다.

하면, 그녀의 '레이스' 뜨개는 세상을 향한 눈부신 외침이다. 오히려 L여인은 나의 영원한 '멘토'요 나는 그녀의 오래된 '멘티' 아닐까 싶다.

모성애와 부성애

윤옥희
yoh1990@daum.net

마당일기, 오월은 신록이 우거지고 농촌의 일손이 바쁜 시기다.

5월 1일 노동절, 집을 비우고 청양 고향집에가 며칠 있다 왔다. 마당의 화초들이 시들하고, 잡초 새들과 나비들은, 빈집을 지키고 있다. 집안에 들어서며 물부터 뿌려주고 창밖의 관상수, 숲 우거진 관음죽에 물을 주던 남편, 소리를 지른다. 새집, 관음죽 한가운데, 새집이다. 에이! 어미 새가 미동도 안하고 앉아 있는 것을 보고, 서로가 놀랜다. 나는 숨을 죽이고 보호하기로 조심하였다.

어미 새가 잠깐 집에서 나간 사이 새집 안을 들여다보았다. 알이 5개 있다. 우리는 말도 조심 발소리에도 매사에 조심 부활하기를 기도하는 마음으로 먹이가 될 만한 것은 나무 옆에다 놓아두고 창문 안에서 눈 여겨 보는 것, 하루하루의 관찰이었다. 어미 새는 사람을 의식하는지 잠시도 집을 떠나는 것을 볼 수 없지만, 수컷은 연신 먹이를 물어다 둥지 안 새에게 먹여준다. 나는 외출하면, 아침에 나갔다 저녁에, 새집에 눈 돌릴 시간은 저녁 뿐, 늦은 시간에 창문 안에서 새집을 잠깐이라도 살펴보는 순간, 새들의 부부애라 할까? '부성애'라 하였다. 둥지안의 어미 옆에 앉아 졸고 있는 새는 분명 아비새다. 새벽부터 먹이를 어미에게 먹이는 것은 인간으로도 지극 정성이라 하게다.

알을 본지 20녀일 후, 어미 옆에서 '짹 짹'거리는 소리, 눈여겨보았다. 새끼들의 첫 울음인가? 첫 노래인가? 그 아름다운 곡 신비로움을 어찌 말로 흉내를 낼 수 있을까. 아비와 어미, 마당을 맴돌며 먹이를 물어다 다섯 마리 새끼에게 먹이를 준 순서대로 먹여주는 '부성애와 모성애' 밤에도 둥지 안 새끼 옆에서 어미와 아비는 졸고 있는 듯, 태어난 지 5~6일 되면서 날기 연습을 한다. 담 앞에 측백나무까지는 열 발짝도 안 되지만 새들의 날기 연습장, 새끼 한 마리씩 날려 보낸다. 첫 비행 연습 숨어서보는 새의 날기 실습과정, 새들의 사랑가족, 영화 한편을 보는 광경이다. 이삼일 연습 다음날 외출했다. 돌아오니 새들의 모습을 볼 수가 없다.

대문 안에 들어서면 잡다한 나무들이 빼곡하다. 좁은 마당에는 오래된 사철나무, 늙은 석류나무, 나는 이사 오면서 십여 년 아파트에서 키우던 관음죽, 바나나 나무를 이사 짐에 가족과 같이 왔다. 관음죽, 큰아들 결혼 때 선물로 들여온 지 30십여 년이 넘었다. 해마다 새싹이 솟아나면 새 식구로 분가시키기를 10여 집이 넘는다. 관음죽은 사철 푸름이 변치 않으며 대나무과에 속하는 곧은 인품 올곧은 선비와 다름없다. 금년 봄에는 꽃대가 올라와서 거실밖에 내어놓았다. 햇볕에 처음에는 몸살을 하던 것이 차츰 몸을 불리며 꽃대까지, 올해는 좋은 일이 많을 것 같다. 큰 화분에 십여 개 넘는 곧은 나무 사이사이 꽃대는 수수가 목을 내미는 모습에, 깨꽃송이 피듯이 청조함은 대밭 숲속과 같다.

며칠 동안 비워둔 새집. 혹여 밤에 비라도 오면 찾아들지 않을까? 허물지 않았다. 오늘은 관음 죽 숲속에 새집 청소를 해야지 새집을 철거하며 또 한 번 감탄 아니 환호, 어쩌면 이처럼 깨끗이 새털하나 마른 껍질 하나도 없이 깔끔히 치웠을까? 조그마한 몸집 날렵한 부리 팔팔한 날개, 새의 종류는 '종달새' 조용한 관음죽 속이 보리밭, 대나무속으로 착각 집을 지었을 것이다, '종달새의 부성애와 모성애' 행복하기를, 다섯 남매들 분가하여 넓은 숲으로, 우리 마당을 떠났다. 관음 죽 꽃대를 닦아주며 물을 흠뻑 주었다. 새 가족들의 평안과 잘 떠날 수 있도록 지켜주어서 감사할 뿐이다. 관음죽의 넉넉한 품속에 종달새들의 화목한 사랑가족….

나는 지금 이 순간도 정리 중

윤종영
yjyoung@daum.net

특별한 질병이 있어서만 아픈 건 아니다. 건강을 타고나지 못해 시도 때도 없이 변변치 못한 몸 구석구석 틈을 노리며 찾아오는 전혀 예상치 못한 아픔과 직면하면서 수없이 무기력해지기도 하고 무너지기를 반복하며 살고 있다. 너무나 잦아서 탄탄하고 높게 나를 쌓아 올릴 시간조차 없었던 것 같아 크게 무너질 것도 없지만 겨우 일어서려는 찰나 건강 때문에 또 주저앉아야 할 때마다 극심한 좌절을 느낀다. 내 몸 어딘가 통증이 찾아오면 불안에 시달리며 우울의 그늘에 갇히고 만다. 그럴 때마다 정리의 중요성을 절실히 깨닫게 된다.

어려서부터 자주 아프면서 나이에 맞지 않게 늘 죽음에 대해 많은 생각을 하며 살아왔다. 그래서인지 죽음은 두렵지 않다. 다만 준비되지 않은 죽음을 맞이하게 될 것이 염려스러울 뿐이다. 그래서일까. 언제부터인가 아프고 나면 나도 모르게 정리하는 습관이 생겼다. 늘 '간동하게 살자.'고 다짐하면서 미니멀 라이프(Minimal Life)를 추구하게 되었다. 그러나 아직 제대로 실천은 못하고 있다. 하지만 언젠가는 내 스스로 만족할 만큼 변할 것을 기대하며 지속적으로 노력하고 있는 중이다.

올봄은 정신적으로, 육체적으로 유난히 힘들었다. 코로나19로 인하여 정상적인 생활이 어려웠던 이유도 있었지만 코로나19가 심했던 시기에 작은아이를 군대에 보내야만 했다. 아들을 군대에 보내는 모든 엄마의 마음이 다 똑같을 텐데 나만 유별을 떠는 것 같아 부끄럽다. 그 옛날 나는 작은아이를 출산하고 1주일 후 나만 먼저 퇴원을 했다. 저체중아로 태어난 작은아이는 태어나자마자 중환아실에 입원해 인큐베이터에서 생활하며 치료를 받았다. 산모인 내가 건강하지 못해 아기를 힘들게 했다는 죄책감과 미안함. 그리고 비가 내리면 어디선가 비를 맞으며 울고 있는 것만 같고, 밥을 먹을 때면 배가 고파 울고 있는 것처럼 자꾸만 울음소리가 들리는 것 같아 무척 힘들었던 기억이 아직도 너무나 선명하다. 그런 과정을 겪어서인지 그 이후로 아이들과 잠시라도 떨어지면 오히려 내가 불리불안을 심하게 느끼게 되었다.

코로나19가 빨리 종식되어 작은아이를 만날 수 있기를 간절히 바라며 거의 외출을 하지 않고 집에 갇혀 살다시피 했다. 그러다보니 아름다운 봄을 느낄 겨를조차 없이 우울하게 보냈다. 작은아이가 논산훈련소를 거처 대전 육군정보통신학교에 있는 동안 몇 번은 만날 수 있는 기회가 있었지만 코로나19로 인하여 면회와 외출이 모두 통제되어 보고 싶어도 전혀 볼 수 없는 상황이 되어버렸다. 보고 싶을 때마다 울보처럼 울면서 지냈다. 그러는 동안 여름이 왔는데 이번 여름은 긴 장마에 잦은 태풍까지 겹치면서 트라우마에 더욱 사로

잡혀 참으로 견디기 힘든 시간이었다. 그리움으로 시작된 마음의 병이 깊어져 몇 차례 심하게 아팠다.

며칠을 앓고 몸이 완전히 회복되지 않은 상태에서 20년 가까이 살고 있는 집안을 둘러 봤다. 작은아이 방 침대에는 작은아이가 좋아하는 인형들만 옹기종기 놓여 주인을 기다리고 있었다. 거실로 나와 소파에 털썩 주저앉았다. 물건을 정리하기에 앞서 마음과 생각을 정리하는 일이 먼저라는 생각이 들었다. 어디서부터 정리를 해야 할지 엄두가 나질 않았다. 안 되겠다 싶어 제일 먼저 책장의 책들을 꺼내서 정리하기 시작했다. 시력뿐 아니라 눈 건강도 나빠져 시간 있을 때 읽겠다고 쌓아놓은 책들을 정리하여 절반은 버렸다. 커다란 책꽂이 하나도 과감하게 버렸다. 그런데도 남아 있는 책들이 나를 욕심쟁이라 비웃는 것 같았다.

며칠에 걸쳐 책 정리를 대충 끝마치고 주방을 정리했는데 주방용품은 거의 대부분을 꺼냈다가 도로 제자리에 집어넣었다. 매번 사용하는 그릇들만 사용하다 보니 사용하지 않은 그릇이 많아 아까워 도저히 버릴 수가 없었다. 몸도 아픈데 뭐하는 짓인가 싶었다. 필요 없는 물건들을 버린다고 정리를 시작했으면서 버리지 못하고 다시 꾸역꾸역 원래 자리에 집어넣고 있는 내가 참 우스꽝스럽고 바보 같았다. 정리를 하다가 일할 시간이 되면 일을 하고 그러기를 반복하는 사이 일주일이 지났다. 다시 집안을 둘러봤다. 뭔가를 엄청나게 내다 버리며 정리를 한 것 같은데 여전히 찾아봐도 보이지 않는 빈 공간.

값비싼 물건도 아니고 꼭 필요한 것들도 아닌 빈 병마저 쉽게 버리지 못하는 것은 버려진다는 것에 대한 불안한 심리가 반영된 마음이 표출되는 것일지도 모르겠다고 생각하니 순간 현기증이 났다. 벽에 기대어 생각했다. 허한 마음을 채우지 못해 물건에 연연하며 버리지 못하고 자꾸만 쌓아놓는 것도 병은 아닌지에 대하여. 욕심이 없는 척하며 살았던 가식적인 내가 물건에 투영되어 보이는 듯했다. 나도 욕심이 매우 많은 사람이었음을 알았다. 그간의 나의 아픔은 더 많은 것을 누리려는 욕심에서 시작되었나 보다. 그리고 그동안 나는 제대로 정리하는 방법을 모른 채 살았다. 나도 모르게 씁쓸한 웃음이 삐죽 새어 나왔다. 아픔을 통해 감춰진 나를 보게 되었고 정리의 중요성을 절실하게 느꼈다.

지독한 트라우마에서 탈출하고 싶다. 필요 없는 물건을 버리듯 오늘은 아픔으로 얼룩진 나를 몽땅 버리고 싶다. 건강을 위하여 마음에 다닥다닥 붙어 있는 욕심과 아픈 기억 그리고 나를 지배하고 있는 극도의 불안까지 차근차근 정리 중이다. 크게 무너지지 않게 하려고 자주 아팠던 것이라면 시간이 필요하겠지만 이제부터는 아픔도 기꺼이 감사로 받아들이는 연습을 하고 싶다. 보이지 않는 욕심까지 버린다면 무너질 일도 없을 듯하다. 나와 내 주변을 한결같이 잘 정리하여 아파도 언제나 밝게 웃을 수 있는 여백을 남겨두고 싶다. 나 떠난 이후를 걱정하지 않고 편안히 잠들 수 있기를 바라는 나는, 지금 이 순간도 정리 중이다. 양지에서 작은아이와 만날 날을 기다리며….

작고 소소한 공간

이경숙
ami516daum.net

창밖에 연이어 떨어지는 빗방울을 무심히 바라볼 수 있다는 것, 창틀에 매어놓은 작은 화분에 심긴 화초에 언제쯤 꽃봉오리가 터질까 매일 아침 말을 건넬 수 있다는 것, 어디선가 날아와 작은 잎사귀에 앉아 가만히 날개 짓하는 잠자리를 숨죽여 가까이 바라볼 수 있다는 것…. 그 소소하고 가슴 떨리는 기쁨을 통해 베란다를 작고 사랑스런 공간으로 만들기 전에는 몰랐다.

유난히 긴 장마와 코로나로 집에 있는 시간이 많아지자 예전엔 보이지 않던 공간이 눈에 들어왔다. 우선 나무 바닥재를 깔고 햇볕 강한 오후의 볕을 가려줄 블라인드를 달았다. 자그마한 탁자를 창 옆에 놓고 예쁜 천으로 옷을 입혔다. 마주보며 앉을 의자도 놓고 창가엔 작은 화분을 매달아 놓았다. 앙증맞은 작은 꽃과 푸른 잎사귀가 싱그러움을 선사하고 밋밋하던 창문에 표정이 생겼다. 차와 음악 그리고 좋아하는 책등을 구태여 이곳으로 끌어들인다.

무엇보다 창가에 탁자를 놓고 밖을 쳐다보며, 부딪히는 거센 빗방울을 바라보는 것이 좋다. 비 그친 후 멀리 아이들이 그네 타며 노는 모습을 바라보면 거기엔 어릴 적 우리 아이들이 놀고 있다. 창이란 안과 밖을 완벽하게 차단시키면서 밖과 소통하게 만든다. 밖의 모습이 더 잘 보이도록 창을 깨끗이 닦는다. 내 마음의 창도 밖을 밝게 바라볼 수 있게 닦아야지 다짐도 해보면서…. 잊혔던 옛 시간들이 이 작은 공간에 살며시 찾아온 것만 같다. 생각지 않게 보고 싶던 친구가 찾아온 것같이….

아파트로 이사 오기 전에 살던 집 거실에도 햇볕이 잘 들어오는 커다란 창이 있었다. 햇볕이 아까워 그때에도 식탁을 끌어다 창가에 놓았다. 식사를 해도 차를 마셔도 책을 보아도 훨씬 행복했던 기억이 나도 모르게 잠재되어 있었나 보다. 다락으로 옥상으로 오르락내리락 거리던 아들딸이 이제는 모두 부모가 되었다. 지금도 내 자식들은 어릴 적 살았던 햇볕이 깊이 들어오던 따뜻하고 밝은 그 공간을 그리워한다.

코로나로 바깥출입이 자유롭지 못한 이때 모처럼 사랑스런 손주들이 왔다. 어떻게 하면 즐겁게 있다 갈 수 있을까를 생각해 보았다. 아! 베란다를 캠핑장으로 만들어 주어야지…. 남편이 거실에 작은 텐트를 쳐주니 두 녀석은 좋아 어쩔 줄 모른다. 그들만의 공간이 녀석들을 행복하게 한다. 오늘의 메뉴는 스테이크다. 이제 겨우 한글을 알아가는 큰 녀석에게 한글도 가르칠 겸 거기에 들어갈 재료를 써보라고 했다. 양파니 당근이니 버섯, 마늘 등을 써보라 하니 삐뚤빼뚤 열심히 쓴다. "오늘의 쉐프는 바로 너야." 하니 신이 나서 어서 고기 사러가자 한다. 작은 녀석도 신나서 엉덩이를 씰룩이며 덩달아 나선다. 손주들과 함께 장보러가는 내 발걸음도 가볍다. 베란다에서

고기 구울 준비를 하니 자기가 쉐프라며 나선다. 야외 기분이 나는지 녀석들이 텐트로 베란다로 신나서 들락거린다.

캠핑을 좋아하던 남편 때문에 아이들 어렸을 때 참 많이도 다녔다. 지금보다 모든 것이 부족했지만 아들은 아빠를 도와 텐트를 치고 우리는 함께 음식을 만들고, 무엇이든 맛있게 먹는 아이들을 보며 우리부부는 덩달아 행복했다. 한밤엔 별들이 우리를 내려다보고 아침엔 새소리와 계곡에서 흐르는 물소리가 잠을 깨웠다. 다시 생각해도 아름다운 추억들이다. 이제는 우리의 아이들이 제 자식을 데리고 캠핑을 가는 나이가 되었다. 내 나이 때의 딸을 보니 지금의 내 나이가 새삼스러워 지기도 한다.

"우리가 공간을 만들지만 공간은 우리를 지배한다는 말이 있다."

무심히 보던 공간을 발견하고 사랑해주니 말을 걸어왔다. 무심하던 내 마음의 공간도 들여다 봐야하겠다. 잡아 달라고 내미는 손을 못 본 척 외면해온 것들이 내 마음속에 얼마나 많았던가. 요즘은 숨통이 트이는 공간이 좋아 조금씩 집안의 물건들을 치운다. 공간이 넓어지니 마음의 바람 길이 생겼다. 내 마음속 공간도 여유 있게 넓혀가야 하는데 아직도 군더더기를 치우지 못하고 있다.

계속 퍼부어대는 비로 베란다에 매단 여린 꽃이 상처를 입었으면 어떻게 하나 걱정이 되었다. 기특하게도 그 여린 잎은 더 힘차지고 봉우리 졌던 꽃망울은`드디어 꽃망울을 터뜨렸다. 비온 후 더 강해지고 부는 바람에도 꺾이지 않고 흔들리며 꽃을 피웠다. 바람이 불면 부는 대로 비가 오면 오는 대로 흔들리며 피는 그 사랑스러운 꽃을 보며 많은 것을 깨닫는다. 안에 들여놓은 꽃은 아무리 물을 주어도 색이 선명하지도 탐스럽지도 않더니 비바람 맞으며 견뎌낸 꽃은 더 선명하고 탐스러웠다. 자연은 우리에게 말없이 많은 것을 가르쳐 준다.

쉴 틈을 주지 않고 시끌벅적거리던 사랑하는 손자들이 돌아갔다. 우리는 이제야 일상으로 돌아왔다. 오늘 저녁엔 남편과 단출한 음식으로 우리만의 캠핑을 즐겨봐야겠다. 이 작고 소소한 공간에서….

의미 없던 공간을 의미 있는 공간으로 만들어 소소한 행복을 느끼듯 분명히 있을 것이다. 사랑의 눈으로 바라보면 이렇듯 멋지게 변신할 내 삶의 공간이.

결

이대옥
overdye0714@gmail.com

한 곳에 뿌리 내리지 못하는 습성을 방랑벽이라고 하던가. 어머니께서 왕성하게 사회활동을 하던 시절에는 사주를 보는 일이 흔한 일이었다고 한다. 그 시절 사주를 보고 성인이 된 후에 알려주셨다.

나는 세 가지를 타고 났는데 그중 하나가 역마살로 한곳에 머물지 못하고 이리저리 떠도는 삶을 타고났다는 말이었다. 이불보를 꿰맬 때 바늘에 실을 길게 잡으면 집에서 멀리 간다던데 내가 그랬다는 거였다. 그런 말을 들을 때면 웃으며 지나왔는데 지금을 보면 틀린 말은 아니다.

어찌 되었건 내게는 사주와 상관없이 만들어진 '결'이 있다. 내게 삶의 '결'이 있다는 것을 알아차리는 데 세월이 필요한 것은 당연하다. 사주 때문이 아니라는 것을 어머니는 인정하지 않으시지만, 아무래도 이 결을 설명하려면 세월을 풀어야 가능할 이야기이긴 하다.

40년이나 지나서야만 눈치를 챌 수 있는 것은 아니다. 새삼스레 나이를 가리키는 숫자가 바뀔 날이 막바지에 올 12월 중반이 넘어갈 때면 어김없이 기억은 살아난다. 어떻게 이런 삶을 살아가고 있는 걸까 하는 질문을 던지면 단 하나 글자가 떠오른다.

"책"

결이 만들어지는 과정에서 중심으로 솟아 시작되는 것은 책 읽기다. 십 대부터 현재까지 이어온 진한 선이 뚜렷하게 나타난다. 책 읽기에서 시작된 일과 놀이로 쌓아온 세월의 더께는 삶의 가치를 만들어가는 데 필요충분조건이었다.

출판물이 하루에 몇 천 권씩 쏟아져 나오는데 그 생산량에 비교해 소비는 바닥이다. 예외로 놓을 출판물은 실용서이고 문학 관련 출판물은 베스트셀러이거나 출판사 광고와 마케팅으로 후원하는 책이 관심을 끌기는 한다. 아니면 '○○상'이라는 수식이 필요하다. 대부분 신간 코너에 1주일쯤 머물다가 물류창고로 사라지는 일은 흔한 일이다.

한국사회에 책 읽는 문화는 거의 실종 중이라 해도 지나친 말은 아니다. 청소년 시기부터 책 읽기보다는 지식을 암기하고 누군가 원하는 정답을 알아맞히는 일이 중요하니까. 책을 읽으며 생각에 잠기거나 이야기를 나누는 일은 자연스럽게 만들어지기 어렵다. 그나마 막연하게 책을 읽어야지 하면서 읊조리기는 하지만 막상 그 선택은 늘 다음으로 밀려난다.

눈으로 확인할 수 있는 것들은 빠르게 표준화를 따른다. 마음으로 볼 수 있는 것들은 설명하기 힘든 이유도 있지만, 그것이 대개는 마음으로 알아차리는 일이 더 쉬운 이유도 있다. 책 읽기 문화는 선택하는 사람이 얼마나 되는가에 주류가 되기도 하고 밀려나기도 한다. 하지만 인류사를 돌아보면 이 세계를 지탱하는 중심에는 꼿꼿하게 있는 책이 있다.

내게 필요한 필수품 구매가 늘 책값에 비례해서 가늠되는 일은 저절로 만들어진 판단 근거였다. 멋진 옷 한 벌을 사야 할 때면 책이 몇 권인가를 떠올리게 되는 일처럼 개인에게 소용되는 물품에 우선순위는 다르다. 그 순위에 따라 삶의 결이 흐르는 것 같다. 그 결을 알아차리는 경우는 삶의 전환이 필요한 시기, 어김없이 영향을 준다.

책에서 답을 구하는 일이 내게는 가장 쉽고 편한 경로였는데 그 이야기를 할 때면 목청이 높아진다. 새천년 시작을 알리며 달력의 첫 숫자가 1에서 2로 바뀌던 2000년 1월 1일. 그날 보신각 종소리는 유난히 컸던 기억이 있다. 20세기 마지막 해에 21세기를 준비하는 사회 분위기는 꽤 좋아 보였다. 이제야 한국 사회가 변화 가능성을 공론화하는구나. 길게 늘여 십 년 동안 가능했던 일이다.

1970년대 경제 급성장에는 가능했던 지식으로 지금까지 계속되는 교육과정이 진행 중이다. 문재인 정부 교육정책이 하루아침에 뒤바뀌기 힘들다. 거의 1세기를 같은 방법으로 축적한 기득권이 물러나 다양한 계층으로 채워지기까지 적어도 그만큼 시간이 필요할 테니까. 사회속도는 기업이 질주하는 속도를 따라잡기가 힘들다. 그렇기에 개인이 그 속도를 따라잡아야 하고 그 시작이 책 읽기 문화라 생각한다.

책 읽기는 내 삶을 지탱하는 힘이 되었고 그것으로 십 대 꿈을 이룬 것은 삶의 일상이 가져다준 기회였다. 어느 분야든 소수이지만 달인들이 있다. 전문가라는 명패보다는 자기 즐거움으로 공부를 하며 세상을 바라보고 책에서 얻는 다양한 지식과 경험을 활용하는 평생 책 읽기를 벗 삼고 있는 사람들이 더 많아져야 한다. 내가 행복해야 하는 것은 내가 태어난 이유가 아닌가.

삶의 결을 따라 살아오면서 맞는 팬데믹 시대에 사회적 거리두기가 일상화되면서도 불편을 느끼지 않는다. 홀로 마주한 평생의 벗이 내 가까이 있음으로 얻는 풍요로움은 더없이 내 공간을 유쾌한 문화 놀이터로 변화되었다. 책을 가까이하는 사람들과 같이 모색하기 위한 무료 책방으로 된 서가는 이른 아침 맞는 상쾌한 바람이다.

바람에 앉은 맨드라미

이동숙
bee042100@naver.com

고향을 그린다. 맨 위에는 내 친구 금자네. 그다음 집은 순분이네. 그다음은 창기네…. 동네 앞으로는 맑은 도랑물이 흐르고, 그 너머엔 바가지로 물을 뜨던 동그란 우물이 하나 있었지. 달이 뜨는 밤이면 우물속의 달은 너무도 무섭기만 하였다. 초등학교 시절 작은 동이로 반쯤 물을 길어 오다가 돌부리에 걸려 넘어지고 말았다. 머리에 인 물동이가 떨어지며 산산조각이 나 버렸다. 옷이 흠뻑 젖었다.

나는 겁이 났다. 할머니한테 혼날 것만 같았다. 뒤뜰에 숨었다. 해가 지도록 나오지 못하고 그만 잠이 들어 버렸다. 할머니는 남폿불을 들고 목이 쉬도록 온 동네를 찾아 다니셨다. 뒤늦게 발견 하시곤 잠들은 나를 얼마나 꼭 안으셨는지 아픔 속에 잠이 깨었다. 나는 할머니를 좋아했다. 지금도 잊히지 않는 일이 있다. 초등학교 5학년 때의 일이다. 나의 학교는 삿갓봉 아래 아주 깊은 산골이었다. 학교에서 퇴비할 풀을 베는 날이다.

담임선생님께서는 어린 학생들이 어려운 일을 했다며 우리반 아이들에게 눈깔사탕 1개씩을 나눠 주셨다. 할머니 생각이 났다. 비닐에 싸인 사탕을 주머니에 넣었다. 학교에서 집까지는 시오리를 걸어야만 한다. 먼 길이다. 산을 넘고 들길을 지나 한참을 걸어야 집이다. 주머니 속 사탕을 만지작거린다. 사탕을 싼 비닐이 소리를 낸다. 먹을까 말까 걸어오는 내내 두 마음은 힘겨운 다툼을 한다. 할머니를 보자마자 사탕을 꺼내 비닐채로 주춧돌 위에 놓고 돌멩이로 깼다. 제일 큰 조각을 할머니 입에 넣어 드렸다. 나도 먹었다. 마음이 기뻤다.

동네 끝을 조금 지나면 버들가지 흐드러진 개울물이 흐른다. 찰박찰박 물속을 걸으면 어느새 송사리 떼가 몰려와 발등을 간지르고 있었다. 봄날이면 종달새 높이 나는 밀밭을 걸으며 하늘가득 차오르는 구름송이를 세어 보기도 하였다. 뒤곁에 피던 아카시향기는 꿈길인들 잊을까? 설렘이다. 이렇게나 긴긴날 하염없는 설렘은 언제나 가슴 안쪽에 자리 잡고 있었다. 가버린 건 모두가 그리운 것일까? 달빛 밝은 밤 초가지붕 위에 얹혀있던 하얀 박꽃이 그립다. 해가 지면 횃대에 오르던 일곱 마리의 닭들이 보고 싶다. 마당을 뛰어 다니던 커다란 개 워리를 불러 보고 싶다. 정답던 진달래꽃을 따고 싶기도 하다.

고향하늘에 내리던 비에 젖고 싶다. 까만 밤의 개똥벌레도 봤으면 좋겠다. 개울 끄트머리엔 남한강이 흐른다. 맨드라미는 강둑에 홀연히 피어 있다. 그리고 무언의 모습으로 강물을 본다. 삶은 예전의 강물로 나를 가자고 부른다. 거기엔 할머니가 계신다. 그리운 친구들이 있다. 고향의 미루나무가 있다. 저녁 짓는 굴뚝의 연기가 있다.

동네를 물들이던 저녁노을이 있기 때문이다.

예전의 강물은 아득하기만 하다. 따라 갈 수가 없었다. 물빛은 햇볕에 고요히 반짝인다. 강물이 흐른다. 옛날의 강물을 찾을 수 없어 나는 쓸쓸하기 그지없다. 남한강 강가에 맨드라미가 활짝 피었다. 남색의 나팔꽃이 피었다. 강물을 건너서 바람이 온다. 바람에 앉은 맨드라미가 무거운 듯 흔들린다. 환한 나팔꽃도 잎새를 출렁인다. 바람이 인다. 하얀 머리칼이다. 고운 빛 늙지 않는 너희가 부럽다. 예전에도 맨드라미 빛이고 나팔꽃빛이었던 그대로 너희가 나는 진심으로 부러운 마음이다.

4.

꽃바라기

나의 '바깥'

이 명 지
mjlee8978@daum.net

애쓰지 않고도 절로 닿아 비로소 보이는 것이 있다. 그저 다다른 이순은 마법 같은 나이다. 이순이란 귀가 순해지는 나이라고 했던가? 그동안 보이지 않던 것들이 보이고 들리지 않던 것들이 들리고 절대로 포기되지 않던 것들이 내려놓아진다. 늙어서 좋은 것도 많다던 선배들의 말이 조금씩 이해되고 있다.

내 안에 갇혀 들끓던 삶의 긴장에서 놓여나니 서슬 푸르던 결기도 한결 순해지고, 가족의 의무에서도 많이 자유로워져 내 욕구를 일 순위로 놓고 사는 맛이 쏠쏠하다. 눈도 귀도 적당히 무디어져 제 허물도 남의 허물도 웃어넘길 수 있게 된다. 무엇보다 이쁜 척 안 하며 살아도 돼서 좋다. 화장이 예의이던 시대에 직장생활을 해서인지 민낯으로 밖으로 나가는 일을 금기로 여기며 살았다. 은퇴를 하고 제일 좋았던 게 고작 매일 화장하지 않아도 되는 것이다. 그래도 팽팽하던 것들이 쭈글해 지는 것은 좀 받아들이기 힘들었지만 잃은 것만큼 자유로움도 주는 것이 세월이다.

육십갑자 한 바퀴를 돌고 이제 나는 다시 한 살이다. 그 끝이 죽음인 줄 알면서 달려가는 인생길이지만 다시 태어난 한 살부터는 좀 다르게 살아야지 싶다. 걸음을 늦추고 하늘빛 별빛 나뭇잎에 일렁이는 바람을 본다. 바깥에서 나를 본다. 양지바른 뜰에 앉아 햇볕을 쬔다. 일생을 품고도 부화시키지 못한 묵은 글감들을 내어 말리고, 꾸득해진 마음을 만져 길을 들인다. 바깥에서 들여다보니 안이 보인다. 거기 있는 내가 보인다.

가을을 배웅

이문자
lmja12@hanmail.net

사부작사부작 오시는 걸음에 버선발로 뛰어나가 맞았었다. 염천에 힘겨워 목을 빼고 기다렸던 가을! 님인 듯 반가워했더니만 어느새 입동이 코앞이란다. 온 산천에 신명나게 들불을 지피더니 지치기라도 하셨는지. 찬비라도 맞으면 초췌한 행색이 되어 금세 저 삽짝을 벗어날 것 같다. 나도 하루쯤은 단풍처럼 타고 싶었던 건데 어쩌다 눈 맞춤 한 번 못 하고 지낸 건지. 이게 아니지 싶으면서도 그걸 어쩌지 못하는 소심. 떠날 채비를 서두르는 가을님만 야속하다 싶어 일탈을 감행했던 거다.

실로 얼마만인가. 골짜기 한적한 숲길을 돌아 표고 8백의 고개를 오른다. 단풍은 이미 절정을 지나 있는데도 늦가을 빛은 묘하게도 사람을 달뜨게 하는 마법을 지녔다. 주체 못할 아쉬움도 물 흐르듯 하다 보면 위안이 되는 건지도 모를 일. 철늦게 나선 객을 위해 이쯤에서 기다려 주는 온정이 고맙기 그지없다.

명품 고갯길이 '만추'를 제목으로 서사시를 쓰나 보다. 그 마지막 연에서 머뭇머뭇 다듬고 있는 시어들에 뭉클 가슴이 젖는다. 편한

길을 두고도 이 굽잇길을 오르내렸을 길손들, 함께 물들었을 황갈색 숲이며 풍성한 치마폭을 둘렀던 산록은 조락을 서두르는지 핼쑥해진 표정이다. 두 팔 벌려 영접한 가절(佳節)이 어느새 이 등성이를 넘어서고 있을 줄이야. 까닭 모를 심사가 이날따라 유난스럽다. 고독의 계절이 이별을 고하느라 건네는 말이 서글픔을 부추기는지 모른다.

초당(草堂)선생의 가곡 '대관령'을 4부 합창곡으로 채우고 반정(半程)에 오른다. '그려도 움직이는 한 폭의 비단'이며 '내 인생의 보슬비'라 했던가. 사계를 따라 시시각각으로 움직이는 '비단 한 폭'에 홀려 맘먹고 오르는 길이 시 이상으로 가슴을 출렁이게 한다.

차에서 내려서니 사위에서 냉기가 엄습한다. 여느 때완 달리 사임당 사친시비(思親侍婢)가 덩그러니 수척하다. 여인네라면 누구든 가슴에 지닐법한 사친시와 마주하니 만감이 교차한다. 북촌(오죽헌 마을)의 홀어머니 그리던 그니 마음이나 내 심중이나 다를 바가 없을 터. 사위어가는 나이에 새삼 사무칠 것이 무얼까 싶어도, 여기에 서면 그리움 하나를 들춰낼 수밖에 없다.

"우리 세월도 금방이야!" 이 자리에 함께 섰던 선배님 모습이 아삼하다. 함께 하는 중에도 두 번째 글은 언제 묶을 거냐고 채근하셨지. 작품집을 기다리다 빈손으로 떠나신 선배님께 송구스러움 반, 그리움 반으로 겹쳐 목울대가 뜨겁다. 가신님 말씀대로 세월이 금방이건데 난 정말 허송세월을 한 것일까. 청맹과니였을까. 온 가을을 경황없이 보내고도 근원 모를 이 공허감은 도대체 무언가 말인가.

자식들 순풍, 순풍 낳아 기르던 세대 마냥, 문간엔 하루가 멀다고 작품집이 답지하는데 책 묶는 일은 저만치 밀쳐놓았던 사람. 발등에 떨어진 불이 더 급하다고 여긴 오산이었는지. 아님, 일을 핑계로 한 태만이었던 것인지…. 이따금 글 주머니를 들쳐보면서도 그게 능사가 아니라 했던 내 자존심이 결코 부끄럽다 여긴 적은 없는데 난 정말 딴전을 부리고 있었던가.

함께 꿈꾼 일이었기에 나라도 나서야 했던 것일 뿐. 애면글면 이어온 가치를 날려버릴 수는 없어 감당했던 일이니 상념에만 갇히지 말자고 자신을 추스른다. 앞으론 영악해져 '나'를 차선으로 미루는 일은 더 이상 없기로 하자고 주문을 건다. 밀린 숙제를 풀어야 한다고 말이다.

고갯마루 정상께로 눈길을 돌린다. 거기! 등성이를 타고 유연한 곡선으로 이어진 겨울 숲의 행렬. 천공을 여백으로 하고 하늘 화선지에 그린 두루마리그림이라고 해야 하나. 어느 노련한 화공이 가늘디가는 붓으로 혼신의 힘을 다해 그린 수묵화가 선계인양 펼쳐졌다. 지닌 것들을 모조리 털어내고서야 진면목을 드러내는 나목은 이미 가을을 건너 동절기에 들었다. 머잖아 매섭게 불어칠 칼바람도 거뜬히 이겨낼 결기인 듯. 오연한 모습으로 선 자태가 도저히 다다를 수 없는 피안이며 범접 못할 강골 선비의 기개인 것. 내 안에 슬며시 피어오르는 체념이 오늘은 여기서 바라보기만 해도 좋다고 말하는 듯하다. 고개가 아프도록 바라보다 시선을 거둔다.

생애의 겨울이 목전에 와 있는 나이다. 반가이 오신 손님을 보내기 아쉬워 옷자락을 붙잡고 싶지만 어쩌겠는가. 저 산마루에 당도해 있는 서릿발 계절처럼 머물러주지 않는 것이 세상살이 이치거늘. 코앞의 일에만 급급해 밀린 숙제를 놓치긴 했어도 후회는 말 일이다.

떠나려는 계절이 아쉬워 무슨 핑계로든 나서야만 했던 날. 내가 만나야 했던 건 저 겨울 숲의 비장함이거나 '가을 앓이'를 그만 두라는 권고였을 듯싶다. 허접한 넋두릴랑은 접어두고 저 겨울 숲의 동면처럼 충전의 시간을 지나면 사는 일도 명징해진다는 타이름일 지도 모른다. 어정쩡한 심사를 평정하고 하산을 서두른다. 다시 올 태동의 봄을 준비할 엄동설한도 내가 맞이할 님이 아니겠는지. 저만치 던져두었던 숙제를 뇌리에 다져 넣으며 고갯길을 돌아내린다. 잿빛 그림자가 짙어진 걸 보니 가을님이 정말 떠나시려나보다.

가을님 오실 적엔 님이 듯 반겼더니
온 산천 불 지르고 몸져 눕고 마는가
그대에게 물든 가슴 아직도 꿈속인데
잡은 손 뿌리치고 잰걸음에 떠나시면
쌓인 그리움 어찌 하라고 어찌 하라고
서러운 사연일랑 들어주고 가시게
서러운 사연일랑 들어주고 가시게

가을을 배웅하며 그렇게 노랫말 한 편을 적었었다.

개망초

이봉길
provider47@daum.net

집을 나서면 남새밭이나 길가에 작고 하얀 꽃들이 널려있다. 개망초꽃이다. 평소 눈여겨보지도 않았던 꽃인데 요즘 들어 다시 보인다. 단아한 설상화 꽃잎 가운데 계란노른자위를 얹은 듯한 꽃술을 보니 시장기가 든다. 어머니가 하얀 쌀밥 위에 툭 깨서 얹어주시던 날계란이 생각난다. 개망초꽃 가지 몇 개를 숭숭 꺾어다 화병에 꽂았다. 바깥에서 볼 때보다 앙증맞다. 화병에 꽂았던 어떤 꽃 못지않게 잘 어울린다.

개망초는 국화과의 두해살이풀이지만 도시 화단에서는 이름 있는 꽃들 사이에 끼지 못하고 가로수 밑이나 잡초 사이, 건물의 담벼락에 기대서도 구김 없이 밝은 모습이다. 봄에 연한 잎은 나물로 해 먹는다지만, 쑥이나 냉이 같은 나물 취급은 받지 못한다. 아무도 눈길을 주지 않는 십 원짜리 동전만한 작은 꽃은 장미나 백합 같은 대접을 받기는커녕 이름난 꽃들에 밀려 화단 가장자리 잡풀 틈에 끼어 있다. 화려한 꽃은 사람 마음을 달뜨게 하는데 이 꽃은 보고 있노라면 편안해진다. 여름 한철 발길 닿는 데마다 하얗게 널려있는 꽃인데, 그동안 무심히 봐오던 것들이 나이 들어 눈에 들어온다. 늘 만나는 사람들도 다시 보인다.

친구들과 산행하는 날이다. 배낭을 메고 지하철 출구 계단을 막 올라서는 친구를 꽉 끌어안았다. 친구는 엉거주춤 안기는가 싶더니 "이 더운 날 무슨 일이야?"고 하며 나를 밀어낸다. 매달 한 번씩 친구 몇 명이 함께 등산하는데, 빠짐없이 연락하고 모임을 주도하는 그를 안아주고 싶었다. 어느 때는 늦잠 자고 싶은데 불러내는 그가 달갑지 않은 적도 있었고, 친구가 문자로 보낸 모임 날짜를 깜박 잊고 당일 전화를 받고서야 '아차!' 하는 적도 있었으니까.

예전엔 왜 개망초꽃이 눈에 들어오지 않았을까? 그 이름 때문이었을까, 길가에 들판에 어디든 흔하게 피어있어서일까. 개망초는 허물없이 만나는 친구 같은 꽃이다.

선물, 장미꽃 1000송이

이순자
sjlee0700844@naver.com

오랜만에 답답함과 그리움을 풀려고 친구와 만났다. 일산호수공원 내 장미정원에는 형형색색의 장미꽃이 막 피어나고 있었다. 코끝에 힘을 주어야 향기가 맡아졌지만, 만개하면 다시 와보자는 약속으로 아쉬움을 달랬다. 집에 와 컴퓨터를 열어보니, 내 마음을 알기라도 한 듯 장미꽃 1000송이가 선물로 와 있다. 컴퓨터 메일에 첨부된 동영상이었지만, 잔잔한 감동으로 내 마음에 파문이 인다.

지난해 일생 처음으로 수필집을 내고 난 뒤에, 한 해가 다 가도록 글이 써지지 않았다. 내가 살아온 모든 것, 나의 정체성을 숨김없이 노출한 데에서 온 부끄러움과 허탈감 때문일까? 새해에는 심기일전하리라 다짐했는데 코로나19의 발병으로 오히려 심신이 공황상태에 빠졌다. 모든 집단 활동이 통제되어 집에 갇혀 온기 없는 생활을 하고 있다. 사람과의 접촉으로 전파된다니, 될수록 외출하지 않아야 자리이타의 쉬운 실천이지 싶다. 노화와 외로움은 비례하는 게 순리라 생각하며 살았는데, 요즘에는 가벼웠던 외로움에 쓸쓸함과 두려움의 무게가 더해지면서 의연했던 삶의 균형이 깨지는 것 같다.

이런 와중에 문인 몇 분이 새로 내신 수필집을 보내왔다. 대단하신 분들이다. 참으로 고맙고 황송하기까지 하다. 책을 보내주신 분들에게 감사 인사를 드려야 할 것 같았다. 안면이 있는 분께는 카톡으로, 다른 분께는 인터넷으로 메일을 보냈다. 메일에는 작가님의 글에서 받은 감동과 보내주심에 감사함, 그리고 글이 써지지 않아 외로운 몸부림을 하고 있다는 나의 심정을 담았다.

뜻밖에 한 분께서 특별한 답장 메일을 보내 왔다. 벌써 여섯 번째 작품집을 내신 분이다. 그분의 글은 선시(禪詩)를 닮아 글 속에서 산사의 풍경소리가 들리고, 수채화로 그려진 듯한 맑은 문체라 글맛이 깔끔하다. 메일 속에는 슬럼프에서 속히 벗어나서 좋은 글 많이 쓰길 기대한다는 짧은 글과 함께 장미꽃 1000송이가 들어있다. 빨간 장미꽃 한 송이가 있는 작은 사진 파일을 클릭하면 화면이 커지면서 형형색색의 장미꽃이 나타나 화면을 채운다. 1000송이가 될 때까지 겹겹이 채우고 또 채운다. 끝없이 이어진다. 툭 툭 툭 감정을 건드린다. 열띤 환한 감동이 외로움에 젖어 어둡던 마음을 밝고 따뜻한 기운으로 채운다. 꽃송이 수만큼 많은 말을 하는 것 같았다. 소녀적 감상에 빠진 것일까?

장미는 기원전 2000년 전 바빌론 왕국에서 원예식물로 재배되기 시작했다. 오늘날까지 자연적인 종과 인위적인 종을 합쳐 2만 5천 종이 있는 데, 그중 6~7천 종이 현존하고 해마다 2백여 종 이상의 새 품종이 개발된다고 한다. 가지가지 빛깔과 고운 자태 거기에 향기까지, 다른 꽃의 추종을 불허하는 '꽃 중의 꽃'으로 탄생 되는 셈이다.

색깔에 따라 꽃말을, 꽃송이 수에 따라 다른 의미를 붙인 것이 재미있다. 장미꽃은 대체로 특별한 축일이나 경사를 기념하고 축하하는 뜻을 표현한다. 한 송이는 '첫눈에 반하다'의 뜻이고, 50송이는 '영원한 사랑', 999송이는 '어느 생이건 당신을 사랑합니다'라고 한단다. 장미꽃 1000송이의 의미는 무엇일까? 찾을 수가 없어서 인터넷 메일을 통해서 받은 감동으로 그 의미를 곰곰이 생각해 본다.

삶이 편리하고 풍요로워지면서 혼자 사는 사람이 늘어난다. 혼자가 편하고 자유롭다는 호기로 포장된 이유보다도, 각 세대에 걸쳐 다양한 어쩔 수 없는 사정으로 홀로 사는 사람이 증가한다. 고도의 IT산업 발달로 소셜미디어 인공지능의 기술이 우리 삶을 지배한 것이 제일 큰 영향일 것 같다. 인터넷이나 개개인이 소지한 스마트폰으로 각자도생에서 불편함의 많은 부분을 해결할 수 있는 세상이기 때문이다.

그러나 현실에서 65세 이상의 고령층은 최첨단 IT산업 시대에 살아가기가 그리 쉽지 않다. 나의 처지에서 느낀 자격지심인지도 모른다. 노화와 함께 혼자가 되는 것은 자연의 섭리라 수긍하지만, 인터넷과 스마트기기 사용의 서툶에서 오는 불편함과 소외감은 극복하거나 떨쳐버리기 어렵다. 적극적으로 배우고 익혀 다른 세대들과 막힘없이 소통하며 살고 싶지만, 마음먹은 대로 여건이 되어주지 않는다. 자존심이 바닥 치기 전에 자존감을 붙잡고 '혼자의 삶'을 긍정할 수밖에 없는 것 같아 씁쓸하다.

어디 노인세대뿐이랴! 최첨단 IT기기의 발달은 모든 세대에 두루 그 구성원들조차 '나홀로족'의 삶을 살게 하고 있다. 우리는 모두 혼자가 당연하다. 누군가 혼자라서 외롭다고 느끼는 것은 가장 자신에게 집중하는 일이라곤 했지만, 늘 그렇지만은 않다. 때때로 외떨어져 있는 것 같은 외로움이 두렵다. 다른 사람과 대면하여 관계를 맺고 소통하며 그 속에서 가지가지 삶의 꽃을 피워야 우리의 삶은 보람과 의미가 있지 않을까. 혼자가 아님을 실감하고 살아있다는 존재감을 얻는 게 아닐까?

물론 컴퓨터나 스마트폰 등 정보통신기기를 유용하게 사용해서 긴밀하게 소통하며 관계를 가꿀 수 있다는 것을 모르지는 않는다. 지인과 카톡이나 문자 메시지를 주고받고 또 각종 정보를 검색하다 보면 제법 많은 시간을 스마트폰에 매이게 된다. 감정도 없고 온기도 없는 차가운 기계로서는 대면해서 느끼는 그런 소통은 아닐지라도 세상살이를 알게 해주고 혼자임을 잠시나마 잊게 해주는 것도 사실이다.

혼자 살면서 외로움에 이력이 났어도 요즘 같은 격리 상태의 생활은 견디기 힘이 든다. 직접 만나서 반갑게 악수하고, 눈빛을 맞추며 조리 없고 두서없는 대화라 할지라도 공감하고, 서로에게 존재의 의미를 확인하는 그런 만남이 그립다. 시시하게 여겼던 일상적인 일에나, 오랜 격리에서 오는 외로움을 맑은 정감으로 채우는 인간적인 소통을 하고 싶다. 죽음을 애도하고 보내는 사람들을 위로하는 자리일지라도.

인터넷으로 선물 받은 장미꽃 1000송이가 말한다. 인터넷 기기 사용 능력이 부족하여 버벅대더라도 실망하지 말고 다른 사람과 소통하라고. 서로 격려하고 위로하는 사랑의 마음, 장미꽃 향기 같은 마음을 남김없이 나누고 쓰며 살라고 한다. 암, 그래야 하겠다.

아내

이윤환
inhong777.com@gmail.com

아내는 일생을 살아나가면서 딸, 아내, 며느리, 어머니, 시어머니, 할머니 등 여러 가지의 지위를 경험하게 된다. 거기에는 권리와 의무가 따르고 각기 상응하는 행위 규범이 요구된다.

아내는 6남 1녀 중 장녀로 해남읍에서 태어나 부모님의 사랑을 듬뿍 받고 성장했다. 첫딸은 살림밑천이란 옛말이 있다. 아내가 형제 중에 첫 번째다 보니 막내처남 유치원을 데려다 주고 수업이 끝나면 데리고 왔다 한다. 부모님을 대신해 장녀 노릇을 부지런히 했다. 언젠가 아내의 친정에 들렀을 때 장모님이 하시는 말씀이 우리 딸은 자네를 만나 잃어버리네…라고 한 적이 있다. 그렇게 필자의 아내는 장인, 장모님의 사랑을 듬뿍 받고 자랐다고 생각이 든다.

필자가 아내를 처음 만난 것은 대학교 4학년 때다. 대학교 후문 근처에서 동생과 자취생활을 하고 있을 때 이웃집 아주머니가 참한 처녀가 있는데 선을 보지 않겠느냐고 하신다. 집이 어디냐고 물어보니 해남읍이라고 했다. 필자가 집에 가려면 해남읍을 들러야 하는데 진도 집에 가는 날에 해남에 들르기로 약속을 했다. 며칠이 지나 약속한 날에 해남읍에 도착하니 해남군청에 근무하는 친구가 마중을 나왔다.

아내는 식당(천변)을 하는 집 따님이었다. 친구 말에 의하면 해남읍 기관장만 받는 큰 식당이라고 했다. 친구와 같이 저녁식사 대접을 잘 받고 다음날 아침에야 신부가 나타났다. 그날 진도로 가는 배 시간이 다가와 많은 대화를 나누지 못한 것을 아쉬워하며 집을 나서려는데 친구가 갑작스런 기상상황 악화 예보로 배의 출항이 취소되었다는 소식을 전해 주었다. 어쩔 수 없는 상황으로 배가 출항하기를 기다리며 아내 집에 며칠간 지내게 되었고 그런 인연으로 필자는 아내와 결혼을 하게 되었다.

꿈 많던 신혼 시절, 그 꿈들을 팔자에게 묻고 살아온 수많은 날들…. 자식들 키우며, 남편 뒷바라지하랴 불평 한마디 늘어놓지 않는 그 깊은 속뜻을 내 어이 모르리. 자기 허리 굽은 줄 모르고 자식들 돌보다 어느 날 동네 의사선생님의 진단을 받고서야 깨달았다니…. 그 허리를 똑바로 쳐다볼 수가 없다. 지금도 가끔 튼튼병원에 들러 허리에 신경주사를 맞곤 한다.

자식 넷을 기르면서 '내 새끼' '내 강아지'라는 표현을 아내에게서 들어본 적이 없다. 식구 자랑이라는 것을 입 밖에 내지 않는 편이다. 그리고 적은 호의를 받으면 갚아야 직성이 풀리는 성격이다. 주고 또 주고, 벗고 또 벗는 나목과 같이, 나목(裸木)은 자기에게 주어진 책임을 다하고, 벌거숭이가 되어도 추워하지 않는다. 그러니 나목과 아내는 무엇이 다르겠는가?

아내에게 바치는 노래

하수영 노래

젖은 손이 애처로워 살며시 잡아본 순간 거칠어진 손마디가 너무나도 안타까웠소. 시린 손끝에 뜨거운 정성 고이접어 다져온 이 행복 여민 옷깃에 스미는 바람 땀방울로 씻어온 나날들 나는 다시 태어나도 당신만을 사랑하리라. 미운 투정 고운 투정 말없이 웃어넘기고 거울처럼 마주보며 살아온 꿈같은 세월 가는 세월에 고운 얼굴은 잔주름이 하나 둘 늘어도 내가 아니면 누가 살피랴. 나 하나만 믿어온 당신을 나는 다시 태어나도 당신만을 사랑하리라.

아내는 2남 2녀를 두었다. 장남은 일산에서 자영업을 하고 큰며느리는 경기도 고양군에서 초등학교 교직생활을 하면서 지내고 있다. 며느리 아버지와 필자는 초등학교 동창이여서 며느리가 딸같이 정이 많이 간다. 홍식(둘째아들)이 딸 재영이는 삼성전자에 근무 중이며 세은(혜향 딸)이는 미국 유학을 마치고 돌아와 필레오 국제학교에서 아이들을 가르치고 있다. 필자 역시 송원대학에서 시간강사를 했고 며느리도 교직생활을 하고 있으니 우리집안도 교육자 집안이다. 또 얼마 전에 기쁜 소식이 들려왔다. 동영(혜선이 큰아들)이 서울시립대학에 우수한 성적으로 입학했다. 아내는 기분이 너무 좋아 토요일에 집에 들르면 할머니가 만들어준 집밥을 준비해서 먹이겠다고 한다. 할머니의 사랑이 살갑게 느껴진다. 아내와 필자의 소원은 앞으로 손자, 손녀, 외손자, 외손녀가 몸 건강히 잘 자라는 게 소망이다.

수년전 필자는 심장병으로 119 구급차로 전대병원 응급실로 향한 적이 있다. 이때도 아내가 곁에 있어 응급처치를 하지 않았으면 벌써 이승을 떠났을 팔자다. 남편이 아프면 자기가 아픈 것 이상으로 필자를 간호해 주었다. 참 고마운 사람이다.

돌이켜 생각해보면 아내는 아내로써 필자에게 헌신했고, 시어머니 살아생전 정성을 다해 모셨고, 어머니로써 자식이나 손자, 손녀, 외손자, 외손녀에게도 애정을 다했고, 시어머니로써 며느리에게 모난 소리 없이 다스리며, 할머니로써 헌신하고 봉사했으며 우리가족이 화목할 수 있는 중추적인 역할을 다했다.

가난한 섬, 노총각에게 시집을 와 불평 없이 살아줘 고맙게 여기며 보잘 것 없는 필자를 최고의 남자로 생각하고 따라줘 감사히 생각한다. 남아있는 여생은 아내를 위해 가시고기가 되어야 되지 않겠는가!, 필자는 아내를 참 잘 만난 것 같다.

거꾸로

이재숙
bandwoe@daum.net

빵 굽는 냄새에 홀려 뒤를 돌아보았다. 빵집 진열대에 놓인 노란 카스텔라가 눈에 들어왔다. "카스텔라 하나 주세요." 까만 비닐봉지에 담겨 손끝에 매달린 카스텔라가 앞뒤로 오가며 그네를 탄다.

초등학교 6학년 때였다. 학교 운동장에서 또래로 보이는 남자아이가 구름다리에 거꾸로 매달려있다. 그네 타듯 상체를 앞뒤로 흔들었다. 아이는 마주 보이는 미끄럼틀이 뒤집혀 흔들린다며 거꾸로 매달려 으스댔다. 부러움에 곁눈으로 아이를 찬찬히 지켜보았다. 그 후로 거꾸로 흔들리는 미끄럼틀 볼 욕심에 구름다리에서 살았다. 처음에는 용기가 나지 않아 구름다리에 매달려 오가기도 하고, 구름다리 위를 걸어 다녔다. 그러다 하루는 큰마음을 먹고 거꾸로 매달리기를 시도했다. 하지만 손을 놓는 건 결코 쉬운 일이 아니었다. 매번 '오늘은 미끄럼틀을 거꾸로 보고 말 거야.' 다짐하지만, 결국 한 손을 떼고는, 남은 손을 떼지 못해 돌아섰다. 실망만 안고 돌아선 날이 벌써 열흘이 넘었다.

그날도 학교에서 돌아오자마자 책가방만 방에 휙 던져놓고, 길 건너 초등학교 운동장으로 달려갔다. "어디 가니? 숙제하고 놀아야지!" 엄마의 고함에도 돌아보지 않고 운동장으로 내달렸다. 구름다리 위에 쪼그려 앉아 엉덩이를 아래로 빼고 발을 구름다리 모서리에 걸었다. 그리고 한 손을 놓았다. 발목에 힘이 들어갔다. 오늘은 왠지 잘 할 수 있을 것 같았다. 남은 한 손을 마저 놓았다. 그네를 타듯 몸을 앞뒤로 흔들었다. 땅이 하늘이 되고 하늘이 땅이 되었다.

거꾸로 뒤집힌 미끄럼틀, 그네, 시소가 내가 움직이는 방향대로 따라 움직였다. '와, 정말 신기하다.' 너무 기뻐 거꾸로 매달린 채 손뼉을 쳤다. 동생을 데리고 올걸. 아까웠다. 본 사람이 없는 성공은 성공이 아니었다. 자랑하고 싶은 마음에 집에서 숙제하는 여동생을 데리고 운동장으로 달렸다.

"나, 거꾸로 매달려 그네 타는 거 할 수 있다." 동생은 내가 구름다리 위를 걷는 것도 무서워서 보지 못한다. 그런데 구름다리에 발을 걸고 거꾸로 매달린다니. 걱정스러운 표정으로 집에 가자고 졸랐다. 이미 동생 말은 귀에 들어오지 않았다. 불안해하는 동생을 옆에 세워두고 씩씩하게 구름다리 위로 올라갔다. 모서리에 발을 걸고 두 손을 모두 놓았다. 동생 입에서 놀라는 소리가 들렸다. "봐, 잘하지. 너도 해볼래? 미끄럼틀이 거꾸로 보여. 이렇게 손을 놓고 그네를 타는 거야." 그네를 타듯 몸을 앞뒤로 흔들려는 순간 '툭!' 하는 둔탁한 소리와 함께 거꾸로 보이던 미끄럼틀이 순식간에 사라졌다. "언니! 언니! 엉엉."

동생의 우는 소리로 보아 조금 다친 게 아니라는 걸 알 수 있었다. 동생의 울음소리가 운동장에서 놀고 있는 아이들을 모두 불러

모았다. 코피가 뚝뚝 떨어졌지만, 눈물은 나지 않았다. 코를 손으로 움켜쥐고 운동장 구석에 있는 수돗가로 갔다. 구름다리에 모였던 아이들이 자석에 따라붙는 쇳가루처럼 따라와 지켜보았다. 아이들이 웅성거리는 소리에 관리 아저씨가 뛰어오셨다. 휴지로 코를 막아주고 얼른 집에 가라며 등을 떠밀었다. 겁이 많은 동생은 내 얼굴에서 시선을 놓지 못하고 집으로 오는 내내 서럽게 울었다. "언니, 아버지한테 혼나면 어떡하지? 응응?" "나, 표시 많이 나?" "응, 코가 파래. 부었어. 입에서 피도 나." 숙제도 하지 않고 나가더니 다쳐 왔다고 야단치실 텐데. 다쳐서 아픈 통증보다 아버지한테 야단 들을 걱정이 더 컸다. "다친 거 아버지한테 이르면 안 돼."

방문을 살며시 열고 들어가는데 아버지는 아랫목에서 신문을 읽고 계셨다. 방에 들어와 바로 윗목의 벽을 보고 누워 자는 척했다. 눕자마자 저녁 밥상이 들어왔다. 아버지께서 나를 부르며 밥 먹고 자라고 했다. 밥을 먹을 수도, 얼굴을 보여 드릴 수도 없어 기어들어가는 목소리로 안 먹는다고 했다. 아버지는 재차 밥 먹고 자라고 하셨다. 미동도 없이 누운 채로 안 먹는다고 했다. 아니나 다를까.

"밥을 먹지 않아도 어른이 말을 하면 일어나야지. 버릇없게 누워서는…."

등 뒤로 아버지가 다가오는 게 느껴졌다. 더 버티고 있다가는 매를 벌 게 뻔하다. 벌떡 일어나 돌아앉았다. 아버지는 어찌 된 일이냐고 물으셨다. 뜸을 들이고 우물거리자 동생이 나서서 대신 말씀드렸다. 코는 퉁퉁 부어 멍이 퍼렇게 들고 입술은 터져 반은 붙어 버렸다. 아버지는 화가 나서 부엌을 향해 큰소리로 엄마를 불렀다.

"숙제하고 집에 있을 일이지, 왜 돌아다녀."

엄마는 속이 상했는지 야단부터 치고는 입술과 코에 오징어 뼈를 찧어 하얗게 발라 주셨다. 다들 밥상에 둘러앉아 저녁 식사를 했다. 나는 터진 입술 틈새에 빨대를 꽂아 흰 우유와 카스텔라를 먹었다. 동생들은 내가 부러웠는지 밥을 먹으며 곁눈으로 흘깃흘깃 돌아보았다. 흰 우유에 녹아내리는 카스텔라의 달콤한 맛이라니.

얼마 전, 법정 스님의 '거꾸로 보기' 글을 읽게 되었다. 법정 스님이 가랑이 사이로 하늘을 보다 얻은 깨달음의 글이었다. 처음에 눈길이 간 곳은 쉽게 거꾸로 세상을 본 방법이었다. 그때는 왜 가랑이 사이로 하늘 볼 생각을 못 하고 구름다리에 거꾸로 매달릴 생각만 했을까? 법정 스님은 각도를 달리함으로 새로운 면과 아름다움을 찾아낼 수 있다고 했다. 상대를 바라볼 때 고정관념에서 벗어나 빈 마음과 열린 눈으로 본다면 시들함에 생기가 돈다고 했다.

초등학교 6학년 때 거꾸로 본 세상은 어른이 된 후, '거꾸로 보기' 글을 읽고 깨달음으로 정리가 되었다. 살아가면서 사람과의 관계에서 마음이 답답할 때 '거꾸로'를 떠올리려 한다. 거꾸로 보면 마음이 보드라워지고 이해의 폭이 넓어진다. 땅이 된 하늘에 거꾸로 매달린 미끄럼틀이 신기했다. 거꾸로 앉아 줄지어 내려오는 아이들 모습이 동화 속 그림 같았다. 이제는 거꾸로 되돌아갈 수 없고, 거꾸로 매달릴 수도 없기에 그날의 동화 속 그림이 소중하다. 지금도 거꾸로 된 그림 한 컷 때문에 구름다리에서 떨어졌던 날이 떠올라 웃음 짓는다.

나는 푼수가 되고 싶다

이정희
hee1922@daum.net

생각이 조금 부족한 사람, 분수에 넘치는 사람, 아무 때고 앞에 나서서 설치는 사람을 흔히 푼수라고 말한다. 여성산악회에서 구미 금오산도립공원에 다녀왔다. 12월 중순인데, 금오지(池)를 낀 올레길 둑에 개나리와 진달래가 활짝 피었다. 앞서가는 사람들도 개나리와 진달래를 봤을 텐데, 아무런 말이 없었다. 아마 앞만 보고 가느라고 길섶에 핀 꽃들을 못 본 모양이다. 이 겨울에 개나리와 진달래가 꽃을 피웠으리라고는 상상도 못했을 테니까.

내 눈에 먼저 눈에 띈 꽃은 노란 개나리다. 놀랍고 반가움에 "어머나! 개나리가 피었네."라고 말했다. 뒤따라오던 회원이 내 말을 엿듣고는 '아, 예쁘다'라는 말 대신에 "뭐야! 푼수인가 봐. 봄도 아닌데…." 했다. 앞으로 몇 발자국 더 나아가니, 이번에는 여러 송이의 진달래꽃이 보였다.

나는 계절을 초월해서 핀 꽃을 보는 순간, 무언지 모르는 뜨거운 불덩이가 가슴속에서 일렁였다. 나는 푼수라는 말 대신에 "너희들 참 대단하다. 장하다."라고 속삭였다. 꽃이든 사람이든 상대방을 즐겁고 기쁘게 해준다는 건 정말 대단한 일 아닌가. 지난달에 공지하기를 이번 달 산행 장소는 김천 직지사였다. 아침에 버스를 타고서야 장소가 구미 금오산으로 바뀐 사실을 알았다. 매달 셋째 주 금요일, 여성산악회는 아름다운 산과 둘레길을 걸으며 하루를 즐긴다.

버스 좌석이 여러 개 비어 있었다. 가족이 추운 날씨에 산행은 위험하니 집에 있으라고 말렸는지, 낯익은 얼굴들이 안 보였다. 나 역시 작은아들이 전화로 "산행 안 가시면 안돼요?"라고 말했다. 작은아들은 약속을 해서 참석해야 한다는 내 말에, 땅 속이 얼어서 미끄러울 수도 있으니 아이젠을 꼭 챙기라고 당부했다. 여성 산악회는 회원이 모두 여자이고, 연령은 50대부터 80대이다.

회원들은 개인의 건강과 나이에 알맞게 산행을 하거나 둘레 길을 걷는다. 맞춤 산행이라 크게 부담이 없어 좋다. 금오산도립공원 주차장에서 한 20여 분 걸으면 대혜폭포까지 가는 케이블카를 탈 수 있다. 나는 함께 간 숙이와 케이블카 왕복권을 끊었다. 금오산도립공원 내 계곡에서는 물을 구경할 수 없었다. 대혜폭포도 예외가 아니다. 계속되는 가뭄에 물줄기가 말라서 폭포라는 말이 무색할 정도다. 폭포에서 내려오는 세찬 물소리를 기대했는데 무척 아쉬웠다. 숙이가 사진을 찍어주면서 "여기, 경치가 정말 좋아요." 한다. 콸콸 쏟아지는 폭포수가 있었으면, 경치가 훨씬 더 멋있을 텐데….

금오산은 소백산맥 지맥에 솟은 산으로, 산 전체가 바위로 이루어져 기암절벽에 급경사가 많다. 대혜폭포에서 정상까지 1시간 30분이 더 소요된다는 안내자의 말에, 등산은 포기하기로 했다. 대신 대혜폭포를 배경으로 사진 찍고 주변을 둘러보다가, 케이블카로 내려

가서 금오지 올레길을 걷기로 했다. 산악회에서는 해마다 각종 축제에 맞춰 코스를 정하기 때문에 예전에 갔던 곳을 또 가게 되는 경우도 많다. 경치 좋은 곳은 몇 번을 가도 늘 새롭고, 환호성이 절로 나온다. 산행 때마다 느끼는 일이지만, 우리나라 산천은 언제 어디를 가나 경치가 아름답고 수려하다. 정말 금수강산이다.

올레 길을 걷는 사람들은 대부분이 동네 사람 같아 보였다. 가벼운 옷차림으로 삼삼오오 짝지어 걷는다. 이렇게 아름다운 길을 매일 산책할 수 있는 그들이 부러웠다. 겨울 날씨답지 않게 햇볕이 따스했고, 바람도 불지 않았다. 적당히 시원하고 쾌적한 날씨였다. 집에서 나올 때 옷차림이 내내 신경 쓰였다. 두꺼운 방한복을 입으면 너무 더울 것 같고, 봄·가을용 등산복만 입으면 바람이 속까지 들어와서 감기 걸릴까 걱정되었다. 망설이다가 얇은 바람막이 점퍼를 안에 입고, 겉에 봄·가을용 등산복을 입었다.

숙이는 "내년 봄에 영미, 정아, 친구들 하고 다시 와야겠어요." 한다. "그래, 내년에 다시 오자." 나도 맞장구를 쳤다. 우리 아파트에는 여성산악회 회원이 여섯 명이다. 이 달에는 숙이랑 둘만 참석했다. 산행 장소가 김천 직지사에서 구미 금오산으로 바뀌었다고 미리 공지했더라면, 몇 명은 더 올 수도 있었을 텐데…. 숙이는 가을 단풍도 멋있을 것 같다면서, 가을에도 또 오고 싶다고 말했다. 구미 금오산의 매력에 푹 빠진 것 같았다. 숙이는 오늘 못 온 친구들에게 보여준다면서 계속 사진을 찍었다.

금오지 주변은 말 그대로 한 폭의 그림이다. 산이 있고, 숲이 있고, 역사문화디지털센터가 있다. 개나리와 진달래가 반겨준다. 푼수라는 소리를 들으면서까지 이 겨울에 핀 개나리와 진달래의 속마음을 알 것 같았다. 사람들의 관심과 사랑을 받고 싶었던 것은 아닐까. 개나리와 진달래는 봄이면 으레 피는 꽃이라 크게 대접을 받지 못한다. 담장에 노란 개나리가 피고, 산에 울긋불긋 진달래꽃이 보이면 어느새 봄이 왔구나, 예사롭게 지나치기 십상이다. 그런 개나리와 진달래가, 한겨울에 꽃을 피워 사람들의 시선을 한 몸에 받으면서 귀한 대접까지 받는다. "어머나, 진달래다." "개나리 꽃도 피었네." 사람들은 개나리와 진달래를 폰에 담기 분주했다.

귀하게 대접 받는 개나리, 진달래가 부러웠다. 나도 저 꽃들처럼 뒤늦게 꽃을 피우는 인생을 살 수만 있다면 얼마나 좋을까. 나는 요즘 수필, 시, 시낭송에 이어 소설과 동화까지 넘보고 있다. 공부하느라고 일주일을 하루같이 바쁘게 보내고 있다. 나이로 보면 나는 분명 한겨울에 접어들었다. 그 때문에 공연한 욕심을 부리는 게 아닌가 싶어 슬그머니 주눅이 드는 것도 사실이다. 그러면서도 글밭에만 가면 없던 의욕과 기운이 새삼 솟구친다. 수필이든 시든, 그리고 시낭송이든, 소설과 동화든, 나는 공부하는 것이 좋고, 공부하러 가는 길이 참 즐겁고 행복하다. 이런 나를 보고 이웃과 지인들은 과연 뭐라고 말하는지 궁금할 때가 많다. '푼수'라고 지적하는 사람이 개중에는 없지 않을 것도 같다. 그렇지만 나는….

누가 뭐라고 말하든, 나는 푼수가 되고 싶다.

지랄 총량의 법칙

- 아직 끝나지 않은 이야기 -

이지유
ley1017@daum.net

사랑하는 재윤씨에게

결혼 전에 나의 이상형은 잘생긴 사람은 왠지 부담스러워서 아저씨 같은 스타일을 좋아했어. 쫙 빼입은 양복보다는 점퍼가 잘 어울리는 사람, 내가 왜소한 체격이라 좀 체격이 좋은 사람, 내가 키가 작은 편이라 키가 좀 큰사람, 난 음식을 잘 소화시키지 못하는 편이라 잘 먹고 소화력 좋은 사람이 좋았고, 경제적으로 여유가 있는 사람도 좋지만 그것은 살면서 벌면 된다고 생각했어. 내가 배움에 대한 미련이 남아 있어서 대학을 졸업한 사람이면 좋겠다했지. 얼굴 생김새는 내가 좀 예쁜 편이라(?) 좀 못생겨도 된다고 생각했어. 그때는 지금보다 많이 어려서 그냥 사람만 성실하면 된다고도 생각했던 거 같아.

그런데 살아보니깐 내가 생각하지 못했던 거에서 마찰이 생겼어. 재윤씨와 나의 가치관의 차이였어. 둘 다 틀린 것을 주장하지는 않았지만 서로 바라보는 곳이 다른 것이었어. 아이의 정서를 위해 잘 챙겨줘야 한다는 내 주장과 달리 독립심을 키워줘야 하니깐 챙겨주지 말라는 재윤씨의 주장부터 시작해서 먹는 것을 별로 좋아하지 않아 식재료를 조금씩만 사자고 하는 나의 주장과 먹는 것을 좋아하고 소화력도 뛰어난 재윤씨는 좀 저렴하게 많이 사다 놓자고 하는 주장 등. 좀 우스운 옛날 일이지만 정말 사소한 일로 피터지게 많이도 싸웠지.

현모양처를 실천하려고 했던 것은 아니지만 매번 부딪히는 것이 싫어서, 아이들 보기에도 민망하고 정서에도 좋지 않을 것 같아 어느 날부터 그냥 함구하고 살아온 거 같아. 그래서 본의 아니게 착한 며느리, 착한 아내가 됐지. 밖에서 일하는 사람이 고생이지 집에 있는 사람이 힘들랴, 나도 사회생활 해봐서 알잖아. 그곳은 총알 없는 전쟁터라는 거. 총알은 없다지만 날아오는 총알을 온몸으로 다 받아내려면 몸과 마음이 만신창이가 되는 곳이 직장이라고 하는 사회라는 것을 알기에 묵묵히 자기 뜻을 따라 살아온 지난 20년 세월이었어.

"지유야 저 그릇 어때?" 마침내 내 감정이 벽을 넘어 공격을 시작했어. 반격이 시작된 거야. 평상시에 많이 사용하던 접시와 밥공기가 하루에도 몇 개씩 깨졌어. 급기야 큰 접시에 밥을 퍼 먹던 어느 날, 홈쇼핑에서 유기그릇을 팔고 있었지. 유기그릇은 깨질 염려가 없다고 맘껏 집어 던지라고 웃으면서 얘기하는 재윤씨의 얼굴을 보고 그동안 잘해 주지 못한 시간을 많이 후회하고 있구나 했어. 나중에 함께 하려고 미뤄놓았던 일들, 그 일들을 그때 바로 했어야 했다고 후회하는 표정. 대표적인 게 여행 가기였지. 그때는 내가 언제나 옆에 그대로의 모습으로 있을 줄 알았다고.

사람은 태어나서 평생 동안 떨 지랄의 양이 있대. 어려서 속 썩인 자식이 커서 효도한다는 말이 있잖아. 반면에 어려서 말 잘 듣고 착한 자식은 커서 부모 속 썩인다고 하는 말. 96년도에 결혼했으니깐 20년이 조금 넘었네. 그동안 순하게 살아와서 요즘 들어 내가 좀 과격해 졌나봐. 그동안 지랄을 떨었으면 요즘에 들어 좀 순해지지 않았을까. 건강의 균형이 완전히 깨진 상태에서 살아내려면 또 참아야 하는 현실이 좀 받아들이기 힘들었던 거 같아.

"야! 너 도살장에 끌려가는 소의 심정을 알아?" 아무것도 해줄 수 없음을 알기에 소처럼 눈망울만 껌뻑거리는 자기를 보면서 내지른 말이었어. 사람이 화를 낸다는 것은 자기 뜻대로 될 수 없을 때래. 내가 받는 치료가 공간적이나 시간적으로 제한을 많이 받잖아. 그럼에도 치료를 받지 않으면 안 되는 상황에 화가 나있는 내 자신이 할 수 있는 것은 밥공기를 깨고 앉아서 울며불며 지랄을 떠는 일이었어.

"야! 네가 내 아픔을 이해할 수 있어? 내가 존재해야 하는 이유를 모르겠다고!" 내가 그 무엇이 되어 그 무엇으로 살아가야 한다고 생각하면서 살아온 거 같아. 솔직히 그 무엇이란 아무것도 아닌 그냥 나의 기준치였는데. 난 그냥 보통사람이고 아플 수 있는데 그 모든 것이 되고 싶어 강한 척, 착한 척, 건강한 척, 예쁜 척, 부지런한 척, 배려하는 척, 좋은 아내인 척, 좋은 엄마인 척. 힘들면 힘들다고 얘기하고, 싫으면 싫다고 얘기하고 살면 되는데 그 놈의 뭐인 척 때문에 내 자신을 감추고 살아왔어. 그래서 지난 시간이 후회가 돼. 돌아갈 수 없는 시간이기에 접시를 탁 집어 던지면서 지랄을 떨었지. 그러는 나에게 재윤씨는 내가 다칠까봐 더 걱정을 하면서 바닥에 깨진 접시를 묵묵히 치워줬어.

너무 당황스러웠을 거야. 상상이나 했겠어? 우리 착한 아내가 손에 잡히는 그릇들을 죄다 깨뜨릴 거라고 말이야. 손에서 책을 내려놓지 않는 지성 있는 아내가, 아이들이 말이 안 돼는 것을 우길 때도 절대로 감정에 치우쳐 회초리를 들지 않았던 품위 있는 아내가, 음식 솜씨는 없지만 가족에게 집 밥을 먹이려고 부단히도 애쓰던 가정적인 아내가 두 다리 뻗고 소리소리 질러가면서 앉아서 펑펑 우는 모습을 상상이나 했겠냐고. 얼굴에서 떨어지는 것이 눈물인지 콧물인지 나도 헷갈리더라고.

내가 존재해야 하는 이유는 나는 그 무엇도 아니지만 생각을 바꿔보면 때론 그 무엇이 될 수 있다는 거야. 불치병으로 병의 원인과 치료 방법이 없는 것에 비하면 생명을 이어주는 치료방법이 있고, 나를 보고 웃어주는 아이들의 엄마이고, 나를 제일 사랑해 주는 남편의 아내이고, 내가 해주는 밥이 제일 맛있다고 하는 가족이 있어서 난 그 무엇이 될 수 있는 거야.

내가 처해 있는 환경으로 아주 오랫동안 내가 서 있어야 될 자리에서 흔들리고 있지만, 그 누군가에게 아주 소중한 그 무엇이 될 수 있는 거야. 동정맥루 수술로 혈관이 굵어지고 매일 바늘을 찔러대 가녀린 팔에 상처가 남아 있지만, 그런 것들은 내가 병을 이겨내고 있고, 지금을 견뎌내고 있다는 흔적이겠지.

건강하다는 기준이 좀 애매모호하지? 내가 건강하지 않다고는 하지만 시한부 인생을 살고 있는 사람들에 비하면 건강한 거고, 아파서 일어날 수 없는 사람들에 비하면 건강한 거잖아. 내가 지금 있는 자리가 천국이고 행복이라고 생각한다면 편안한 마음으로 지랄을 덜 떨지 않을까 해.

점퍼가 잘 어울리는 사람과 운동화가 잘 어울리는 내가 만났으니 우리는 천생연분인가 봐. 된장찌개에 고춧가루를 넣어야 된다, 말아야 된다로 시시콜콜 말다툼을 하지만 말다툼 할 수 있는 짝이 있다는 것과 아침에 눈을 떴을 때 또 하루를 주신 것이 얼마나 감사한지. 그 시간이 얼마나 소중하고 값진 시간인지 알아가고 있어. 그 소중한 시간을 재윤씨와 함께 오랫동안 하고 싶다. 나랑 만나줘서 고맙고 나를 다 받아줘서 고마워. 사랑해.

고추장

이진영
ljy3619@daum.net

우리 한국사람 식생활에 빼놓을 수 없는 것이 있다면 간장과 된장 그리고 고추장일 것이다. 오래전에는 집집마다 뒤란 장독대에 신주 모시듯이 모셔놓은 항아리 안에서 매콤하니, 짭짤하니, 은근하니, 맛깔스러운 장들이 도란도란 옛이야기 들려주듯이 익어가고 있었다.

나의 유년에도 양지바른 뜰 한편 장독대에는 몇 대째 내려온다는 크고 작은 독들이 즐비했다. 온갖 장들이 익어가는 그곳은 어찌 보면 신성한 곳이었을 테지만, 내겐 소꿉놀이나 작은오빠와 숨바꼭질을 하기 좋은 놀이터도 되었다. 어머니가 장을 담그거나 햇볕을 받으려고 아침저녁 항아리 뚜껑을 열고 덮는 모양이나, 호박고지나 무말랭이 등을 말리는 것을 지켜보는 흥미로운 장소이기도 했다.

어머니는 나를 가지고 만삭이 되었을 때, 몸을 풀기 전에 고추장을 서둘러 담갔다고 했다. 주로 담그던 찹쌀고추장 대신 떡 고추장을 담고 나를 낳으셨단다. 언제나 내 생일날이 오면 들에서 손수 뜯어온 쑥으로 쑥버무리를 해주면서 그 이야기를 하셨다. 그래서인가 내가 어려서부터 매운 고추장도 잘 먹는다고 했다. 고추장에 밥을 곧잘 비벼 먹는 아이, 감자를 쪄서 먹을 때도 나만 설탕이나 소금 대신 고추장을 찍어 먹었다고 했다.

형제들이 성장해서 출가하고 아버지마저 돌아가셔서 식구가 단출해졌고 장독대도 전만 못한 집으로 이사했다. 그러나 어머니의 장 담그기는 계속되었다. 얼마큼이 필요하기도 했겠지만 살아 있기에, 매해 꼭 해야 하는 의식 같은 것인지도 몰랐다. 나는 그 곁에서 지켜보거나 조금씩 도와드리기도 했는데, 다양한 재료로 만드는 고추장 담그기가 꽤 흥미로웠다. 보리고추장은 보리의 구수한 향이 느껴지고, 밀 고추장은 뒷맛이 달착지근하고, 가세가 넉넉한 집들에서 담갔다는 찹쌀고추장은 차진 맛이 특징이다. 내가 태어날 무렵 담갔다는 떡 고추장은 흰무리와 메줏가루를 섞어서 담근 깊은 맛이 나는 고추장이었다.

전통 장류 중 가장 늦게 우리 식생활에 도입된 고추장은 세계에서 그 유례가 없는 우리 민족이 스스로 일구어낸 독창적이고 고유한 향신 조미료의 하나이다. 이렇듯 고추장은 고추가 유입된 이후에 개발된 우리나라 전통의 식품으로, 조선 후기 이후 식생활 양식에 큰 변화를 가져오게 되었다. 육식보다는 채식 위주의 우리 식생활에서 자극적인 맛이 미각을 돋우는 데 크게 이바지함에 따라 고추장이 다양하게 발전되어 지금에 이르고 있다. 더구나 고추에는 특유의 매운맛 성분이 있고 영양가도 높다고 한다.

도라지를 무칠 때도 간장이나 소금 간으로 볶은 것보다는 생채로 고추장으로 무치는 것이 더 맛깔스럽고, 여름 한철 노각무침을 좋아하는 이유도 새콤한 식초와 어우러진 고추장 맛 때문이다. 잔 멸치

볶음보다 조금 큰 멸치를 고추장에 빨갛게 볶아먹는 걸 좋아하기도 했다. 온갖 채소와 해산물 그리고 고추장을 넣어주는 고추 장떡의 그 매우면서도 구수한 맛은 지친 입맛을 살려주기도 했다. 또한, 밭 가장자리에서 따온 비름나물도 데쳐서 고추장과 참기름 넣고 무치면 얼마나 구미가 당기는지. 온갖 나물을 양푼에 넣고 쓱쓱 비벼 먹는 비빔밥에 고추장이 빠진다면 무슨 맛이 나겠는가. 자신의 맛과 색을 잃지 않으면서도 모든 맛을 다스려 하나로 모아주는 역할까지 하는 것이다.

만물이 긴 겨울잠에서 깨어나는 부산한 계절 봄에, 엄마가 서둘러 고추장을 담그고 날 낳으신 까닭은 무엇일까. 출산 후 한동안 일을 하실 수 없기 때문이기도 했겠지만, 태어날 아기가 매운 혈기를 다스리고 스스로 맛이 되기보다는 누군가의 맛을 돋아주는 고추장 같은 존재가 되라고 그러셨는지도 모르겠다.

하지만 나는 여태껏 엄마의 바람대로 그렇게 살아오지도 못하고 부끄럽게 나이만 먹었다. 그러나 앞으로 살아가야 할 길지 않은 시간 속에서라도 내 삶을 얼큰하게 버무려, 지친 입맛 확 살리는 고추장 같은 글 한 편 쓰고 싶다는 바람은 놓지 않고 있다.

유토피아

이한재
hanjae44@daum.net

크게 넓지도 또 깊지도 않은 강. 그래도 세차게 흐르는 물이, 중간중간의 바위에 부딪히며 하얗게 번뜩인다. 그 강을 수천 마리의 누(gnu)가 건너고 있다. 저편에서 첨벙첨벙 뛰어드는 놈, 물속에서 허우적대는 놈, 건너와 잠깐 숨을 고른 후 다시 달려가는 놈들로 강이 부산하다.

갑자기 비명소리와 함께 몇 마리가 물속에서 쓰러진다. 강가에서도 다른 몇 마리가 발버둥 치며 죽어간다. 그래도 어느 한 마리도 돌아보지 않는다. TV 다큐멘터리 '동물의 왕국'에 나오는 한 장면이다.

죽는 순간 누는 무엇을 생각했을까? 자기의 죽음도 못 본 체 달려가는 동료를? 아니면 자기들을 습격한 악어나 사자 같은 맹수를? 그도 아니면 한 번 보지도 못했지만, 본능적으로 믿고 달려가는 그 목적지, 마르지 않는 물웅덩이가 있다는 세렝게티 초원을?

다른 한 장면. 시나이반도의 거친 광야를 일단의 무리가 걷고 있다. 성경에 나오는 출 애굽의 한 장면이다. 장정만 40만 명이고 남녀노소 다 합하면 200만이 넘는 대이동이다. 등짐을 지기도 하고,

가축을 끌기도 하며 낮에는 덥고, 밤에는 추운 이 광야를, 하염없이 걷는 저들의 머릿속에는 무엇이 들었을까?

모세의 인도를 받아 가나안 복지를 찾는 이스라엘 민족. 그들은 늙은 부모나 어린아이 또는 다른 가족들의 죽음을 지켜보며 40년을 방황하고 있다. 아픔과 슬픔과 괴로움을 달랠 새도 없이, 오직 젖과 꿀이 흐른다는 그 땅을 향해 무거운 발을 옮기고 있다. 이름은 달라도 그곳이 유토피아라고 믿었을 것이다. 그런데 과연 그랬던가?

또 다른 한 장면. 어느 봄날 오후. 정장(正裝)의 한 남자가 다른 남자와 악수를 하고는 가벼운 미소와 함께 자리를 떠난다. 남은 남자는 무거운 표정으로 손들어 배웅한다. 1년 임기의 공직자 임무 교대 순간이다.

오후 4시, 종이 울리면 밭에서 일하던 자도 창고에서 물건을 쌓는 자도 사무실에서 장부를 만지던 자도 일제히 손을 놓고 일어선다. 하루 몫인 6시간 일이 끝나는 순간이다. 그리고 저녁 6시, 공동주택의 식당에 사람들이 모여들자. 왁자지껄 분위기 속에 맥주잔 부딪히는 소리가 시끄럽다.

16세기 영국 작가 토마스 모어가 말하는 유토피아에서의 삶의 모습이다. 그곳의 공직자는 임기가 1년이고, 전 국민이 똑 같이 일하고 같이 생활하니 권력자도 부자도 있을 수 없다. 절대 평등이 이루어진 나라다. 언뜻 생각하면 참 이상적이다. 그러나 과연 그럴까?

사람이 누와 싸운다면 어떻게 될까? 2m 넘는 키에 뿔을 앞세우고 네 발로 버티고 선 누를 1:1로는 이기지 못한다. 하지만, 집단과 집단의 싸움은 다르다. 조직을 이루어 일제히 고함치고, 물러서고, 또 집중 돌파하는 사람이 당연히 이긴다. 정글에서도 공룡시대에도 살아남은 비결이다.

반면 조직된 사회에는 반드시 계급이 생긴다. 어떤 사람은 지시만 하고, 다른 사람은 피를 흘리며 싸워야 하니 평등이 있을 수 없다. 토머스 모어가 생각하는 유토피아란 이런 계층조차 없는 사회이리라.

그런데 아이러니하게도 사람들은 평등한 사회에서 똑같이 사는 것을 원치 않는다. 나만 해도 '남만큼 한다.'는 말보다 '남보다 잘한다.'는 말을 듣기 원한다. 남들도 마찬가지 아닐까?

또 약할 땐 힘을 합쳐 사회를 이루었지만, 이젠 그 사회도 벗어나려 한다. 오늘날 결혼을 원치 않는 사람이 많고, '혼밥' '혼술'을 즐기는 자도 많은 것이 그 예(例)라 하겠다. 특히 젊은이들은 어울려 살기보다는 혼자 살면서 자기가 제일 뛰어나고, 제일 예쁘다고 인정받으려 한다.

이들은 게임 같은 가상공간에서라도 영웅이 되기를 꿈꾼다. 간섭 없는 비좁은 공간에서 라면으로 끼니를 때우는 한이 있어도, 이런 삶에 빠져드는 자가 점점 늘어난다. 이것을 유토피아라고 생각하는가 보다.

유토피아란 무엇인가? 누는 물과 풀이 풍요한 곳을, 이스라엘 민족은 젖과 꿀이 흐르는 땅을, 토마스 모어는 인간이 평등하게 사는 곳을, 그리고 지금의 젊은이들은 자기의 꿈을 채워주는 곳을 유토피아라 생각하는 것 같다. 과연 그런가?

사전(辭典)은 유토피아를 이상향(理想鄕), 낙원(樂園)이라고 설명하지만, 본래 유토피아는 '이 세상에 없다.'라는 의미였다. 그러나 누구라도 그 존재를 믿을 때는 힘을 얻는다. 누는 1천km 이상 달릴 힘을, 이스라엘 민족은 40년을 견뎌낼 힘을 얻었다. 단순한 믿음만으로.

그렇다. 눈에 보이진 않지만, 유토피아는 있다. 다만 찾아야 할 대상이 아니라, 만들어야 할 대상이다. 선현(先賢)들이 총을, 차를, 항생제 등을 만들어 안전한 삶을 이룬 것처럼 우리도 이제는 갈등이 전혀 없는 살기 좋은 세상을 만들어야 할 것이다.

눈에 보이지 않더라도 그 존재를 믿고 그 힘을 얻어 더 노력한다면, 보다 살기 좋은 세상, 유토피아가 스스로 모습을 드러내지 않을까?

공주님과 천사님

임병미
rea91@daum.net

저녁을 준비하다 잠시 베란다 창으로 보이는 차량행렬을 바라봅니다. 아직 일터에서 돌아오지 않은 아들과 딸을 기다리며 공주님과 천사님도 자주 바라봤어요. 길가의 가로수 등불이 꽃처럼 피어나고, 차량의 헤드라이트가 불 밝히며 오가는 모습을 보며 천사님이 마치 꽃이 피어난 것 같다하면 공주님도 맞장구를 치셨다지요.

'정말 꽃처럼 예쁘다'며 바라보다, 가스레인지에서 끓고 있던 된장국이 넘쳐나는 소리에 화들짝 놀라 불을 줄입니다. 그리곤 아직 부엌 한쪽에 우두커니 서있는 작은 식탁을 바라봅니다. 소파에 앉으면 혼자 일어설 수 없는 공주님을 위해 준비한, 작은 바퀴가 있어 끌고 다닐 수 있는 작은 식탁에 천사님이 식사준비를 합니다. 냉장고 한켠에 준비되어 있는 반찬 서너 가지와 찌개도 따뜻하게 데워 그릇에 담습니다. 공주님이 다소곳이 앉아 기다리는 곳으로 식탁을 끌고 온 천사님이 맞은편에 의자를 펴고 겸상을 합니다. 이것저것 권하며 다정하게 식사를 마치면 설거지 또한 천사님 몫이지요. 공주님은 미안한 마음을 담아 고맙다는 인사를 합니다. 식사를 마친 작은 식탁은 가끔 민화투를 하기 위한 화투판으로 변신하기도 합니다. 몇 년 전만해도 화투를 나눌 줄 몰라 그냥 높다랗게 쌓아놓고 한 장씩 넘기며 짝을 맞추더니 이번엔 제대로 된 화투를 합니다. 아마도 지난겨울 경로당을 열심히 다닌 천사님이 배워 오신 듯합니다.

저녁준비가 끝났는데도, 퇴근 후 친구를 잠시 만나고 온다던 남편은 오지 않고 밖은 어둠으로 가득하네요. 가만히 소파 등받이에 기대고 앉아 있습니다.

퇴근한 아들이 돌아오고, 조금 더 늦은 시간이 되어 딸도 돌아오자 집안이 떠들썩해집니다. 천사님과 공주님은 하루 일들을 이야기하고 늦은 간식도 조금 먹으며 행복해합니다. 그러다보면 열한시가 훌쩍 넘는 시간이 되고, 아들과 딸은 밤이 깊었으니 이제 그만 주무시라고 합니다. 하지만 천사님과 공주님은 주무실 생각이 전혀 없습니다. 천사님과 공주님은 낮잠을 안 잤다고 이야기하시지만 아마도 간간이 낮잠을 즐겼을 것입니다. 오후 다섯 시, 공주님 저녁식사 시간인지라 천사님도 함께 드셨을 테고, 아들과 딸이 돌아오기를 기다리는 동안 초저녁잠을 자고도 남을 시간이지요. 그러니 자정이 가까워도 "잠이 안와." 하시지요. 그렇지만 내일이면 또다시 출근해야 될 아들과 딸을 생각해서 할 수 없이, 천사님은 서울에서 공부하고 있는 큰손주방으로, 공주님은 사위의 부축을 받아 군대에 간 둘째 외손주 방으로 가면서 거실에 불이 꺼집니다.

아시겠나요?

공주님은 40대 초반에 뇌졸중으로 오른쪽 팔과 다리가 불편한 친정엄마이고 천사님은 친정엄마보다 한 살 위 시어머님이랍니다. 친정엄마는 몸이 불편하기에 어디서든 누군가의 도움이 필요해서 공주님, 시어머님은 사돈과 함께 계실 때면 늘 사돈의 수족이 되어 주셔서, 마음이 천사처럼 착하다 하여 천사님이랍니다. 공주님은 가끔 "천사님과 함께 살고 싶다."고 말할 정도로 사이가 좋은 두 어머님이 어느 해 여름, 저희 집에 계셨을 때 이야기랍니다.

오랜 친구를 만나고 들어오는 남편 얼굴이 슬픈 홍조를 띱니다. 시어머님이 이 세상 소풍 끝내고 돌아가신 지 아직 반년이 채 지나지 않았기에 친구와 어머님 이야기를 나누었을 것이고, 그리움과 아픈 마음을 술로 달랬겠지요. 공주님은 큰아들 집에 계시다 넘어져 거동을 못하시게 된 후, 성당에서 운영하는 요양원에서 생활하고 계십니다. 이제, 공주님은 너무 연로해서 천사님이 하늘집으로 돌아가신 줄도 모르고 아기가 되어 간답니다. 시어머님을 시아버님과 함께 합장하여 드리던 날, 남편은 그래도 '어머니'라 부를 수 있는 장모님이 있어 괜찮다 하였어요. 공주님도 곰살 맞은 사위를 누구보다 좋아한답니다. 남편이 "어머니~" 하고 포옥 안아드리면, 공주님은 예전 천사님한테 한 것 마냥 함박꽃 같은 웃음으로 화답하지요.

먼 훗날….

하늘집에서 천사님과 공주님이 다시 만날 때 천사님은 착하고 환한 마음으로 공주님을 맞이해주겠지요? 그곳에서 천사님과 공주님, 아프지 않고 서로 의지하며 예쁘게 사셨으면 좋겠습니다.

노래한다 錦繡江山

- 探 京畿五嶽 紺岳山 逸話(탐 경기오악 감악산 일화) -

任奉壎

imbhoon@daum.net

다사다난(多事多難)한 경자년(庚子年)도 반년이 흘러가고 있다. 맑은 아침 햇살을 뒤로하고 경의선(京義線)에 몸을 실었다. 기적(奇蹟)의 나라 3만 불 시대의 열차는 시원하게 달린다. 선후착(先後着)한 문호(文豪)들은 문산역(汶山驛)을 뒤로하고 마지리(馬智里)골 일화(逸話)를 찾아간다. 감악산(紺嶽山) 적성(積城) 일원이다.

야영(野營)족 물놀이 계곡이다. 물 흐르는 소리와 장단을 맞추어 본다. 대자연을 만끽한다. 경복(庚伏)이 가까워서인가. 습한 협곡(峽谷)의 땀방울은 옷을 적신다. 목련화, 진달래꽃이 화사하던 봄날이 아쉬워진다. 무덥다. 등골에 소낙비가 내려도 소란스러운 서울광장보다는 천국이 아닐까.

코로나19라는 '狂疾(광질)'은 지구를 흔들고 있다. 천명(天命)인가. 생존(生存)투쟁(鬪爭)과 무질서(無秩序)의 亂世이다. 인륜(人倫)은 사라지고 피곤한 세월이다. 광장(廣場)은 법치(法治)와 통치(統治)라는 정국열기(政局熱氣)로 양립정쟁(兩立政爭)하니 선민(善民)들은 힘들어한다. 갈 곳이 없다고 한다. 더우면 그늘을 찾았고 물가를 찾아갔었다. 피서(避

暑)? 명산대천(名山大川)이 기다리고 있다.

檀紀四三五三(서기2020)年 六月二十七日이다. 사적(史蹟) 숭의전(崇義殿)과 경순왕사(敬順王事)가 있는 명소(名所)가 눈 아래에서 그리게 한다. 해발(海拔) 675m의 감악산(紺岳山)중턱에 수정봉(水晶峯)이 있다. 계령(溪嶺)이 조화(調和)를 이룬다. 울울창창(鬱鬱蒼蒼)한 골짜기는 고요를 깨트린다. 교향곡(交響曲)이라 할까. 뜬 구름과 함께 스쳐간 지난 이야기를 들려준다. 엮어온 그림자는 나라의 역사(歷史)요 미래의 자산(資産)이다.

감악산(紺岳山)이란 어떤 곳일까? 파주시 적성면(積城面)과 연천군(連川郡)과 양주군(楊州郡)이 지경(地境)을 이루고 있다. 임진강(臨津江)은 한탄강(漢灘江)과 합수하여 중하류(中, 下流)를 형성(形成)한다. 강하(江河)의 원천(源泉)으로서 고대(古代) 당(唐)나라장수 설인귀(薛仁貴)의 속설(俗說)이 전한다. 신라 사람들은 제사를 지냈고 일설은 글안군(契丹軍)이 장단(長湍)에 이르니 감악산 기슭에 대군이 움직이는 것처럼 보여 접근을 포기하였다 한다. 설인귀 굴, 설인귀 장군 신(將軍神), 감악 신사(紺岳神祀)가 있었다. 나라에서 향축(香祝)하던 사당(祠堂)이 있었고 임진강을 끼고 있는 큰 산이다.

이곳에 칠중성(七重城). 중성(重城). 나나성(那那城). 토함성(吐含城). 아미성(峨嵋城) 등 고호(古號)가 전한다. 육계토성지(六溪土城址)와 구석기사적(舊石器史蹟)이 있고 마지리(馬智里)에는 六二五參戰國(참전국)인 영국군(英國軍) 전적비(戰蹟碑)가 있다. 나라의 사적(史蹟)이요 소중한 우리의 역사이다.

그곳에 청학동이 있다. 연안 이문(李門)의 백만 평 종산(宗山)으로,

연봉공(蓮峯公) 일화를 살필 수 있는 묘원(墓園)이다. 을사사화 때 사헌부(司憲府) 掌令(장령)으로 정도(定道)를 지키다가 피화 자가 된다. 언침(彦忱: 1507~1547)이다. 독자효행(獨子孝行)으로 정려(旌閭)가 내려졌다. 을사명신(乙巳名臣) 정원(鄭源)의 독녀를 배위(配位)로 삼아 合祔(합부)한 곳이다. 정려를 하사 받은 절부(節婦)이다.

청학동(靑鶴洞) 주봉(主峯)인 수정봉(水晶峰) 중턱에서 땀을 닦는다. 보이는 것은 하늘과 땅, 江山이다. 장관(壯觀)이다. 임진강 고랑포(高浪浦). 도라(都羅)산. 멀리는 개성박연폭포(開城朴淵瀑布). 금강산구룡폭포(九龍瀑布). 백두대간이 아련하다. 높고 낮은 봉우리들이 이어지고 아우른다. 동천(洞天)이 따로 없다. 피세(避世)의 경지(境地)이다.

절경은 숨을 고르게 한다. 우리의 뜻글 심오한 문자는 유혹을 한다. '한글+한자(漢子)문화' 민족(民族)이다. 금수강산을 노래하게 한다. 이것이 동이(東夷)의 기상(紀常)이요 지혜로운 기마민족(騎馬民族)의 강의성(剛毅性)이 아닐까. 검푸른 상하(常夏)의 열기는 山高水長의 깨달음과 가르침이다. 지난날과 미래를 뒤돌아보게 하는 하루였다.

험로(險路)를 함께한 中觀 崔權興 선생(院長), 甲皐 洪永杓 박사, 梧南 李鍾寬 변호사, 安一堂 李元熙, 浴川 崔章鎬, 又仁 慶佑秀, 抒淺 趙京彙, 魯山堂 全香阿, 佳山 任奉壎 등 正會員과 準會員, 그리고 문중(門中)의 李종억 선생 외 다수는 더위와 오르막 비탈길을 극복등반(登攀) 하였다. 이마와 등에 흐르는 땀방울 하나하나는 필경(筆耕)의 결실되리다. 특히 1931年生인 필자는 여력(膂力)에 자위를 하는 기회가 되었다. 자료에 의한 강론과 문중에서 제공한 도움에 감사드린다. 많은 것을 배웠고 깨닫게 한 학술탐방이었다. 다음과 같이 위대한 '한글과 漢字(韓字)문화'를 七言律詩에 담아 읊고 노래한다.

蓮峰公墓

지은이 佳山 任奉壎
곳 京畿道 坡州市 積城面 馬知里
때 檀紀 4353(2020)年 6月 27日

古說登龍紺岳刪 登龍門의 옛 이야기처럼 紺嶽山을 刪潤 하는데
悅親孝烈易書艱 어버이 마음 즐겁게 한 孝烈은 易書가 어렵구나!
數多故宅旌閭特 옛 부터 數多한 家風에 나타난 旌閭가 특별하였고
百萬宗園墓穴爛 百萬坪의 宗中 동산에서 墓穴이 빛나고 있도다.
正位家邦恩愛管 가정과 나라의位階 바로잡아 恩愛를 管掌 함이니
均衡掌令善行頒 均衡처리 한 掌令의 선행을 널리 펴고 알리고 있다.
水天一碧晶峰照 물과 하늘이 한결 같이 푸르러 水晶峰을 비추는데
鶴洞騷人弄月翾 두루미 골에는 騷客들이 달을 희롱하고 날고 있네!

*註 : 逸話(잃을 일. 즐길 일. 편안 일. 숨을 일. 놓을 일)~世上에 널리 알려지지 아니한 이야기. 登龍(登龍門)~黃河上流의 물길이 샌 곳으로 잉어가 거기에 올라가면 龍이 된다고 이르므로 立身出世하는 곳으로 比喩(비유)함. 紺岳山(감악산)~해발 675m. 경기도 五嶽(오악)의 하나. 파주시 積城(적성)면에 있음. 筆耕(필경)~글씨를 쓰는 일을 직업으로 삼음(筆削: 필삭). 刪改(산개. 改刪)~쓸 때 없는 글자나 글귀를 깎아 내어 고침. 孝烈(효열)~孝子와 烈女(어버이를 잘 섬김과 절개를 굳게 지킴). "※1). 易書(역서)~平易(평이)하게 글쓰기. 점(占)에 관한 일을 기록한 책. 글을 바꾸어 쓰기. 2).德行(덕행)~어질고 두터운 행실. 3).德操(덕조)~끝까지 지켜서 변하지 않는 節操(절조)~(節槪와 지조). 4).德操(덕행과 절조). 槪(개)~平木(평목). 평미레 개. 평미레질하다." 艱~어려울 간(쉽지 않음. 平易하지 않음.) 어렵게 여길 간. 괴로울 간. 家品(가품)~한 집안의 風習(풍습). 家風(가풍). 旌閭(정려. 旌門)~忠臣. 孝子. 熱女 등을 表彰(표창)하기 위하여 그 집 앞에 세운 붉은 문. 紅門(홍문). 墓穴(묘혈)~무덤. 묘소가 있는 곳. 位階(위계)~벼슬의 등급. 家邦~집과 나라. 恩愛~은혜와 사랑. 管(관)~관관 맡을 관(主管 함. 處理 함). 均衡(균형)~어느 편에 기울지 않고 고름. 頒~나눌 반. 頒布하다. 頒布~널리 펴서 알게 함. 掌令~일을 맡아 처리하는 벼슬. 맡은 일을 주관 管掌 함. 水晶峰~紺岳山 蓮峯으로 青鶴洞과 溪谷 瀑布 등 山水갖춘 百萬坪 絶景에 延安李門의 掌令公派 墓園이 있다. 照~비칠 조(빛남: 日月得天 而能久照. 빛을 보냄). 吟聲~詩歌 읊는 소리. 詩歌~시와 노래. 弄月~달을 보고 즐김. 翾~빙 돌아 날환(새가 빙빙 돌며 낢). 鶴洞~青鶴洞. 儒賢으로 乙巳士禍의 被禍者를 지칭 한 隱居地로 古事(說)인 鶴鳴九皐聲聞于天을 연상하게 함이다. 즉, 鶴이 깊숙한 못가에서 울어도 그 소리는 하늘까지 들린다는 뜻으로 君子는 깊숙하게 숨어 있어도 名聲은 自然히 世上에 높이 드러남을 이름.

꽃바라기

임양자
yo404@naver.com

오늘도 자루를 옆에 끼고 밭엘 간다. 깻잎도 따고, 강냉이도 따고, 풋고추도 따서 담아오기 위해서다. 아니 하나가 더 있다. 손이 아닌 눈으로 따서 담는 것, 해바라기꽃이다. 오직 태양 하나만을 우러르며 밤이나 낮이나 올곧은 열정을 불사르는 그 '뜨거운 마음'을 담아오기 위해서다.

몇 해 전이다. 가까이 지내는 지인 한 분이 해바라기씨 몇 알을 편지 봉투에 담아 주었다. 집에 넓은 뜰이 있으니 심어놓고 여름내 가을 내 밝은 꽃을 보라고 하지만 나는 관상수들 좁은 틈새에 그를 심을 수가 없어서 가까이에 있는 우리 집 밭두렁 밑에다 듬성듬성 묻어 놓았다. 그랬더니 기적처럼 하늘로 솟아오른 여남은 그루의 키다리에서 열, 스물, 노란 꽃이 피어났다. 이글이글 불타는 뜨거운 눈동자들, 태양을 그리다 태양빛으로 물이든 그 간절한 바람이 부러워서 아니 고마워서 나도 그 마음 따서 담으려는 '꽃바라기'가 되어 버렸다.

햇살이 살며시 다가와 해바라기 꽃잎목걸이를 더욱 빛나게 해준다. 키 큰 해바라기는 햇살에게 손짓을 하면 고맙다고 환한 미소를 보낸다.

중남미가 본향이라는 나그네였지만 지금은 우리네로 귀화한 우리 꽃이다. 진데 마른 데를 가리지 않고, 척박한 곳에서도 뿌리내려 건강하게 자라는 식용이나 약재로도 두루 쓰이는 효자식품이다. 나와는 우연히 맺어진 인연이지만 그 효용성 때문이기보다는 오로지 태양 하나만을 그리며 기다리며 연정을 불사르는 그 '한마음'이 귀하고도 존경스러워 먹을거리처럼 정성들여 심고 거둔다.

거둔다기보다는 대부분 그냥 제자리다. 한두 가지는 씨를 털지 않고 꺾어다가 마른 병에 꽂아놓고 관상하지만 날짐승 길짐승의 먹이로 남겨둔다. 여름내 가으내 자연으로 받은 은혜에 비하면, 아니 해바라기의 崇(숭)墓(묘) 정신에 비하면 아무것도 아닌 작은 마음이지만….

하얀 뜰깨꽃과 노란 해바라기꽃 같이 어울려져서 밭을 환하게 해준다. 내 마음도 같이 즐거워진다.

햇살이 살며시 다가와 해바라기 꽃잎 목걸이를 더욱 빛나게 해준다. 키 큰 해바라기는 햇살에게 손짓을 하면 고맙다고 환한 미소를 보낸다.

그래서 오늘도 나는 들깻잎을 따다가도 해바라기를, 강냉이와 풋고추를 따다가도, 그 '한마음' 만을 우러러본다. 꽃바라기를 한다.

은영 엄마 이야기

임익홍
ihlim125@daum.net

지난여름의 일이다. 저녁 식사를 마치고 자리에서 일어나려고 하는데, 며늘아기가 롤 케이크를 잘라 내놓으며 먹어보라고 한다. 내가 케이크를 잘 먹지 않는다는 것을 알기에 "은영 엄마가 사온 것이에요. 드셔보세요." 하는 말을 덧붙였다. "아니, 은영이네가 서울로 다시 올라온 거니?" 하고 물으며 자리에 앉았다.

"그런 게 아니라 방학이라 친정에 다니러 왔다가 제 생각이 나서 들렀다고 해요." 하며 웃는다. "은영 엄마하고 네가 어떻게 해서 그렇게 친해진 거니?" 하고 되물으면서 은영 엄마의 이야기가 풀려나왔다.

은영 엄마가 남편의 직장이 있는 지방으로 내려간 것이 5, 6년은 넘을 성싶다. 아이들을 서울에서 키워 보고 싶어서 친정집 가까운 곳에 집을 얻어 떨어져 살고 있었는데, 남편이 주말이면 서울로 올라 다니는 것을 너무 힘들어 해서 하는 수 없이 내려갔다고 한다.

나는 은영 엄마에 대해서 잘 알고 있지 못했지만, 그녀의 인상은 머리에 깊이 박혀 있었다. 그녀는 주일날 교중미사에 아이들을 데리고 성당에 나왔는데, 성당 앞 건널목 신호등에서 자주 만났다. 당시에 나는 사목협의회 임원으로 활동하고 있었기 때문에 교우들을 많이 알고 있었고, 교우들도 나를 아는 사람들이 많았다. 그녀는 키가 아주 작았다. 초등학교 4학년 정도의 은영이보다 작아 보였다. 둘째 아들을 유모차에 태워 끌고 나왔는데, 유모차 높이나 키 높이나 비슷했다.

신호등이 바뀌기를 기다리는 동안, 은영이가 무엇인가 쫑알대면, 그녀가 웃으며 대답하던 모습이 아주 인상적이었다. 은영이는 자기 엄마가 키가 작다는 것에 대해 별 상관을 하지 않고, 쾌활해 보였다. 은영 엄마 역시 그랬다. 모녀의 다정한 모습이 내 머리에 깊이 새겨져 있었다.

며늘아기는 자기와 은영 엄마가 친하게 지내게 된 것에 대해서도 이야기 했다. 며늘아기는 아내가 세상을 떠나고 얼마 되지 않아 아들과 결혼을 해서 집으로 들어왔고, 다음해에 손녀를 낳았다. 이어서 2년 터울로 손자를 가졌는데, 주일 미사에 빠지면 안 된다고 해서 무거운 몸에 손녀를 안고 힘들게 성당에 나갔다고 한다. 며늘아기에게는 말 붙일 만한 친구도 없었는데, 유아방에서 자기에게 다정하게 말을 걸어 준 사람이 은영 엄마였고 별다른 친구가 없었던 둘은 이야기를 나누며 가까워졌다.

그렇게 한 2년 언니, 동생처럼 지내다가 은영 엄마가 지방으로 내려갔다. 그리고 연락이 없이 잊고 지내고 있었다. 그런 은영 엄마가 6년여 만에 며늘아기를 찾아왔다. 너무 반가웠고, 할 말이 많았는데, 며늘아기보다 은영 엄마가 더 할 말이 많았다고 한다. 지방으로 내려가 오래되지 않아 어려운 일이 생겼는데, 바로 딸 은영의 문제였다. 은영이는 얼굴도 예뻤지만 공부도 잘 했고 말씨도 고왔다. 아이들은 은영이가 서울말을 하는 것을 싫어했고, 예쁜 데에다가 공부도 잘 하는 것이 미웠다. 학급 아이들은 드디어 은영이를 따돌리기 시작했다. 이른바 왕따를 시킨 것이다. 은영이가 학교에 가는 것을 힘들어 하더니 드디어 짜증을 내고 학교에 가지 않으려고 하였다. 담임선생을 찾아가 상담을 하고 달래 보았지만 소용이 없었다.

하는 수 없어 은영이를 다른 학교로 전학을 시켰다. 그래도 별로 달라져 보이지 않았지만, 초등학교를 마치고 중학교에 진학을 했다. 여기에서도 은영이의 마음이 풀리지 않아 학교에 다니는 것을 여전히 힘들어했다. 답답한 심정은 이루 말할 수 없었고, 수시로 학교를 찾아가 상담을 하며 아이를 돌보아야 했다. 지성이면 감천이라고 드디어 은영이의 마음이 풀리고 공부도 열심히 하는 모습을 보였다. 그리고 이제는 고등학교에 진학을 해서 학교에 잘 다니고, 공부도 잘 하고 있다는 것이다.

뿐만 아니라, 은영이 문제를 상담하러 다니며 스스로 상담 관련 공부를 열심히 하였는데, 자신이 생겨 상담교사 자격시험을 보아 합격을 했다. 그리고 특수학교 상담교사로 취직을 해서 근무하고 있다고 한다. 벌써 2년이 되어 마음의 여유가 생겼단다. 그래서 오랜만에 친정집에 다니러 오게 되었고, 힘들게 성당에 나오던 며늘아기가 생각이 나서 찾아왔다는 것이다.

며늘아기가 케이크를 먹어 보라고 하며 자기도 한 조각 집어 입에 넣었다. 유모차를 밀고 성당에 가며 은영이와 이야기를 나누던 모녀의 모습이 떠올랐다. 이제 은영이도 대학 진학을 위해 공부에 여념이 없을 것이다. 곱게 커서 좋은 대학에 진학할 것이 틀림없을 것이다. 예쁜 은영이와 어려움을 이겨내도록 갖은 애를 썼을 은영 엄마에게 행복이 가득하기를 빌었다.

낡은 바지, 그 헐렁하고 덤덤한

장병선
byungsunchang@gmail.com

입을 옷이 마땅찮을 때 손이 가는 바지 하나가 있다. 그 옷은 내가 뉴올리언스무역관 근무 때 집에서 막 입으려고 산, 모 60%, 견 40%의 체크무늬 바지다. 뒷주머니에 'PGA' 마크가 표시된 쇠단추가 달려 있고, 앞부분 허리띠 고리에도 사각형의 쇠붙이 라벨이 달린 걸 보면 골프바지이지 싶다.

미국프로골프인협회(PGA)의 라벨을 앞뒤로 달고 있으니 자신만만하게 만든 옷이란 느낌이 든다. 1979년 백화점 세일에서 샀으니 어느덧 40년간 나와 같이 살아온 정든 허드레옷이다. 파란 잔디를 밟는 골퍼가 입어야 할 바지를 내가 함부로 대하는 것 같아, 늘 미안한 생각이다. 신분을 격하하여 바깥나들이나 집안의 작업복으로 입으니.

가까운 슈퍼에 쇼핑하러 갈 때, 비가 추적추적 내리는 날 동네 다방에 친구를 만나러 나갈 때, 자투리 시간에 가까운 공원이나 마을 주위를 한 바퀴 돌 때, 집에서 청소하거나 거실에서 티브이를 볼 때….

그 바지를 옷장에서 꺼내 입는다. 품도 헐렁하고 바짓가랑이도 넓어, 때 지난 패션이나 그 바지를 입으면 마음이 편안하다. 그도 그럴 것이 갑자기 내리는 가랑비를 맞아도, 옷에 구김이 좀 생겨도 그리 신경 쓰지 않는다. 공원을 산책할 때 먼지 묻은 나무 의자에 앉아도 거리낌이 없다. 집에 돌아와 그 먼지를 툴툴 털고 그냥 옷걸이에 걸어도 아무런 불평 없이 다음 기회를 기다려주는 듯하다.

은근히 외출을 바라는 바지다. 왜 그렇지 않겠는가. 허구한 날 캄캄한 옷장에 갇혀 산다. 습기에 얼룩이 지고 곰팡이가 피기도 할 텐데…. 때때로 바깥바람을 쐬고, 내 체온도 올 올에 품을 수 있었기에 오랜 세월 동안 제 체모를 지켜오지 싶다.

그러니 상생(相生)이다. 이국에서 우연히 만났지만, 하나의 인연이다. 내가 그를 애용하는 건 때가 타지 않고 보드라운 질감이 마음에 든다. 단색이 아니고 파랑, 노랑, 갈색의 실이 가로세로로 짜여 싫증이 나지 않는다. 유행이나 디자인과 상관없는 덤덤함이 이 바지를 40년이나 즐겨 입게 한 이유이다. 바지통이 몸에 딱 붙는 요즘의 패션 물결에도 불구하고 시간을 역주행하는 통 큰 넉넉함이다.

그 '헐렁하고 덤덤함'이 바지뿐이겠는가. 어디 그런 이가 없을까? 이 바지같이 마음이 여유롭고 덤덤한 사람. 심심할 때 약속 없이 찾아가도 환한 웃음으로 반겨주는 사람, 만나면 그저 마음이 편안하고, 까다롭지 않아 허물없이 대화할 수 있는 헐렁한 사람. 상대만이 아니다. 나 또한, 이 '낡은 바지' 같은 늙은이로 살았으면 좋겠다. 그 헐렁하고 덤덤한.

너는 시집을 잘 가서

장순월
suam-jang@daum.net

노란 은행잎이 늦가을 바람에 우수수 떨어지던 날. 오랜만에 고향에 사는 중학교 동창한테서 전화가 왔다. 잘 있었냐는 인사보다 앞서 다짜고짜로 "너는 시집을 잘 가서 오늘날 이렇게 활동하고 있구나." 하는 말로 첫마디를 시작했다. 이왕이면 '열심히 사는 모습이 보기 좋구나.' 했더라면 은행잎보다 훨씬 더 아름다웠을 텐데….

올해는(2011년) 달력을 만들어 지인들에게 새해 인사 겸 안부를 전했다. 열두 점 문인화를 계절별로 그려서 이 친구에게도 보냈더니 고맙다는 인사로 전화를 한 것이다. 시집 잘 가고 못 가는 것이 우리 시대 여인의 생애에 큰 영향을 미쳤을 것이다. 그러나 60중반 나이가 되어서도 '인생의 행불행이나 성공 여부가 온전히 그 영향 때문 만일까?' 생각해본다.

그 친구는 서울에서 모 여고를 다녔다. 어쩌다 방학 때 만나보면 얼굴도 하얗고 교복도 너무 세련되어 멋스러워 보였다. 할아버지께서 한의사였기에 경제적으로도 넉넉한 집안이었다. 꿈이 많았던 소녀 시절 벌레 먹은 복숭아를 먹으면 예뻐진다는 말에 복숭아를 골라

따서 캄캄한 밤에 산으로 올라가 벌레와 함께 먹던 기억이며 백합처럼 향기롭고 하얀 피부를 닮고 싶어 백합화를 한 다발 안고 산으로 들로 다녔던 추억들이 그 친구와 통화 하면서 떠올랐다. 얼굴도 작고 예쁘며 몸매도 늘씬했던 그 친구가 때론 부러웠었다.

각자가 가정에 충실하면서 소식이 이어지지는 않았지만, 바람결에 이따금 소식은 들려오곤 했다. 중학교 다닐 때 북쪽으로 통학하던 여학생 여섯 명 중 세 명은 이미 이 세상 사람이 아니고 세 명만 남았는데 그중에 한 명이 이 친구다. 여학교를 졸업하고 고향으로 내려가 그곳에서 지금까지 살고 있다. 다정하고 그리움이 많았던 고향에서 푸른 향기 맡으며 사는 그 친구는 달력에 실려 있는 내 사진을 보며 행복해 보인다는 것이다. 여학교 다닐 때 내가 부러웠듯이….

그때의 추억과 아름다운 생각들이 모여져 문인화 그릴 때 창작이 조금은 내 가슴에 담겨진다. 붓끝을 이용해 손으로 그리지만, 눈으로 보고 머리로 생각하며 손으로 그리게 된다. 나는 늙어 뒤틀린 매화 고목을 매우 좋아하여 고목에 피는 꽃 맑은 향기 전하는 매화를 보면 생명의 환희를 매화에서 느끼기 때문이다. 매화는 일생을 춥게 살아도 그 향기를 팔지 않는다. 추위와 눈보라를 두려워하지 않으며 어김없이 봄을 꽃으로 밝혀준다. 가지 않은 길은 상상만 해도 아름답게 느껴지지만, 그 길도 걷다 보면 가시밭길이 아니라고 누가 말하겠는가? '一切唯心造(일체유심조)'라는 어떤 명문처럼 모든 것은 마음먹기 달렸다고 생각한다.

한강 공원을 산책할 때 바람 불면 시원해서 행복하고 물 위에 비친 검은 구름이 출렁이는 모습에서 또한 아름다워 행복이 피어오른다. 기계처럼 빠르게 돌아가는 세파에 현기증이 나다가도 보고 싶은 친구가 있다면 또 행복하다. 시집을 잘 가 서울에서 활동하며 살기 때문에 행복한 것은 아니라고 말하고 싶다. 곁에는 그림 그리고 서예를 하는 동호인들이 있고 그들과 오래도록 함께할 수 있어 외롭지 않을 것이란 생각에 기쁘다. 젊은 날부터 붓을 놓지 않고 불철주야 붓과 함께한 세월 이제는 붓이 친구가 되어 동행하는 삶이 되었다. 내 손놀림에 순종을 잘해주는 붓이 고맙다. 붓은 나를 새로운 세계로 나래를 펼 수 있도록 길을 열어 주기도 한다.

한 인간으로 태어나 자기에게 주어진 커다란 가능성, 또 그 과제를 성취하는 일, 다시 태어나도 하고 싶은 일이 나에게는 먹을 가는 일이다. 오랫동안 먹을 가노라면 보이지 않는 빛과 사랑 희망과 봉사 집념과 희생을 묵향은 가르쳐 준다. 그래서 또 먹을 갈게 된다.

연말이 되면 좋은 인연으로 만났던 모든 이들에게 어떤 선물을 보낼까 생각하다가 열두 점의 그림을 그리고 그림에 알맞은 화제를 써넣어 달력을 만들어 지인들에게 보냈더니 받아보는 분마다 기뻐했다. 문인화 공부하는 우리 회원들이 너무 좋아했고 선생님 문인화 도록이라 자료가 된다고 더욱 좋아했다. 아이들 키우면서 공부하느라 잠도 줄여가며 노력했지만 학연후 지부족(學硏後 知不族)라는 말처럼 갈수록 부족함이 많음을 느낀다.

졸업이 없는 예술과 학문이기에 만족하지 않더라도 앞으로 남은 세월 시서화(詩書畵)를 계속할 것이다. 오동나무는 천년 동안 가락을 지니고 있어 가야금을 만든다고 한다. 천년 동안 가락을 지니지는 못해도 푸른 정신 맑은 마음은 변치 않고 살려고 노력할 것이다. 매화처럼 고목에 꽃 한 송이 피워 향기 뿌리며 시집 잘 가 잘 사는 얘기 그 친구와 나눌 것이다.

삶의 재조명

전병훈
gochon@korea.ac.kr

인생살이가 어렵다는 것은 동서고금을 통한 인류의 보편적인 인식이다. 삶을 통상 '인생'이라 표기하는 동양이나, '인생은 B와 D사이의 C'라 한 서양의 실존철학자 사르트르(Jean Paul Sartre)는 공히 인생의 어려움을 설파한다.

삶이 인생(人生)이란 무엇을 뜻하는가. 인간은 비록 홀로 태어났으나 인생길만은 결코 혼자서는 갈 수 없는 함께 걸어가야 한다는 태생적인 운명을 타고난 사회적 동물임을 직시한 것인가 한다. 삶은 마치 소가 외나무다리를 건너가듯 (남녀)두 사람이 조심조심 함께 걸어 가야한다는 어려움을 형상화한 것이리라. 현세의 괴로움이 깊고 끝없음을 바다에 비유하여 불교에서는 고해(苦海)라고 까지 하고 있지 않던가. 얼마나 어려운 삶인가. 나는 어려서 망자를 마지막 배웅하는 상여가 외나무다리를 건너가는 아찔한 광경 앞에서 애간장을 태우며 가슴 졸이곤 했다. 혼자 걷기에도 아슬아슬 진땀이 나던 외나무다리 위를 이십여 명이 함께 운구하는 상여꾼들이 잘도 건너간다. 사람살이는 살아서도, 죽어서도 외나무다리 위를 걷는다는 것,

즉 '인생은 외나무 길에서 시작하여 외나무 길에서 끝난다.'는 것을 깨친 것은 오랜 그 후이었다.

인생은 태어나서(Birth) 죽을 때까지(Death)의 선택(Choice)이라는 인식 역시 삶을 어려움, 즉 의사결정(Decision Making)의 어려움으로 표현하고 있다. 인생은 선택이다. 인간사는 의사결정의 과정이요 그 결과이다. 누구나 항상 합리적인 의사결정을 하려고 노력한다. 하나 완벽한 합리성을 실현하기는 불가능하다. 동일한 사안을 해결하는 방법은 유일무이한 것이 아니다. 하나를 선택하면 다른 방법들은 모두 포기하게 된다. 해서 모든 선택에는 포기하는 대안의 효용만큼의 기회비용(opportunity cost) 희생을 감내해야 한다. 또한 모든 선택에는 시간적인 제약이 따르고, 모든 이용 가능한 정보의 확보가 불가능하다. 특정한 주관적 조건 속에서 가능한 모든 선택대안(alternatives)에 따른 기회비용과 선택한 방법의 결과를 객관적으로 정확히 계산하는 것 또한 불가능하다.

삶의 환경은 계속하여 변전(變轉)한다. 보람 있는 삶을 성취하기 위해서는 환경변화에 순응해 나아가야 한다. 변화를 선택한다는 것은 지금까지 누려온 확실성(certainty)을 포기하고 미래의 불확실성(uncertainty)을 수용하겠다는 결단이다. 선택에는 갈등이 따른다. 인간은 생래적으로 안정을 선호한다. 위험에 대처하는 인간의 행태는 각양각색이다. 크게 볼 때 동서양에 따라 사고방식에는 근본적인 차이가 있다. 서양적 사고에서는 실증적 사고방식이 강하여 그들의 행동은 증명이나 철학적 논리적 증명에 근거하는 성향이 짙다. 이에 반하여 동양적 사고방식은 경험을 바탕으로 형성된 공동 의식적 사고방식을 띤다. 일반적으로 동양은 음이고, 서양은 양이라고 본다. 자유와 평화를 음과 양으로 나누어 보면, 자유를 양의 속성을 가진 것으로, 평화를 음의 속성을 가진 것으로 볼 수 있다. 자유는 개척을 추구하고, 평화는 안정을 추구하므로 동양인은 자유와 개척보다는 평화와 안정을 추구하는 경향이 강하다고 볼 수 있겠다.

어느 누구에게도 부모와 안태본(安胎本)은 자기 선택사항이 아니다. 출생의 시공 또한 마찬가지다. 인생은 생로병사의 순환과정이다. '초대하지 않았어도 인생은 저 세상으로부터 찾아왔고, 허락하지 않아도 이 세상으로부터 떠나간다. 찾아왔던 것처럼 떠나가는데, 거기에 무슨 탄식이 있을 수 있으랴.(부처님 말씀, 「본생담」)' 오고 싶어 오고, 가고 싶다고 가는 길이 아니기에 지나치게 기뻐하거나 슬퍼할 것이 아니다. 출생이 자연의 신비이듯, 죽음 또한 자연의 섭리이다. 사람에게는 각자의 타고난 운명이 있다. 프리드릭 니체(Friedrich Nietzsche)에 따르면 이를 긍정하고 받아드리며 사랑하는 것이 인간 본래의 창조성을 키울 수 있다는 것이다. 이것이 바로 그가 주장하는 '운명에 대한 사랑', 즉 '아모르 파티(amor fati)'[1)]의 핵심이다.

고대 그리스어인 헬라어에서는 삶의 의미를 세 가지로 구분한다. 생물학적인 신진대사를 의미하는 몸이 활동할 수 있게 하는 모든 움

---

1) 운명에 대한 사랑을 뜻한다. 라틴어로 '사랑'을 뜻하는 아모르(Amor)와 '운명'을 뜻하는 파티(Fati)의 합성어다. 독일 철학자 프리드리히 니체가 저서 『즐거운 지식(Die fröhliche Wissenschaft)』 등에서 언급한 개념이다. 운명애(運命愛)라고 번역한다. 영어로는 'Love of Fate'라 한다. 인간의 삶에 대한 태도를 설명하는 용어로 니체의 운명관과 관련이 깊다.

직임을 '푸쉬케'로, 몸의 신진대사를 위한 의식주를 추구하는 것을 '비오스'로 그리고 사랑이나 미움의 표현으로 영적인 삶을 추구하는 다른 사람과의 관계를 형성해 가는 활동을 '죠에'로 표현한다. 푸쉬케와 비오스의 삶은 자신의 생존을 지키는 것이요, 죠에의 삶은 이웃과의 사랑의 관계를 만들어 나가는 것이다. 생존은 삶의 수단이요 행복한 삶이 인생의 목표가 되어야 한다. 선대의 사람들은 전쟁과 가난과 배고픔 속에서 생존하는 것 자체가 너무 절박해서 사랑이니 낭만이니 하는 말들이 너무 사치스럽게 들리는 시대를 살아오면서 생존을 위한 호구지책(means of living)이 중요한 위치를 차지해 왔다. 이제 우리는 생존보다 삶의 질을 충족시켜야 하는 시대에 살고 있다. 더구나 인간의 보다 큰 행복은 사랑하는 인간관계 속에서 실현될 수 있는 만큼 죠에의 삶이 추구되어야 하겠다. 삶은 관계의 미학이다. 사람과 사람사이의 조화다. 공자도 '지나침은 모자람과 같다(過猶不及)'고 중도의 균형을 제안하지 않았는가. 삶에는 균형 감각이 요체이다.

삶은 사람이 태어나서 죽음에 이르는 동안 사는 일 또는 사람이 일상적으로 살아가는 모습이나 살아 존재하는 현상, 유기체의 고유한 특성으로서 철학적 사유의 대상이 되기도 한다. 인생살이는 사람이 세상을 살아가는 일이며 보람 있는 삶을 누리기 위해서는 사는 동안 끊임없이 자신의 가치관과 자신의 삶의 의미에 대해서 고민하고 사색해야 한다. 에토스에 눈을 뜨고, 생명체로서 그리고 인간으로서 의미를 느낄 수 있는 삶을 모색해야 한다. 삶에는 노동이 필수적으로 따른다. 그러나 일을 하는 것은 단지 우리의 존재를 유지하기 위한 것이다. 인생이란 마라톤 경기와 닮았으며, 잠깐으로 끝나는 단기 활동이 아니기 때문에 삶의 일상에는 요즘 유행되는 사회적 풍조인 워라밸(work and life balance)이 초미의 관심사로 부상된다. 한데, 자본주의가 성숙함에 따라 인간 소외와 인간성 상실의 심화, 삶의 치열한 경쟁 등의 부작용에 노정되면서 현대인들은 어느 순간부터 인생의 목적과 수단이 뒤바뀐 각박한 삶을 살고 있는 성싶다. 인도의 옛 현자들의 지혜인 『우파니샤드』에서는 이러한 혼동을 주의하라고 경고한다. "외적인 세상이 전부라고 생각하는 사람은 영혼의 어둠 속에 빠진다. 내면세계만을 실재라고 생각하는 사람은 더 깊은 어둠 속에 떨어진다. 외적인 세상만을 전부라고 생각하는 사람은 행위의 길을 간다. 내면세계만을 실재라고 생각하는 사람은 지혜의 길을 간다. 그러나 행위와 지혜, 이 두 길을 결합하여 조화를 이루는 사람은 행위를 통해 죽음의 바다를 건너고 지혜를 통해 불멸에 이른다."[2]

우리는 불멸을 통해 나아가기 위해 사는 것도 아니며, 더욱이 일만을 하기 위해서 사는 것도 아니다. 일은 삶의 수단일 지언정 삶의 보람일 수는 없다. 해서 일을 삶의 보람으로 삼는 삶을 살아서는 안 되겠다. 각자는 개성과 다양성이 인정되는 자기의 색깔과 주장이 살

2) 『우파니샤드』 정창영 편역, 무지개다리너머, pp.217~218, 2016. 세계사상전집 제51권 『우파니샤드』는 세계에서 가장 오래된 힌두교 경전인 베다를 설명한 인도 철학서이다. 인도의 정통 브라만철학의 연원으로서, 그 뒤의 철학.종교사상의 근간이 된다. 『우파니샤드』라는 이름의 문헌은 이제까지 100여 종이 알려져 있으며, 일찍이 기원전 1000~600년 크게 활약했던 힌두교 스승들과 성자들의 사상이 담겼다. 『우파니샤드』는 『베다』 경전의 끝부분에 속하므로 이에 기반을 둔 가르침들을 '베다의 결론.극치(베단타)'라고 부른다.

아 있는 진정으로 원하는 일을 하면서 예술의 즐거움을 누릴 때 보다 행복한 삶이 보증되리라 본다. 인간의 꿈과 이상에 대한 욕구를 충족시켜 주는 것은 오직 예술이다.[3] 우리가 존재하는 시간과 공간, 그 모든 궤적이 바로 삶이다. 사람이 살아가는 의미를 느끼는 것은 결코 가치 있는 일을 이루어서가 아니라 마음과 몸이 다양한 일을 경험하고 행복을 느낌으로써 실현된다. 진정한 자신은 밖에 있는 것이 아니라 자신의 내면에 있는 마음과 몸을 중심으로 한 생명체로서 자연스러운 본연의 모습으로 돌아옴으로써 달성된다.

삶을 '인생'이라 보는 동양적 사고의 정서적 해석이나 'B와 D사이의 C'라는 서구적 사고의 실용주의적 해석이나 인생살이의 어려움의 포착임은 공통사항이다. 인생길은 함께 가는 길이요 고행의 길이다. 사랑하는 사람과 함께라면 아무리 험난하고 먼 길이라도 가깝게 느껴지며 쉬 넘어 가는 것은 '사랑의 거리 계산법'의 효과가 있기 때문이다. 사랑이 있는 삶이면 외나무다리도 거뜬히 넘을 수 있다. 동양에서 태어나든 서양에서 태어나든 인간은 다 같이 삶을 누린다. 일장춘몽과도 같은 생로병사의 과정을 겪기는 마찬가지이다. 단지 어떤 사고를 하느냐에 차이가 있을 뿐이다. 예컨대, 오늘의 문명사회를 비웃듯 벌거벗고 유유자적 원시인의 삶의 자유(?)를 만끽하는 오지인의 행복지수가 최첨단 문명국의 사람들이 누리는 초호화판의 호사보다 더 높을 수 있다. 갠지스 강에서 성스러운 죽음을 맞고 육신의 뼛가루를 강물에 흘려보내며 새로운 세상을 꿈꾸는 인도인들에게

---

3) 『프레드릭』 레오 리오니, 최순희 옮김, 시공사, 2016.

죽음은 결코 슬픔이 아니지 않은 가. 사람살이의 고통은 인간의 끝없는 욕망에서 비롯됨이 일찍이 성인군자나 종교적 해석이다. 또한 '술 취한 자가 외나무다리를 더 잘 건넌다.'는 속설은 '마음의 집중', 즉 인생살이에는 언제나 깨어있는 맑은 정신의 집중이 필수불가결함을 웅변한다. 일찍이 주자(朱子)는 '한 가지 일에 정신을 다 쏟으면 세상에 안 되는 일이 없다.'라며 정신집중의 마력을 크게 강조한 바 있다. 백세 시대 삶의 보람 있는 유종의 미를 거두기 위해서는 오늘의 웰빙(well-being)이 내일의 웰다잉(well-dying)으로 차질 없이 연계(連繫)되어야 하리라. 해서 우리 모두는 가족과 친지들과 누려온 원만한 소통과 관계유지로 고독하고 초라한 삶의 마무리가 아닌 몸과 영혼이 안락한 죽음을 맞기를 소망하는 것인가 한다. 행여 인간의 최후의 탐욕이 아닐는지, 죽음 앞에서도 공수래공수거를 쾌히 수용하지 못하는 인간의 나약한 한계점의 표출일 테지. 인간만사 일체유심조(一切唯心造)이다. 생각하기 나름이요 마음에서 비롯된다. 사랑이 함께하는 길이라면 어려운 길도 쉬이 넘을 수 있을 터, 결국 '삶은 마음 다스림'이다. 삶에 대한 긍정적 사고와 사랑이 인생길의 열쇠인가 한다.

5.

세미원에서

여름의 끝에 서서

정상복
josb1221@naver.com

우리 집 베란다에는 50여 개의 화분이 발 디딜 틈 없이 빼곡히 들어 차 있다. 꽃과 나무를 좋아하는 아내 덕분이다. 하지만 올해에는 심겨진 화초들의 생육이 지지부진하다. “왜 이러지, 밖엔 햇살도 가득하고 날씨도 따뜻한 데도 꽃이 더디 피지.” 물을 주다 말고 아내가 중얼거리는 말소리가 내 귀에 들린다. 나도 모르게 입가에서는 웃음이 피어난다.

아내가 그 이유를 알 리가 없다. 겨울철 난동현상으로 꽃들이 더디 피는 이유를, 꽃을 피우는 화초들은 겨울을 지나는 동안 저온이 충족되어야만 휴면타파가 된다. 그런 후에 싹이 트고, 꽃대가 자라나 꽃을 피우게 된다. 물론, 저온충족 요구는 식물의 종마다 다르다. 이러한 현상은 필요충분조건처럼 작용하여 아파트의 따뜻한 온기로 보호를 받은 화초들이 오히려 온도가 낮은 바깥에서 자란 화초보다도 꽃이 더디 피고 튼실하게 자라지 못하는 이유다.

초등학교 시절부터 우리나라의 기후는 4계절이 뚜렷한 온대몬순기후라고 배웠다. 요즘 들어선 계절 감각이 점점 무디어져 가게 하는 것 같다. 봄과 가을은 점점 짧아져 가고, 겨울은 겨울답지 않게 매섭게 추운 날씨가 적다. 해서인지 여름 한철만이 더 길어진 듯하다. 여름 또한 햇볕이 쨍쨍 내리쬐어 땀을 줄줄 흘리게 하는 날씨가 아닌 그저 흐릿하고 습기가 많아 무덥게만 느껴지는 날씨인 것 같다.

무엇 때문에 기후변화가 일어나는 것일까! 그 원인에 대해서 자연생태학자들은 우리 인간들의 무분별한 개발에 의한 자연 파괴의 현상이 가속화되기 때문이라고 한다. 그 원인이 우리 인간의 삶의 방식에 있다고 한다. 편리함과 빠름의 상징인 자동차의 증가와 과소비를 조장하는 소비 형태, 개발이란 미명 아래 세계 곳곳에서 자행된 산림파괴는 온실가스배출(이산화탄소)에 의한 환경정화 능력을 넘어섰고, 북극의 만년설을 녹아내려 해수면 상승과 기온상승을 촉발시킨 것에서 그 원인을 찾고 있다.

길어지는 여름, 더위를 잘 타는 나에게는 반가울 수 없는 기후현상이다. 어린 시절, 나는 여름에 연례행사처럼 땀띠가 나서 괴로움을 겪었다. 다른 아이들에 비해서 유독 땀띠가 심하게 났다. 땀띠의 간지럼 때문에 밤새 긁적거리다가 겨우 잠들곤 했다. 더욱이 왕 땀띠라도 솟구치면 화농이 생겨 곪기가 일쑤였다. 화농을 제거하기 하기 위해서 날카로운 가시로 구멍을 내어 힘껏 짜내어야만 했다. 나는 그 아픔도 두려웠지만, 힘센 어른에게 결박당한 체 아픔의 순간을 기다리는 그 두려움이 더 컸던 것 같다.

유년시절에 가장 힘들어 했던 여름이지만, 요즘 들어선 뜨거운 정열이 있고 만물이 생장의 계절이기에 마냥 싫지는 않다. 여름은 에너지가 넘치는 계절이다. 열기가 충만하기에 모든 생명체의 활동이

왕성한 계절이다. 강렬한 태양 볕 아래 연두 빛 잎들은 초록색으로 짙푸르러 가고, 몸집과 가지와 키를 키운다. 대기는 코를 씩씩거리듯이 열기를 뿜어댄다. 먹구름은 천둥, 번개, 벼락을 동반하고, 장대비를 몰고 와서는 산과 강과 들판을 휘덮고, 요동을 쳐 대지를 적셔준다.

비 개인 뒤 여름의 숲속을 들어가 보면, 질펵하고 축축한 숲속엔 생동하는 생명체들의 활발한 움직임이 넘쳐난다. 향긋하기도, 비릿하기도 한 숲속 특유의 냄새가 가득하다. 큰 나무는 큰 나무대로, 작은 나무는 작은 나무대로, 풀꽃들은 풀꽃대로, 작은 미생물에서부터 야생짐승에 이르기까지 숲속에서 살고 있는 수많은 생명체들이 한데 어울려 그들만의 빛깔과 윤기와 냄새를 내 뿜으며 생명의 열기를 발산한다. 뜨거운 열기만큼이나 생명의 숭고함과 경외감이 서려있다.

우리에게 주어진 봄, 여름, 가을 그리고 겨울, 사계절의 순환은 축복인 동시에 우리의 사유의 폭을 넓혀주었던 것은 아닐까. 봄은 꿈꾸는 유·소년기, 여름은 힘과 정열이 넘치는 청년기, 가을은 만물이 익어가는 고운 빛깔의 장년기, 겨울은 고요와 침묵, 즉 천명을 기다리는 노년기의 시간은 아닐까. 요즘 들어서는 어느 계절이 좋은가는 분별되지 않는다. 그 계절마다의 변화 속에 역할을 하고 있기 때문이다.

해서, 우리 인간의 삶은 홀로서기가 아닌, 자연계와 더불어 공존과 상생의 삶을 누리고 있다는 사실을 깊이 성찰해야 할 것 같다. 우리의 삶이 편리함에 젖고, 안락함에 취해 더 이상 절제하지 않는 삶이 지속된다면, 자연계의 눈물과 재앙이 되어 언제인가는 우리 인간에게도 돌이킬 수 없는 고통의 순간이 올 수도 있기 때문이다. 여름이 계절의 끝에 서 있다. 긴 장마로 인해서 비록 참기 어렵고 지내기 어려운 계절이라고 할지라도 이 계절만이 그 뜨거운 열기 속에 우리에게 일용할 곡식이 자라고, 열매를 키워내어 풍성함을 이루는 초석이기 되기 때문은 아닐까.

아! 그 어느 때보다 짙은 먹구름이 우리 곁에서 머무르고 있다. 봄부터 시작된 코로나19의 악성바이러스는 삶과 죽음을 넘나들며, 그동안 익숙한 사회 공동체의 법과 질서, 규범과 행동을 뒤흔들고 있다. 어찌하면 이겨낼 수 있을까. 백신과 치료제가 개발되면 우리 곁에서 서서히 물러날 것이다. 그러나 우리 인간의 삶이 건전한 방식으로 바뀌어 지지 않는다면 또 다른 형태의 바이러스, 또 다른 재앙이 우리 곁에 찾아들지는 않을까.

능소화 핀 그 길에는

정영기
sheendo.chung@gmail.com

오월, 초여름의 열기를 따라 능소화가 핀다. 능소화는 개화기가 길다. 한 송이가 피어서 스무 날도 가지만, 연달아 피는 것이 9월을 넘긴 늦여름까지도 간다. 능소화는 정원에 많이 심지만 야생에서도 드문 꽃은 아니다. 담장을 타고 오르기도 하지만 대개는 오래 묵은 나무 등걸 같은 지지대에 줄기에서 생긴 곁뿌리가 활착해 자신을 지탱하며 자란다.

먼 데서 한 떼의 자전거 행렬이 달려온다. 오가는 사람이 많지 않은 강변길에 은륜을 반짝이며 다가온다. 앞서 걷는 사람을 피하느라 속도가 잠시 늦어졌다가 이내 빨라진다. 혼자 자전거를 타는 나는 가끔 이런 대열의 꽁무니를 한참 따라 가기도 한다. 대열의 앞뒤로 주고받는 신호나 말들이 나와는 아무 상관없다. 그저 따라가다가 갈림길에서 나는 다른 길을 택한다. 갈림길 사이 아까시 숲 근처 흐르는 물에는 이 길에 익숙한 하얀 물새가 자전거를 가만히 바라볼 때도 있다. 어제 일이다. 꽃이 시들고 잎이 무성한 아까시 숲 아래, 높이 오르지 못한 능소화 몇 송이가 땅에 닿을 듯 얼굴을 내밀고 있었다.

아까시 숲은 싱그럽고 짙기는 하나, 능소화가 타고 오르기엔 적합하지 않다. 햇살을 좋아하는 능소화로서는 짙은 숲 그늘에 가려 일조량이 충분치 못해 줄기나 이파리가 제대로 자라지 못한다. 덤불숲같이 짙은 숲은 밖으로는 풍성해 보이나, 스스로 만든 그늘 막 때문에 음지가 되어, 속은 어둡고 비어 있다. 붙잡을 지지대가 있어도 덤불에 가린 능소화는 제대로 자라지 못한다. 그래서 야생의 능소화는 줄기가 무릎 높이 아래에서 옆으로 비스듬히 휘어져 햇빛을 찾아 뻗은 채, 낮은 위치에서 꽃을 내밀고 있는 것이다.

스스로는 높이 오르지 못하는 능소화의 야생은 저것이 나름의 생태지만, 꽃은 크고 아름답다. 온화하나 짙은 꽃빛은 맑은 은판 위에 반짝임 없이 타는 노을 같을까. 꽃잎은 두꺼워서 꽃 목이 꺾여서 땅에 떨어져서도 쉽게 마르지 않고 꽃의 형상과 다사로운 꽃빛을 오래 유지한다. 꽃잎의 표면에 흐르는 점액(粘液)질의 수액이 내부 수분의 증발을 오래도록 차단하는 탓도 있을 것이다.

야생의 어느 꽃이 능소화만 하던가! 일그러진 능소화 한 송이를 가슴 주머니에 꽂고 비를 맞으며 달려온 친구의 말이다. 무너지는 담장 흙에 휘둘려 꽃은 다 떨어지고, 상처 난 이파리만 드문드문 붙어 있는, 거칠고 뻣뻣한 능소화 줄기를 다발로 묶어 자전거에 싣고 온 친구의 격앙된 탄성이었다. 예찬 같이 들리기도 했지만, 나의 느낌은 탄식이었다. 무너진 담벼락 흙더미에서 추려낸 것이었다.

그가 추려다 다시 심어 놓고, 꽃이 한 번 피고는 그는 곧 먼 나라로 떠났다. 노을처럼 진한 황등빛 그 능소화는 길게 드리운 가지 끝에 다채로운 그 빛깔 그대로 다시 피었을까? 아마 그렇지 못할지 모른다. 곁뿌리 활착을 위한 등걸을 적절한 시기에 보살펴 세워줄 이가 없는 빈 집이 되었기 때문이다. 혹시 완전한 야생의 모습으로 누운 줄기에 봉오리가 맺혀, 그제처럼 강한 비에 튕겨진 흙먼지를 쓴 채 지는 노을 속에 묻혀들고 있을지.

무심히 따라간 갈림길에서, 뜻밖에 마주친 덤불숲 사이 야생의 능소화를 바라보며 추억의 산책길을 돌아올 때, 나의 머릿속에 그려지는 꽃의 모습은 어느새 갈림길 물 위에 떠 있고, 꽃에 집중한 나의 시선에서는 착시가 일어난다. 파문이 일지 않는 수면 위에 고요히 흐르는 꽃을 따라 나의 시선은 함께 흐르고, 주변을 기웃거리다가 가만히 떠 있던 물새는 꽃과 나와는 반대인 역류로 흐른다.

돌연히 굵은 소나기가 쏟아졌다. 길바닥을 때리듯 세차게 퍼붓고는 한참 만에 멈추었다. 잠시 후 갈라지는 구름 틈새로 햇볕이 예리하게 비추는 눈부신 갈림길에 홀연히 능소화 한 송이가 굴러와 있었다. 소나기에 섞여 불던 돌풍에 꺾여 밀려온 것이리라. 비에 씻긴 꽃의 표면이 유난히 반짝인다. 먼 주행을 마치고 돌아오는 자전거 대열이 갈 때와 같이 조용히 다가와서는 갈림길을 지나가고 있었다.

나는 그네들의 꽁무니를 따라가지 않았다. 지나가는 몇 번의 자전거 바퀴에 으깨진 붉은 능소화 꽃송이가 작은 파편으로 부서져 핏자국처럼 흩어지고 있었다. 옆으로 비켜 세워놓은 내 자전거의 은륜에서도 붉은 꽃빛이 부서지고 있었다.

고향 그리워

정윤수
ksofp@daum.net

1960년대 초 이전에 나의 고향은 초롱불 켜고 생활하던 피난처 같은 두메산골이었다. 그래서인지 여름밤이면 집 앞 연못가에서 '맹꽁이' 짝 찾느라 울부짖는 소리가 애처로워 잠 못 이루었고, 낮이면 몸자태도 아름답고 짖어대는 소리도 우아한 '꾀꼬리' 잡는다고 산자락을 헤매며 뛰어다녔다.

마을 한가운데로 맑은 물 흐르는 실개천에서 여름이면 마을 아이들과 벌거벗고 미역을 감았으며, 장마철이면 그 개울에 어데서인지 메기와 붕어떼가 많이 몰려왔다. 기회를 놓칠세라 작은 그물이나 큰 체를 들고 이리저리 뛰어다니면서, 고기 잡던 철부지 어린 시절이 지금도 아련히 떠오르게 된다. 비가 많이 오는 날이면 장난꾸러기 녀석들과 어울려 댓뜰높은집 행랑채 앞에서, 누구 오줌발이 제일 멀리 나가는지 시합을 하자면서 얼굴이 새빨갛게 변할 정도로 방광(膀胱)에 힘을 주며 짓궂게 장난치던 그 시절 그 순간이 새삼 그리워지게 되는 것은 어인 일인가?

초등학교 6학년 시절에 '연극'에 관해 보고들은 기억을 살려, 내가 대본을 써서 마을 또래 아이들과 여러 날 밤마다 맹연습을 했다.

추석날 달 밝은 밤에 마을 사람들을 관객으로 모시고, 마을회관 앞에서 농악으로 흥을 돋우며 공연을 하여 박수갈채를 받던 시절과 그 고향이 마냥 그리워진다. 덧없이 흘러간 세월에 휩싸여 다시 되돌아 올 수 없는 나의 몸과 마음은, 어느새 노년기를 향해 줄달음치고 있다.

요즘 가끔 찾아가보는 고향은 낯선 사람들이 많아서인지, 내가 머릿속에 그리던 아늑하고 인정미가 넘치는 어린 시절의 정서적 분위기가 전혀 아니기에 왠지 마음이 서먹서먹하다. 어려서 함께 뛰어 놀던 그리운 친구들은 뿔뿔이 흩어져 소식조차 알 수 없기에 속절없는 세월의 허무감을 느끼게 된다.

개중에는 이미 세상을 떠난 친구도 있고, 머나먼 국내 지방이나 혹은, 외국으로 이민을 가서 사는 친구도 있다.

뒷동산에 심겨 있던 큼직한 밤나무들은 이미 베어져 없어지고, 주택이나 사당(祠堂)이 지어져 있다. 마을 앞산의 작은 소나무는 몰라보게 굵고 높이 자라서, 그동안 세월이 많이 흘러갔음을 귀띔해주는 듯했다. 겨울철만 빼놓고 일 년 내내 '그네줄'이 매달려 있던, 커다란 아름드리 느티나무도 어디론가 자취를 감추어 버렸다.

마을 중앙으로 경부고속도로가 개설돼서, 수많은 각종 차량들이 괴성을 지르며, 밤낮없이 줄이어 달리고 있다. 바쁘다는 이유로 조상님들의 영혼이 묻혀 있는 선영(先塋)에 성묘(省墓)도 제대로 못하고 있으므로 후회스러운 삶을 살아왔다. 집안에 막내아들로 태어나 사랑을 듬뿍 받고 자란 터에 다정다감하신 어머님이 돌아가실 무렵,

나는 박사논문 심사받는 중이라는 이유로 슬퍼할 겨를도 없었다.

이제 와서 효도를 하고자 한들 어버이는 기다리지 않는다.(子欲養而 親不待: 자욕양이 친불대)라는 만고의 진리가 새삼 나의 마음속에 애절히 사무쳐 오는 것이다. 그런 까닭에 부끄러워 나의 자녀와 제자들에게 감히 효행(孝行)을 가르칠 용기가 나질 않으니 애달프기 그지없다.

'고향'이라는 단어는 언제 들어도 마음 설레게 하는 것은, 사람이 나이가 들게 되면 귀소(歸巢)심리가 절로 생겨나는가보다. 바닷고기인 '연어'는 산란기가 되면 자신이 태어난 강물을 따라, 상류의 물이 얕은 곳까지 기를 쓰며 거슬러 올라가 알을 낳고, 기진맥진해서 마침내 자신의 일생을 마치게 된다. 고향땅도 자신이 태어난 지방 또는 조상 대대로 이어 살아온 '고장'이 있는가 하면, 고향을 떠나 타관에서 정들어 오래 살게 되면 그곳을 제2의 고향이라고 한다.

내가 태어나 자란 경기도 '평택'이 고향이라면 우리 문중(門中)의 발상지로 '테마파크'가 있고 그 주변에 나의 송덕비(頌德碑)가 세워져 있는 경북 영주지방도 정서적으로 고향이라는 생각에서 찾아가고 있다.

설이나 추석명절엔 고향 찾아가는 차량이 도로마다 장사진을 이루고, 해외동포들은 한복 곱게 차려입고 친지들과 향수(鄕愁)를 달래고 있다니 흐뭇한 일이다. 또한 북한 실향민들은 고향 산하(山河)와 조상님 및 가족들을 그리워하며 '통일전망대'에서 제례(祭禮)를 올리고, 결혼이민 온 사람들이 고향 그리워 명절 때면 눈물 흘리는 애틋한 심경을 헤아려 보게 된다.

현실적으로 나의 인생은 번잡한 삶의 덫에 걸려, 생활이라는 시장터에서 방황하고 있다. 동심의 세계가 펼쳐졌던 천진난만의 어린 시절 고향 모습이 아련하게 구름처럼 쌓여 파도처럼 밀려온다.

미국의 초대 대통령이었던 '워싱턴'은 "나를 부디 내 고향으로 데려다 주시게나, 나는 남부에서 태어나 그곳에서 일했으며, 남부에서 죽고 싶다."면서 남부에 묻어 달라는 글을 남겼다.

어린 시절 아름다운 꿈이 서린 고향을 추억하고 그리워하는 심경은 비단 나만이 품게 되는 게 아니리라!

오늘도 내 고향의 실개천 맑은 물은 정든 땅 떠나기 싫다 종알대며 흘러가고 있겠지….

누드 촬영장에서

조순배
sun-bea@daum.net

실내 누드촬영장이다.

강당 전등이 꺼지고 무대 한 가운데 조명이 켜지자, 이곳에 모인 사람들이 모두 무대를 향한다. 한 남자가 무대 뒤에서 천천히 걸어 나온다. 중키의 남자는 알몸에 가면을 썼는데, 그의 몸은 여자처럼 부드러워 보인다. 가면을 써서 나이는 짐작할 수 없지만 삼십대로 보인다.

백여 명의 사람들이 무대를 향하여 사진을 찍기 시작한다. 나도 그들을 따라 카메라를 무대로 향한다. 슬프고 애절한 음악이 무대를 감싸고 그의 몸은 음률에 따라 움직인다. 천천히 때로는 빠르게. 그의 몸은 점점 슬픔과 아픔으로 얼룩진다. 몸부림치듯 움직이던 그가 가면을 벗어 던지자, 슬픈 그의 얼굴이 나타난다.

나는 그의 애달픈 몸짓에 빠져 든다. 무대 위 조명아래 몸부림이 아픔으로 다가온다. 저 사람의 아픔을 어떻게 하면 위로해 줄 수 있을까. 그 몸짓이 얼마나 아픈지 카메라를 내려놓고 손이라도 잡아 주고 싶다. 실내에는 카메라의 짤깍거리는 소리와 끊어질 듯 이어지는 가락과 그의 몸부림치는 몸동작만 있다. 시간이 멈추어 선 듯하다. 그의 알몸은 남자로도 보이지 않고, 그렇다고 저속하지도 관능적으로도 보이지 않는다.

어느 덧 음악소리는 멈추고 춤추던 남자는 무대 뒤로 사라진다. 실내에 불이 켜졌다. 이곳에 온 목적을 잃어버린 나는 먼 여행을 다녀 온 듯 피곤해져서 의자에 앉는다.

다음에는 야외 누드촬영장이다.

남자모델은 보이지 않고 여자 모델들만 보인다. 이 대회에 접수한 사람이 오백 명이라는 주최 측의 말을 시작으로 행사가 시작된다. 다섯 명의 젊은 여인들이 모두 벗은 모습으로 서 있다. 그들에게서 부끄러워하거나 쑥스러워 하는 표정은 찾을 수가 없었다. 표정 없이 서 있는 그들은 자신감이 넘치고 당당해 보인다. 오히려 바라보는 내가 부끄러워진다.

각자 개성이 달라 보이는 여인들이다. 짧은 단발에 노랑머리, 검은머리에 쌍꺼풀 없는 눈, 갈색머리가 엉덩이를 덮는 여인. 체형도 키도 다르지만 완벽한 에스 라인의 여인들이다.

누드는 선이라고 수업시간에 강조하시던 선생님의 말을 떠올린다. 모델들의 은밀한 부위만을 신경 쓰지 말 것이며 크게 부각시키지도 말 것을 당부하던 것을 머리에 떠올리며 천천히 렌즈를 그들 중 한 명에게 맞춘다. 그들은 자신만의 표정과 몸놀림을 시작한다. 그들은 프로이다. 움직일 때마다 변화하는 얼굴표정과 몸으로 만드는 고운 선, 꽃밭, 연못, 수영장, 물레방아, 계단과 숲, 나무 밑에서 장소와 분위기에 맞추어 연출을 한다. 자신들만의 감성으로 자신의 세계를 만들어 몸으로 나타내며 다르게 보여 주었다. 당당하게 여유 있게 때론 상대방을 누르는 듯한 표정으로 서 있다.

뜨거운 유월의 태양아래 알몸으로 서 있는 젊은 그녀들은 얼마나 따갑고 더울까. 물을 달라고 하더니 더운지 온몸에 부어버린다. 얼마 후 그녀들은 끝났는지 긴 가운으로 몸을 감싼다. 어느덧 세 시간이 훌쩍 지났다. 시간이 그리 빨리 지나다니…. 사람들은 아직도 미련이 남았는지 카메라를 든 채 주위를 서성거린다.

무대 위에서 나체로 춤추는 남자. 뜨거운 태양아래 알몸으로 서 있는 여자. 이런 그들을 향해 셔터를 눌러대는 나. 세상을 살아가는데 누가 더 떳떳하고 누가 더 솔직할까. 그들의 직업이 누드모델이라 해서 누가 돌을 던질 것인가. 천천히 렌즈를 접고 카메라를 가방에 집어넣으며 나는 이 젊은 모델처럼 자신 있게 해본 일이 무얼까 생각해 본다. 그리고 내세울 것 없는 나의 빈약한 손을 바라본다.

대추차를 끓인다

조순옥
cho330691@hanmail.net

전화 한 통을 받는다. 급한 일이 있어 조금 늦게 간다고 연락을 취했는데 기다림이 길었는지 대추차를 가지고 오냐고 묻는다. 그동안 내가 대추차를 계속 끓여 갔기 때문이다. 전화를 받는 순간 나의 일을 잘 마무리했는가를 묻지 않고 대뜸 대추차가 먼저 나오니 슬며시 약이 오른다.

그동안 하는 일이 바빠 그 차를 끓이지 못했음이다. 전화 내용을 듣고 있던 옆의 지인이 말하기를, 그간 나를 기다려 주었으니 그나마 대추차 덕이 아니냐고 말한다.

나를 기다리던 지인들이 목마름에, 다른 말이 생각나지 않았을 것이라고 이해를 해본다. 그런데도 만약 대추차가 아니면 내가 오는 것을 꺼릴 수도 있는 게 아닐까 생각하니 정신이 번쩍 든다. 그래도 오지 말라는 것보다 고맙지 않을까 싶기도 하다. 누군가가 나를 기다리고 있다는 것은 가족이든, 지인이든 즐거운 일이다. 무력감을 느끼기 쉬운 생활에 생동감을 주며 내가 살아 있는 의미를 깨닫게 하는 순간이다.

언젠가 남편이 이해되지 않아 답답한 마음에 누구에게라도 말하고 싶은 날이다. 부모나 형제에게 말하는 것보다 낫겠다는 심정으로 전화도 하지 않고 친구를 찾아간다. 그는 날 반갑게 맞으며 복잡한 심경을 아는 듯 대추를 으깨어 정성을 담은 차로 나의 마음을 녹여준다. 역시 고마운 친구의 정성이 담긴 달콤하고 진한 차가 입을 통해 목으로 넘어가는 동안 온몸을 달래주는 기분이다. 해서 나는 요즘도, 말하지 않더라도 통하는 대추차 한 잔으로 손님 대접을 하고 있다.

대추는 사전적 의미로, 갈매나뭇과에 속하는 낙엽관목이다. 중국 『본초경』에 대추가 성질은 달고 따뜻해 비위를 보호하고 심폐를 윤택하게 하며 혈액순환에 좋아 온갖 약을 조화롭게 한다고 기록돼 있다. 특히 풍부한 비타민을 함유해 천연비타민으로 알려지기에, 속담에 대추를 보고 먹지 않으면 늙는다는 말이 있는듯하다. 현대인들의 정신건강에 도움이 되는 식품이기도 하니까.

대추가 좋은 식품이라 해도 누구나 과다 섭생하면 좋은 것만은 아니겠다. 소중한 대추임에도 명암이 있거늘 '인간'인 내게도 좋은 점만 있을 수는 없다. 나에게도 안 보이는 단점이 많을 터인데 나만 모른 채 살아가는 것은 아닌지 생각해 본다. 대추의 장단점을 알고서 소가지를 부리던 나를 돌아보려니 부끄럽기 짝이 없다.

대추에 전해 내려오는 이야기가 있다. 중국 북위 시대 고양군의 태수가 어느 날 농촌 백성들의 삶을 살피기 위해 나선다. 대추나무가 열매를 맺지 않자, 팔아버릴 생각으로 나무를 파내고 있는 한 농부를 목격한다. 그것을 태수가 보고 방도가 있다며 재판을 열어 심문하겠다고 정문에 방을 붙인다. 호기심을 품은 사람들은 시장을 방

불게 할 정도로 모이게 된다. 태수가 백성들 앞에서, "대추나무는 들어라. 네 주인이 수년간 비료를 주고 물을 주어 너를 키웠는데 어째서 은혜에 보답하지 않고 열매를 맺지 않는 것이냐."라고 꾸짖는다. 그들은 어이없다고 웃었지만, 대추나무가 답이 없자 형틀에 대령하고 도끼로 내려치자 수액이 흘러나온다. 태수는 나무를 농부에게 주며 앞으로는 열매를 맺을 것이라고 약조를 한다. 그 말을 들은 사람들은 멍했지만 정말로 풍성한 열매를 맺게 된 것이다.

사실은 나무를 때릴 때 자극을 받아 나무껍질이 벗겨진 것이다. 식물은 생명을 위협받을 때 후대를 번식하려는 본능이 있다는 것을 새삼 깨닫는다. 그렇다면 지인을 위해 차를 끓이며 싫은 내색을 했으니 나는 더 타인의 뭇매를 맞아야 할까 싶다.

다시 대추차를 준비한다. 대추차는 몸에만 좋은 것이 아니다. 결과적으로 내게 좋은 지인들을 만들어 주었음이다. 누가 시킨 것이 아니고 내가 하고 싶어서 하는 것이기에 대추차를 기다리든, 나를 기다리든 서운해 할 일 아니다.

모임 장소에 발소리를 내지 않으려 조심조심 들어가니 어느새 반가운 지인이 알아차리고 마중 나온다. 내심 화났던 내 모습에 스스로 부끄러워 얼굴이 달아오른다.

모두가 하던 일을 멈추고 휴식 시간이다. 차 한 잔씩에 즐겁게 모여 서로 권하는 모습이 다정하다. 적당히 구수하고 향기로운 대추향이 입가에 닿는 맛과 추어줌에 '사르르' 기분이 풀린다. 마음은 안정되고 더운 기운이 온몸에 흐른다. 깊이가 있는 후덕한 친구들, 차 한 잔으로 얻었으니 그 '메시지'를 이제야 알아챘다.

'칭찬은 고래도 춤추게 한다.'는 말이 있다. 하여 인정해주고 믿어주는 사람을 위해 배려하는 것은 당연한 도리이겠다. 차 끓이기가 번거롭지만, 어느새 익숙해져서 중단한다는 것은 지인들을 끊는 것 같아 나의 대추차 만들기는 끝이 없을 듯하다.

늦가을 예찬

조인숙
cathleekim@gmail.com

나는 여러 아름다운 계절 중 늦가을을 좋아한다. 그런 얘길 하면 의아해 하는 친구들도 많다. '왜 하필 황량한 늦가을이냐고?' 꼬집어 말하자면 늦가을에서 초겨울로 접어드는 길목이라 하는 것이 더 정확할 것이다. 늦가을 하면, 뭐니 뭐니 해도 바스락거리는 낙엽 밟는 소리를 뺄 수 없고 또 싫어할 사람이 어디 있을까. 그러나 아이러니 하게도 내게 더 매력적인 것은 바로 그 늦가을의 '황량함'이다.

스산한 바람이 비를 몰고 지나갈 때 우수수 저항 없이 떨어지는 낙엽, 어디로 가는지 모르는 길을 이리저리 몰려 떼지어 다니다가 결국 나 홀로 흩어지는 잎들을 보면, 잘 지내던 이웃들이 이사를 떠나거나 잘 키운 자식이 독립하여 부모 집을 떠날 때처럼 가슴이 서늘하고 짜릿한 게 아프기까지 하다.

누런 물결의 넉넉했던 들판도 곡식들 거둬들인 늦가을엔 떠나는 철새들의 행렬만 쾌 맑은 하늘에 휑하니 걸려있을 뿐 허허로움만이 빈들을 채운다. 마치 자식들에게 모든 것을 주고 일생의 끝에 남은 엄마의 빈 가슴 같은 허무함의 황량한 계절.

봄, 여름, 가을, 겨울 다 특색 있는 계절 중에서 그다지 좋은 것 꼬집어 얘기할 것도 없는 황량한 늦가을이 좋은 이유는 또 다른 이유가 있다. 그중 하나는 사소한 추억 때문이다.

화려한 가을의 끝 무렵, 모든 것을 놓아 보내야할 시절, 겨울이 길목을 서둘러 걸어오는 계절, 바람이 윙윙대며 낙엽들을 몰고 갈 쯤이면 으스스한 빈 마음을 채울 수 없어 갈피를 잡지 못할 때 나를 따스히 달래줄 기다림이 있어 외려 이 가슴 시린 계절이 좋아진 건 아닐까 생각해본다.

내가 살던 집 거실엔 넓은 통유리가 있어 온 시내를 내려다 볼 수 있는 좋은 점이 있었다. 늦가을의 음울한 분위기에 어울리는 가늘면서 약간 비통을 느끼게 하는 음률의 클래식을 들으며 밖을 내려다보는 센티멘탈한 시간을 즐기곤 했다.

해질녘 아래쪽 마을에 하나 둘 불빛이 더해가는 시간, 집 주변의 앙상한 가을빛 나무들과 남은 잎들 떨어져 흩날려 가는 가슴 쌔한 분위기를 몸으로 느끼면서 마시는 커피 한잔, 그 따끈하고 그윽한 향기는 위안과 기다림과 쓸쓸함이 뒤섞인 감성을 깨우고 설명할 수 없는 잿빛 행복감에 흠뻑 젖은 적이 종종 있었다.

그때의 그 감정이 기억 속에 한 폭의 수채화 같이 남아 있어, 내내 지워지지 않는다. 하지만 꼭 그 이유보다 더 간절한 것은 이것 때문일지 모른다. 이 잠깐 지나가 버리는 계절의 정취를 좋아하는 더 큰 이유는 따로 있다.

일 년 내내 기다리는 첫눈! 세상에서 가장 부드럽고, 가장 정결하고, 가장 새하얀, 조물주가 내린 아름다운 축복, 그것이 올 시간이 가까워 오기 때문이다.

이젠가 저젠가 첫눈 기다리는 이가 어디 나 뿐일까만, 예고도 없이 소리도 없이 내려 가슴 설레게 하고 인생의 끝자락으로 치닫는 나에게도 가장 순수한 동심을 갖게 해주는 이 간지러운 선물이 당도할 날이 다가온다는 것이다.

바로 그게 내가 이 계절을 좋아하는 제일 큰 이유가 아닐까 생각해 본다.

아, 저 먼 하늘가에 구름 몰려오며 사방이 침침하니 어두워 오는 이 느낌!

행여 첫눈이 오시려나.

싸리꽃 미소

조철형
jcho729@naver.com

싸리나무는 양지바른 곳에 군락을 이루며 자란다. 가시가 없고 줄기와 잎이 부드럽다. 이슬을 머금은 싱그러운 싸리꽃, 싸리나무 잎과 순을 소나 토끼가 좋아한다. 소를 먹일 때 싸리나무가 많은 곳에 풀어 놓으면 잎과 순이 맛이 있으니까 자리를 뜨지 않는다. 소는 건강하고 털이 반질반질 윤이 났다.

초동(樵童)은 토끼가 먹을 싸리꽃 가지를 한아름 꺾어 바지게에 담는다. 싸리꽃은 꺾인 아픔을 내색도 안 하고, 자기를 먹으며 오물거릴 토끼를 생각하며 미소를 짓는다. 수줍은 산골 소녀의 미소다.

팔월이면 연한 보라색 꽃, 향기를 찾아 벌이 날아들어 붕붕거린다. 칠석에 마련한 증편을 그 향기로운 싸리 꿀에 찍어먹으면 세상 부러울 게 없었다. 꿀을 뜨면 투명한 황금색으로 끊어지지 않는다.

싸리나무는 2미터 이내의 키로 자라는 관목이다. 줄기가 단단하고 가벼워 노약자의 지팡이가 되고, 애들을 다스리는 회초리로 쓰인다. 늦가을이면 일 년 쓸 빗자루를 엮고, 바지게와 다래끼, 소쿠리 등 바구니를 만들어 광에 보관한다. 싸리나무는 부러지거나 부스러지지 않아 빗자루로 제격이다. 두 자루를 더 만들어 앞집 할머니 댁에 드리면 그렇게 고마워하셨다.

회초리라니 옛날 효도 일화가 떠오른다. 어느 집에서 아버지가 모처럼 아들에게 매를 들었는데 아들은 50대요 아버지는 70대였다. 아들이 매를 맞다가 눈물을 흘리기에 아버지가 왜 우느냐고 물으니, 나이가 50이 넘도록 때려주는 아버지가 살아계셔서 하늘에 감사해서 운다는 얘기와 매질하는 힘이 예전 같이 않아 아버지가 쇠약해졌음에 서러워 운다는 얘기가 있다. 어느 얘기든 가슴 뭉클하다. 사랑의 매를 맞던 반들반들한 회초리는 싸리나무다.

싸리 껍질과 뿌리, 싸리꽃은 민초들이 쉽게 구할 수 있는 민방 약재다. 껍질과 뿌리로 진하게 달인 물은 결막염, 눈 충혈 등 눈병에 특효다. 껍질 가루와 달걀 흰자위로 갠 약은 주근깨나 기미 등 피부염에 효험이 있다.

어릴 적 까까머리에 버짐이 나면 싸리나무 줄기로 치료를 한다. 싸리 줄기를 화롯불에 올려놓으면, 자른 면에서 진이 방울방울 끓어 나온다. 그 진을 환부에 바르면 감쪽같이 나았다.

한편 골다공증과 관절염 등을 치료할 뿐만이 아니라 뼈를 무쇠같이 튼튼하게 만든다. 괴력을 발휘하는 차력사(借力士)들이 산속에서 무술 훈련을 할 때 싸리나무 열매를 먹는다고 한다.

싸리나무 줄기 껍질은 살충과 방부 효과가 있는지 벌레가 얼씬 못한다. 곶감을 만들려 감을 뚫어도 속이 상하지 않는다. 줄기가 부러지지 않고 가벼워 곶감 꼬지로 사용하니 그 지혜가 놀랍다. 소쿠리에서 말린 감 껍질을 시루떡에 넣으면 맛있는데 이를 두고 감칠맛이 난다고 하는 모양이다.

감을 깎아 열 개씩 싸리나무 꼬지에 꽂아, 새끼줄로 엮어 덕장에 매단다. 가을이 저물어 싸늘한 바람을 맞으면 말랑말랑한 곶감에 흰 분이 난다. 으슥한 밤이 되면 속이 출출한 동네 청년들이 모여 곶감 추렴을 한다.

곶감 한 접으로 열 명이 각자 한 줄씩 배당받았을 때, 개평꾼이 오면 어쩔 수 없이 모두 곶감 한 개씩 빼준다. 추렴꾼은 아홉 개이고 개평꾼은 열 개가 되니 어쩔 줄을 모른다. 주는 기쁨이 받는 고마움 못지않다고 하지만, 불공평한 개평 법칙이다.

곶감이 완전히 숙성이 되면 덕장에서 곶감 꼬지를 내려, 한 접이 100개씩 되게 만든다. 곶감 꼬지 양면을 국화 모양으로 일구어 모양을 낸다. 이렇게 만든 곶감은 유용한 농가 소득원이었다.

삼복 무더위가 지나가고 아침저녁에 서늘한 바람이 불면 촉촉한 산자락에 싸리를 닮은 싸리버섯이 낙엽을 헤치고 솟는다. 마치 산호초 같다. 매년 종균이 있는 곳에는 여지없이 버섯이 솟는다.

물기가 많은 싸리버섯은 하루만 지나가도 상한다. 습도 변화와 버섯의 향기를 맡고 몰려온 벌레 때문이다. 싸리버섯은 덩치가 크다. 밑동을 잘 잘라 싸리 줄기로 꼬지로 하면 안성맞춤이다.

싸리버섯 다발을 집으로 갖고 와 이웃과 나누어 먹으니 정이 넘친다. 싱싱한 싸리버섯은 쫄깃하고 향이 있으며 단백질이 풍부하다. 말린 후 보관하여 명절 때 별미 요리를 한다.

싸리나무는 줄기를 자르면 뿌리에서 새순이 돋고, 순을 자르면 그 자리에서 새순이 나서 소나 토끼가 배불리 먹는다. 싸리꽃이 피면

벌에게 젖가슴을 내주고, 병든 사람에게 껍질과 뿌리로 약재를 제공한다.

시골 사람들 곁에서 모두 건강하게 지내도록, 무엇 하나 빠뜨리지 않고 모든 것을 베푼다. 사랑의 매까지도.

초동 시절이 그립다. 소를 먹이며 맡았던 향긋한 냄새. 영원히 바래지 않는 연한 자줏빛, 싸리꽃 미소가 눈에 삼삼하다.

초록 심장

- 노르웨이 탐방기

조한금
banescho@daum.net

산 정상에 쌓인 1000m 높이의 눈이 무너지면서 협만이 생기면 길고 좁은 곳에까지 바닷물이 다다라 눈 녹은 물과 섞이면서 짜지 않은 바닷물이 되어 물빛이 환상적으로 아름다워진다. 이렇게 눈사태로 인해 지형이 변해 생긴 협만을 피오르라 한다. 2000년에 국왕부처가 테이프를 잘랐다는 세계에서 가장 긴 24.5㎞의 터널을 버스로 20분을 통과하고 두 번째 11.2㎞의 라드랄 터널도 지나 코팡겔에 도착했다. 송네 피오르와 아울랜드 피오르를 보기 위함이다. 두 시간여를 페리호 선상에서 온갖 지형의 피오르에 감탄하며 그 아름다움에 취해 마냥 행복하다. 돌고래 가족이 물 위로 머리를 내밀자 관광객들은 그 귀한 정경에 열광하며 환호한다.

폭포가 흐르고 호수가 흐른다. 흐르는 것이 어디 물뿐이랴, 구름이 흐르고 세월이 흐르고 나도 세월 따라 흐른다. 빙하가 녹아 비경을 이루는 요스테달 호수는 연녹색의 초원이 얼비쳐 물빛이 더욱 곱다. 그 호면에 크고 작은 산봉우리들이 편안하게 누워있어 수채화를 보는 듯하다. 신록의 순한 풀빛과 물빛이 동류인 산세 순한 이곳 사람들은 성품도 그러하리라.

고전음악 축제가 열린다는 스케이 마을을 지난다. 비옥한 땅에서 한가하게 목초를 뜯던 소와 염소 떼들이 버스 앞에서 도로를 가로질러 풀밭으로 향한다. 방목이다.

에메랄드빛의 계곡물이며 별장처럼 보이는 가옥들이 평화롭다. 노르웨이어로 울빅피엘은 '산맥을 넘어'란 뜻이란다. 빅은 만을, 만은 물을 그리고 달은 계곡을 말한다. 울빅피엘 산맥을 넘어 인빅 마을의 오밀조밀하고 아름다운 집들을 먼발치로 보면서 인빅 피오르와 올덴 피오르를 지났다. 이 지방은 물맛이 좋아 올덴이라는 상표의 생수를 판다고 한다.

유럽의 푸른 눈이라고 불리는 브릭스달 빙하를 보기 위해 마차를 타고 올라간다. 정상에 오르니 브릭스달 빙하의 호면 위에 산이 물구나무서있다. 초록빛 물에 손을 씻는다. 금방 초록 손이 된다. 시리다. 눈 녹은 물이 작은 폭포로 흐르는 곳에서 청량한 물 한 컵을 받아 마신다. 차가운 얼음물에 마음의 때를 씻으니 신선이 된 기분이다. 아름다운 에메랄드 물빛을 눈과 마음에 담으니 심장도 초록으로 물들어 있을 것만 같다. 초록 심장. 녹색의 피가 전신을 돈다면 모든 근심 걱정 피로도 사라지고 평화로울 것이라 상상하니 유쾌하다.

스티린으로 가기 위해 올덴 피오르 길을 다시 되돌아와 갈림길로 들어섰다. 로스티린은 해발 1800m나 되는 위험한 지형이지만 스키의 스릴을 즐기기에는 만점인 곳. 휴양지로서 관광객을 위한 많은 숙박 시설이 있는 로웬 마을이나 스티린 산맥의 그로틸리를 지나는 산정에는 군데군데 휘따(별장)기 자리했다. 이 지역 상류층은 덴마크에서 온 사람들이라 덴마크 말을 쓰지만, 유럽의 오지인 이곳 사람들은 자신의 콤플렉스를 극복하기 위해 프랑스문화에 심취해 산다고 한다. 스웨덴과는 문화와 경제정책을 공유하며 좋은 이웃으로 살아간단다. 국립공원에 우뚝우뚝 솟은 붉은 적송도 숲과 이웃하여 그렇게 잘 살아가리라.

동계올림픽 개최지였던 릴레함메르(1994년)를 향해 가는 버스는 노르웨이에서 가장 큰 호수 '묘사'와 줄곧 동행했다. 페르귄트를 쓴 세계적인 극작가 '헨리 닉슨'이 이곳을 배경으로 작품을 썼는데 론다네링 예리피에브 산 뒤편 동네에서는 에드바르 그리그가 곡을 붙인 입센의 음악극과 조곡인 페르귄트를 기념하기 위해, 해마다 페르귄트를 공연하고 있다고 한다. 특히 제2 조곡의 제4곡 솔베이지 송을.

버스는 한 시간 반을 달려 오전 10시에 릴레함메르에 도착했다. 릴레함메르는 노르웨이 남부내륙의 오플란 주에 있는 도시다. 시가지가 한눈에 조망되고 산 정상의 스키 점프대에 올라 열심히 훈련하는 점프 선수들이 보인다. 북유럽의 교외풍경이 대체로 해발이 높은 우리 동네와 비슷해 더욱 친밀감이 든다. 길가에 가로수로 핀 하얀 해당화 향기가 나를 반긴다. 처음 본 흰 해당화를 오래오래 눈 속에 담아두었다.

수족지애(手足之愛)

채순애
achim55@daum.net

전화기 저편에서 짐승의 울음 같은 소리가 들려왔다. 어머니의 음성이었다.

"야이야, 이모가 죽었다."

이모가 갑자기 돌아 가셨단다. 어머니는 내일 이모에게 갈 예정이었다. 근래 자꾸 기운이 없다 하니 찾아가 뭐라도 좀 먹여야겠다고 생각했는데 방금 부음을 들으셨나보다. 어머니의 친정 형제는 구남매, 오래전에 모두 돌아가시고 어머니와 이모만 남아 있었다.

외할머니는 오랫동안 병석에 누워 있다가 어머니가 열여덟 살 되던 해에 돌아가셨다. 한량처럼 밖으로만 떠도는 외할아버지는 자식들에게 아무런 힘이 되어 주지 못했으니 당시 열한 살이던 이모, 막내 동생에게 언니는 바로 엄마 같은 존재였을 것이다.

어머니는 어린 동생들을 위하여 오빠네 집안의 온갖 허드레 일과 시키지 않은 것까지 찾아서 다 했다. 올케가 절에 가느라 며칠씩 집을 비우면 그 사이 식구들 밥은 물론 놋그릇까지 반짝이게 닦아 놓았다. 이불 빨래는 삶아 풀 먹이고 심지어 바지저고리도 밤새워 지어놓았다. 눈치 없이 왕왕거리던 철부지 이모는 저보다 나이 많은 조카들과 툭하면 싸우고 오빠나 올케에게도 마구 대들었다. 뒷감당은 오롯이 언니 몫 인줄도 모르고.

스무 살에 언니가 이웃 마을로 시집을 간 후, 동생은 학교 다녀오는 길에 책보자기 맨 채로 십리길 멀다않고 달려가곤 했었다. 그러나 차마 '언니야' 소리 내어 부르지도 못하고 울타리 주변만 서성이다가 먼발치에서 언니 모습만 훔쳐보고는 울면서 발길을 돌렸단다.

훗날 이모는 여군에 입대하여 활기찬 군 생활을 하면서 줄 세운 바지를 입고 보란 듯이 친정에 나타났다. 구박과 천대에서 벗어나 번쩍이는 지프차를 타고 멋진 모습으로 찾아온 동생, 가난 속에서 조용하게 살아가던 언니가 동생을 만나는 모습은 지금도 나에겐 동화처럼 그려진다. 자랑스럽고 흐뭇했으리라. 코끝에 재 묻은 소녀가 공주처럼 마차를 타고 돌아왔으니.

내가 중학교를 졸업하던 해, 이모는 어머니에게 얘기하여 우리 삼남매를 안양으로 부르셨다. 당시 안양은 공장이 많이 생겨 내가 여상을 졸업하면 취직 걱정은 없을 것이라는 뜻이었다. 어머니는 맏딸 아래 셋이나 되는 남동생을 위하여 그리 결정하셨고 막내를 제외한 삼남매는 이모네 집 방 한 칸에서 살았다. 그게 우리들의 유학생활 시작이었고 몇 년 후 우리는 서울로 옮겼다. 그 발판을 만들어준 이모에게 어머니는 늘 고마워하시며 또한 그 공을 잊지 말라고 우리들에게 말씀하셨다.

나는 이모랑 사는 삼사년 동안 집안일을 돕고 사촌 동생들까지 보살피곤 했는데, 이모의 성품이나 생활습관 일부가 우리 어머니와 달라서 불편한 점이 많았다. 청소와 빨래, 설거지를 하는 것은 당연하다고 생각했으나 아침 일찍 동네 약국의 문을 두드려 술 깨는 약을 사오는 심부름은 정말 하기 싫었다. 갈래머리 땋아 내린 열일곱 살 소녀에게 새겨진 그 기억은 오래 남아서 내가 이모와 거리를 두게 되는 적당한 핑계가 되었다.

게다가 아버지가 돌아가셔서 어머니가 여러모로 힘들었을 당시, 돈을 빌려달라는 자신의 부탁을 언니가 들어주지 않았다고 꽤 오래 소식을 끊었을 때는 정말 이모를 이해하기 어려웠다. 나중에 어머니가 이모를 만나러 간다하면 약속 장소에 어머니만 모셔다 드리고 나 혼자 돌아 온 적도 있었다. 그럼에도 어머니는 이모에게 서운한 마음을 품지 않고 한결같은 자애로 보듬어 안았다.

일흔이 되던 해 어머니는 근 사십년이나 운영했던 강원도 탄광촌의 작은 문방구를 정리하고 이모네 근처로 거처를 옮겼다. 가까이 살게 된 두 분은 자주 만나서 다정한 모습으로 병원에도 가고 식사를 하고 바람도 쐬러 나가곤 했다. 특히 그 무렵 이모는 성당에 다니면서 성서를 읽고 필사하는 등 많이 유순해진 모습이셨다.

형제는 손발과 같고 부부는 옷과 같다는 말을 한다. 옷은 다른 것으로 갈아입을 수 있지만, 손발은 한 번 끊기면 다시 붙일 수 없기에 형제간의 우애를 수족지애(手足之愛)라고 한다. 당연하지만 또한 어렵기도 한 수족지애, 어머니는 이 도리를 가슴 깊이 품으며 살아오셨던 모양이다.

이모는 열세 살 아이에서 팔순 할머니가 되어도 자신에게는 언니가 엄마 같다고 말했었다. 그 언니가, 젊은 날에 지아비가 세상 떴을 때도 울지 않고 속울음만 삼키며 견디던 언니가 동생의 영정 앞에서 대성통곡을 한다. 마른 가지 꺾이듯 풀썩 주저앉아 생가지 찢어지는 아픔을 토해낸다.

"니가 우예 내 앞에 가노. 기운 차리면 언니야, 백두산에 가자 울릉도 가자 캐놓고. 언니야 마이 무라, 그라고 또 온내이 카던 니가, 와 이카노 이기 무신 일이고. 이제 누가 나를 보고 싶다 카갠노. 이제 누가 나를 불러 밥 묵자 카갠노. 구남매 중에 달랑 남은 우리 둘이 오래 오래 친구하며 정답게 살자더니, 니가 우예 나한테 이럴 수가 있노. 한 뿌리에서 생겨나 한 나무로 자란 내 동생아."

무덥던 여름이 지나고 계절은 다시 가을로 접어드는데, 떠난 사람은 오지 않고 남은 사람은 외롭다. 어깨가 더 좁아진 어머니는 외출도 거의 안 하고 집에만 계신다. 걱정이 되어 퇴근길에 회 한 접시 떠서 가려니까 사양하신다. 좋아하던 회를 이제는 먹고 싶지 않단다. 어머니가 이모랑 함께 한 마지막 식사는 바로 생선회였다.

세미원에서

최 영 숙
eyoonhee@naver.com

두물머리 세미원, 늘 그냥 지나치던 곳이다. 마재 성지를 다녀오다 연꽃이 한창이라는 소식에 들렀다. 좁은 대문으로 들어서자 시냇물이 흐르며 사람의 손으로 놓은 돌다리가 길게 이어져 있다.

조심조심 한 발 또 한 발 옮긴다. 졸졸졸 흐르는 물소리가 맘을 차분하게 한다. 물소리를 들으면 마음이 편안해지고 안정되어, 마음이 심란할 때면 아파트 단지에서 가까운 성내천에 나가 앉아 있곤 했다.

한걸음 또 한걸음, 돌다리를 걷다 보니 괜히 어린아이처럼 촐랑대며 한 발로 뛰어 건너고픈 맘도 생기고, 크고 무거운 돌을 옮기며 어떤 생각을 했을지 그 맘도 헤아려본다. 우리 삶에 있어서 신중함을 얘기할 때면 '돌다리도 두드리며 건너라'고 했던 격언을 떠올리며 내가 살아온 여정도 되돌아본다.

돌다리를 지나 연꽃을 찾아간다. 한여름을 이겨낸 모습으로 이미 꽃은 다 지고 검게 그을리고 숭숭 구멍 난 연밥만 고개를 들고 나를 맞이한다. 한 해 한 해 우리네 사는 모습도 연꽃과 다를 바 없다.

올해의 꽃구경은 이미 놓쳤으니, 내년 여름에나 기대해야 하나보다. 우리의 삶에서 놓친 것도 언젠가 다시 기회가 찾아올지 모른다. 그러니 한 번 놓쳤다고 좌절할 일만은 아니다.

연꽃은 지고 없지만 수련이 눈부신 자태로 띄엄띄엄 피어 아쉬움을 달래준다. 핑크빛 꽃잎이 비단무늬 같은 작은 연잎 사이로 앙증스럽게 피어있다. 연꽃을 놓친 아쉬움이 없지 않았는데, 평소 눈에 잘 안 띄던 수련이 이렇게 아름다웠나 싶어 새삼 위로가 된다.

고개를 들어 보니 폭염을 견디느라 끝이 타서 마른 연잎들이 무리지으니 장관이다. 연잎은 비 올 때나 해를 가릴 때 큰 잎 하나 뒤집어써도 될 것같이 큼직하다. 그 밑으로 저 멀리까지 이어지는 강이 유유히 흐른다.

연밭 사이로 발밑에 끝없이 깔린 빨래판 돌다리, 이건 무얼 의미하나? 요즘은 손빨래를 잘 안 하지만, 그래도 어쩌다 하는 손빨래를 위해 플라스틱으로 만들어져 다용도실에 한 개씩 모셔져있는데, 이 돌 빨래판은 뭇사람이 다니는 바닥에 깔려 있다. 죽 이어지는 빨래판 돌다리에 몸과 마음을 박박 문질러 깨끗이 씻고 가라고는 뜻인가보다. 그걸 발로 꾹꾹 누르며 걷고 또 걸으며 생각에 잠긴다.

어린 시절 언니를 따라 냇가에 가서 판판한 돌에 빨랫감을 문지르고 방망이로 두들겨 흐르는 물에 휘이휘이 헹구면, 어린 마음에도 얼마나 개운했던가. 빨래를 끝내고는 바짓가랑이를 숭숭 걷어 올리고 물속을 뛰어다니던 추억이 그립다. 빨래를 머리에 이고 와서 햇볕 내리쬐는 빨랫줄에 털어 널면 바람에 휘날리던 아롱다롱한 가족의 옷가지들도 눈에 아른거린다. 빨랫줄 밑을 뛰어다니며 숨바꼭질

하던 때가 그립다.

더 잘 살고, 더 잘 나고, 뭐든지 더 잘 하고 싶은 이 세상. 때 묻은 마음을 빨래판 위에서 씻으라고 낮게 겸손하게 깔려있나 보다. 한 발 한 발 걸어서 처음에 들어갔던 작은 대문으로 다시 나온다. 드넓은 연밭, 그 생명들이 준 교훈 덕에 내 분수에 걸맞은 옷으로 갈아입고 나온다. 좁은 마음으로 들어간 내가 넓어지고 커진 느낌이다. 내년 여름을 기약하며 걸음을 옮긴다.

나 좀 끼워 줘

하수옥
suok5704@daum.net

모처럼 날씨도 화창하여 산책에 나섰다. 길가에 봄꽃인 제비꽃이 뽐내며 반긴다. 겨울나기를 끝낸 새들의 지저귐이 한창이다. 집 근처 산책로의 나무는 봄 햇살 유혹에 잎이 더욱 푸르다. 개나리, 진달래도 벌써 봄을 알린다. 산책길에 나무하고 말을 걸어 보기도 하고 까치와 교감하듯 나대로 소통도 한다. 아직도 남아 있는 겨울의 흔적을 바람이 자나가며 지우고 간다. 봄이 무르익으면 모든 생물의 번식 활동이 활발하게 이루어지는 시기다. 늘 운동 목적으로 걷던 둘레 길을 천천히 걸으며 내 나름 데로 의미를 부여한다.

자연의 소리를 선사하듯 까~악 까~악 까치소리를 들으며 높은 곳에 보금자리를 갖기 위해 얼마나 피땀 흘려야 했는지 궁금하기도 하다. 소나무는 새해를, 까치는 기쁜 소식을, 호랑이는 나쁜 기운을 막아 준다는 의미로 예로부터 여러 설화와 세시풍속에 등장하는 친숙한 토종 새다.

아까시 나무에 위아래 지은 까치둥지는 국이 식지 않는 거리의 부모님 집일까? 산 능선 은행나무에 둥지를 튼 까치는 풍광이 좋아서 둥지를 틀었나. 플라타너스에 둥지를 튼 까치는 알알이 매달린 열매의 합주에 멋진 선율을 만드는 오케스트라의 지휘자를 자처했을 것이고 절 마당 우뚝 선 세 그루의 가죽나무에 사는 까치는 불심이 가득하여 날마다 불공을 드리며 까치가족의 행복을 빌겠지, 둘레길 성당 옆 미루나무 가지에 사는 까치는 세상의 평화를 위해 기도할 것이고 산중 깊은 숲속에 있는 굴참나무에 외따로 사는 들까치는 '속세를 떠난 무소유 까치가 지금 수행 중입니다' 하고 푯말을 문고리에 걸지 않았을까, 하는 일 없이 텅 빈 날에 쉬엄쉬엄 걸으며 나 혼자 만의 멋진 아주 멋진 상상을 한다.

전기톱 소리가 난다. 까치가 까까깍~ 까까깍~ 날카로운 소리를 지르며 푸다닥 거린다. 눈매까지 사나워진 나는 "아저씨, 아무리 무허가지만 걔네들 오늘 저녁에 어디서 자라고 자르세요. 무지하게." 아저씨는 씩 웃으며 "학교에서 민원이 들어와서요." 싹 쓸어버리기라도 하듯 미루나무가 민둥사니가 되었다. 자기들 생의 무대인 듯 겁없이 날아다니고 사나운 태풍이 몰아쳐도 꿈쩍하지 않고 장맛비 정도는 아무것도 아니라고 까악 까악~ 대를 이어 가며 살던 보금자리를 인간들의 무자비한 공격에 소중한 터전을 잃어버렸다. 방어 태세를 갖추어 날개 짓을 하며 까악- 까까악- 거리며 몽매한 인간에게 원망하는 것 같았다. 얼마나 저렇게 견딜 수 있을까?

이제 까치는 천덕꾸러기가 되었다. 나라의 새로 지정하기도 했지만 농민들의 얼굴을 찌푸리게도 하고 전봇대에 정전을 일으키기도 해서 까치하고 한판 전쟁을 하기도 한다. 영특하고 지능이 높아 당해낼 재간이 없는 새다. 나는 아침마다 까치소리를 듣는다. 반가운

손님은 커녕 날카로운 쇳소리 같은 소음에 신경이 거슬려 영 찜찜하게 하루를 시작한다는 이웃도 있다. 끼리끼리 날카로운 소리를 지르며 푸닥거리는 꼬락서니를 아침마다 보면서 길조라는 이유로 눈 감아 주기에는 너무 눈꼴 사납다고도 한다.

까치는 마을 주변 높은 나무나 관목림 가지사이에 식물의 줄기나 가지, 나무껍질을 이용하여 둥지를 만든다. 부화기에는 암컷이 알을 품고 새끼 기르기를 전담하고 수컷은 둥지를 비롯한 세력권 방어와 먹이 활동을 한다. 월동기에는 무리를 이루어 먹이 활동과 천적 방어를 하면서 겨울을 보낸다. 생태계의 균형이 깨지면서 까치의 천적 맹금류 수가 줄어들어 번식력이 좋아 개체수가 날로 증가하고 있다. 농작물과 과수에 피해를 주고 비닐하우스를 쪼아 구멍을 뚫어 농사에 피해를 주기 때문에 유해 조류로 분류하였다.

울릉도에는 흔적을 찾아볼 수 없고 제주도에는 서식한다. 학습 능력과 모방까지 잘하는 지능이 높은 새다. 날이 갈수록 심각한 피해를 준다. 도시의 찌든 공기에 젖어 사는 나는 미루나무 그늘에 들어온 것만으로도 좋다. 도시의 공기를 몰아와 씻어가는 바람이 상쾌하고 청량하게 들리는 까치소리도 듣기 좋아 미루나무 숲 둘레 길을 자주 간다. 여름에는 솔개그늘에도 쉬어 간다고 하지 않은가.

세상 모든 것은 서로 얽히고 설히면서 살아간다, 자기중심적인 태도를 버리고 너그럽게 받아들이는 자세를 가지고 살아가면 좋겠다. 무지개도 일곱 가지 색깔이 있기에 아름답게 느껴지는 것처럼, 동그란 시계의 크고 작은 톱니바퀴가 서로 맞물려 분침과 시침이 정확하게 돌고 둥그런 지구가 갖가지 생명체와 함께 더불어 풍성한 산과 숲을 이루며 평화롭게 공존하며 살지 않는가. 어쩌면 자연스럽게 사는 것이 질서이지 않을까, 자연은 본능적으로 주위와 조화를 이루며 생태계에 균형을 맞추어가며 진화해 오지 않았는가, 하지만 인간은 자신들의 이익과 욕심 때문에 균형을 깨뜨리고 있다. 어디에서나 흔히 볼 수 있는 일이지만 종잡을 수 없는 까치집 철거가 나에게 혼란만 가득히 준다. 있는 그대로의 자연이 우리에게 환상인 날이 오지 않을까? 까치는 더욱 세찬 날갯짓을 하며 어딘가에 보금자리를 지을 것이다.

까치는 다시 끼어들 자리가 있는지 기웃거리며 까까악- 까악 '부서져 버렸어. 보금자리를 잃었어.' 원망하며 아무것도 묻지 말고 그 자리에 나 좀 끼워줘 하며 우리 인간들에게 너그럽게 자리를 내어주었으면 하는 것 같이 깍깍 거리며 맴돈다. 대지는 겸손하여 농민들의 다양한 요구를 들어주고 바다는 풍요로워 우리에게 모든 것을 내어주며 하늘은 평화로운 미소로 답하기도 하지만 때론 인간이 저항할 수 없는 분노를 쏟아 허탈하게하면서 자연은 사람을 다스린다. 우리가 조금 배려한 그 자리가 다른 생명체의 삶의 공간이 되기도 하지 않는가.

나를 방생하던 날

한정희
hje99@daum.net

골이 깊어질수록 온통 가을색이다. 대저 저 무량한 물색을 어찌 빚어냈을까. 맑은 햇살을 머금은 단풍이 황홀하다 못해 눈이 부시다. 거스르지 않는 계절의 수순이 그저 경이롭고 숙연할 뿐 감히 무슨 말을 보탤까. 방생 차 나선 길손에게 가야산이 한껏 향연을 베푼다. 환희다. 어찌 탄성을 내지 않고 배길 손가. 너나 할 것 없이 감탄으로 화답한다. 벅차오르는 마음 어쩌지 못하는 사이 버스가 목적지에 닿았다. 문득 스치는 의심, 내가 이곳에 들른 연유가 무엇인고.

합천 해인사 앞 넓은 마당에서 '방생법회'가 열렸다. 여러 신도 틈에서 합장하고 마음을 가다듬었다. 스님의 불경과 목탁소리가 맑은 가을 하늘만큼 청아했다. 자분자분 피어오르는 향연(香煙)이 마음에 이는 바람을 가라앉혔다. 법회가 끝나고 상자에 갇혔던 열댓 마리 꿩을 맞은 편 산으로 날려 보냈다. 놀란 듯 서너 번 퍼덕이더니 이내 힘찬 날갯짓을 했다. 비상(飛翔)이요 .자유다.

꿩이 깃든 산을 응시하노라니 스님말씀이 가슴을 울린다. "방생(放生)은 크나큰 보시(布施)요 얽매인 생명에게 자유를 주는 것이다. 또

한 누구나 갇힌 영혼을 잠시 벗어날 수 있게 한다."

점심 공양 후 절 구경에 나섰다. 마침 세계문화유산으로 등재된 '팔만대장경' 축전 기간이었다. 단풍객과 기념행사가 맞물려 꽤나 북적였다. 절 마당으로 들어서려는데 커다란 조형물이 떡하니 나를 내려다보았다. 대나무를 얼기설기 엮어 만든 사람형상(높이 6.5m)을 한 입체물이다. 머리를 살며시 숙인 그는 영락없이 참선에 든 수도승이다. 성긴 작품 속을 넌지시 들여다봤다. 아무것도 없다. 다만 시커멓고 둥근 물체 하나가 나를 뚫어져라 주시할 뿐. 얼결에 뒷걸음을 쳤다. 대체 어떤 화두를 던지고자 함일까.

'내가 아닌 나' 작품제목이다. 나의 참 모습이 무엇인가를 묻는단다. 작품을 유심히 살피자니 뜬금없이 개업한 상가 앞에서 영혼을 빼앗긴 듯 춤추는 풍선인형이 겹쳤다. 툭하면 그처럼 뒤틀리고 흔들리는, 내 속은 과연 무엇으로 채워졌을까. 조형물이 하필 일주문 옆에 자리한 연유도 궁금하다. 혹 속세와 불가의 경계 일주문 앞에서 중생의 무거운 마음의 짐 잠시나마 내려놓고, 절 마당으로 들라는 배려아닐는지. 침묵으로 일관하는 조형물을 올려다보며 많은 생각을 했다.

법당에 들러 일주문을 되짚어 영지(影池)로 향했다. 해인사를 품은 가야산 정상이 연못에 비쳐 그리 부른단다. 말대로 가을 산이 고스란히 연못에 드리웠다. 한 점 흐트러짐 없이. 바람도 물결을 잠재운다. 또 구전에 의하면 가락국 왕비가(김수로왕) 출가한 일곱 아들이 하 그리워 가야산을 찾았다. 그러나 산이 험하여 오르지 못하고 간곡히 기도를 했다. 자식의 그림자만이라도 보게 해달라고. 때마침 수도 정진하는 그들 그림자가 연못에 내비쳤다고 한다. 고금을 막론하고 변치 않는 오직 한 마음. 가없는 어머니의 자식사랑 무엇에 견줄까.

마침 연못 주위가 야단법석이었다. 한 객에 의하면 연못 한가운데 자리한 작고 둥근 거울 속에 부처상이 있단다. 안내판에도 설명이 안 된 부처라니. 호기심에 눈 씻고 들여다보지만 부처 발그림자도 없다. 까치발을 하고 목을 빼지만 기미가 없다. 대체 부처는 어디로 출타하신 겔까. 모두 부처가 안 보인다고 난리다. 몸이 달았다. 아무래도 안 되겠다 싶어 인파를 뚫고 맨 앞으로 나섰다. 그때 느닷없이 남자의 목소리가 뒤통수를 쳤다. "욕심이 많으면 안 보인답디다." 나보고 들으라는 겐가. 아니면 우스갯소리로 툭 던졌을 그 한마디가 화살처럼 가슴에 꽂혔다.

그래, 연못 속 거울에는 애당초 부처상이 없었음이다. 누군가 지어낸 말일지도 모른다. 한 번쯤 자신을 돌아보라는 의미로 말이다. 마음 한 쪽에 시커먼 물체를 품은 채 부처를 좇다니. 부처를 본들 무슨 소용인가.

'욕망으로부터 자유스러운 사람이 있을까.' 이것저것 분별없이 끌어안고 그 무게에 짓눌리는 것조차 모른다. 절대 아니라고 도리질 하지만 그 또한 탐(貪) 아니고 무엇인가. 더 누리고자 눈이 어두워 한치 앞을 못 보니. 내 안의 또 다른 나, 모두가 허상이요 허상인 것을.

방생. 무릇 생명을 귀히 여김은 사람의 도리요 근본이다. 결코 하찮은 목숨은 없다. 아무리 미미한 생명일지라도 자유를 부여하고 그를 대함에 소홀함이 없어야 한다. 하지만 이에 못지않게 중한 게 있다. 바로 나. 자신을 방생하는 것이 우선이지 싶다. 불필요한 욕심의 무게 덜고 덜어내야 맑은 영혼이 깃들고 자유로워질 것 아닌가. 자신을 제대로 건사하지 않고 어찌 타인을 배려할 것이며 보듬을 수 있단 말인가.

어느새 해가 설핏하다. 노을에 비친 만추의 단풍이 더욱 선명하다. 순리를 따르면 저리 되는 겐가. 자신을 향한 연민. 삶이 신산할 때마다 흔들리는 마음 어쩌지 못해 건성으로 길 나선 게 민망하다. 물색없이 욕을 좇느라 갈팡질팡하던 내게 단풍 같은 쉼표 하나 안긴다. 그것이 갇힌 영혼을 방면하는 것이요 부처의 마음 구하는 길 아닐는지. 더 이상 노욕(老慾)에 들지 않고 새처럼 자유롭고자 늘 성찰해야 함은 온전히 내 몫이다. 버스에 오르는데 조형물이 넌지시 말을 건넨다.

'이보시게 삶의 방도가 없다네. 저 단풍처럼 그리 사시게나.'

나훈아가 찾는 소크라테스형!

허열웅
hur9730@daum.net

사나이 가수 나훈아가 많은 형들 가운데 소크라테스형을 어린애처럼 애타게 찾고 있다. 목소리 높여 노래 부른다. 세상에서 제일 아름다운 시(詩)는 유행가 가사이며 삶의 철학이 듬뿍 담겨진 노래라고 여겨진다. 요즘 트롯 가수의 노래가 방송의 문만 열면 이곳저곳에서 쏟아져 나온다. 그들의 개성 있는 목소리에 감동도 하겠지만 노래가사에 모든 세상사의 희로애락이 담겨져 있기 때문에 눈물을 흘리며 때론 웃고 마음을 달래기 때문이리라.

아! 테스형 세상이 왜 이래
왜 이렇게 힘들어
아! 테스형, 소크라테스형
사랑은 또 왜이래
너 자신을 알라며
툭! 내뱉고 간 말을
내가 어찌 알겠소
정말 모르겠소 테스형~

노래가사가 좋아 오래토록 애창되는 노래로는 '김정구의 두만강, 최희준의 하숙생' 송대관의 쨍하고 해 뜰 날, 김국환의 타타타 등이라고 생각된다. 이외도 수많은 아름답고 멋진 유행가 가사가 있지만 사람들의 개성이나 취미 따라 선택의 여지가 다를 수 있다고 본다. 나훈아의 노래가사는 요즘 하루하루 살아가기 힘든 생활의 고단함을 토로하면서 유머가 깃든 노래가 시작된다.

나훈아는 수많은 형들 중에 하필 소크라테스형을 불러냈을까? 그가 아무리 서양철학의 시조라고 불린다 해도 지금 살아있다고 해도 21세기 한국에서 벌어지고 있는 고통에 대해 명쾌한 해답을 줄 수 있을까? 그는 21세기에 벌어지고 있는 사항에 대하여 2,500여 년 전에 이미 답을 내놓았다. "너 자신을 알라" 서양 철학사에서 가장 대표되는 명언이다.

이 말이 철학교과서에 뛰쳐나와 세상 사람들의 입에서 회자되고 있지만 현실은 어떤가? 살아있는 현실에서 따르거나 실천하는 경우는 없고 죽은 교과서에서만 2000천 년 이상 만능키처럼 큰 소리치고 있을 뿐이다. 나도 많은 책을 읽고 신문을 보고 방송을 들으며 유익한 아포리즘이나 선인들이 자주 언급하던 격언을 메모하며 실행해야지 다짐을 했지만 며칠 안 가서 까맣게 잊어버리곤 실천을 한 적이 별로 없다.

BTS(방탄소년단)가 빌보드 최신 차트(9월 5일)에서 '핫100'에 1위를 거머쥔 것도 무대를 휘어잡은 춤과 가창력도 있지만 현지인들이 잘 알아들을 수 있는 가사를 구사하여 노래를 불렀기 때문이라는 평도 있다. 또 하나의 인기비결은 겸손한 태도라고 한다. 주역의 원리 64괘 중 겸(謙) 괘만이 흉함도 후회도 부끄러움도 없이 길(吉)하다고 했다. 구름처럼 모여드는 군중 앞에 BTS가 자신감을 갖고 노래 부르듯 나훈아도 소크라테스라는 거대철학자를 형이라고 부르며 자신감을 갖고 흥겹게 노랠 부른다.

그가 부르는 노래가사는 세상사와 인간사가 함께 들어있어 가창력과 함께 대중들의 가슴 속을 파고들어 더욱 큰 감동을 준다.

나훈아의 '공(空)'이라는 제목의 노래가 흘러나온다. 무심코 들려오는 노래가사는 내가 살아온 지난날을 이야기하는 것 같아 가슴을 적시는 떨림이 왔다. "살다보면 알게 되지 일러주지 않아도/ 너나나나 모두가 어리석다는 것을/ 웃음도 나오고 탄식도 나오고/ 잠시 왔다 가는 인생/ 잠시 머물다가는 인생/ 백년도 힘든 것을/ 천 년을 살 것처럼/ 바보처럼 살고 있지/ 내가 가진 것들이 부질없다는 것을/ 너나 나나 모두가 미련하다는 것을….

덧없이 흘러간 70년도 넘는 세월을 뒤돌아보게 했다. 참으로 안타까움도 많았고 헛웃음도 나오고 나 스스로가 회초리를 맞아야할 잘 못한 일도 많이 떠올랐다. 뿐만 아니라 영화 '빠삐용'에서 주인공이 남의 죄를 뒤집어쓰고 재판장 앞에서 항변하던 그가 시간을 낭비한 죄만큼은 순순히 받아들인 것처럼 나에게도 시간을 낭비한 후회가 가장 크다.

나이가 들면 추억을 먹고 산다고 하지만 늦은 깨달음과 후회로 몸살을 앓고 있다. 지금까지 내내 믿고 의지하던 앎이나 신념 그리고 그것에 기반을 두고 있는 인간관계 등이 뒤흔들리고 있다. 나름대로 가족에게나 남에게 중간 정도는 했다고 생각하며 살아왔는데 황혼이 되어 뒤돌아보니 잘 못한 점이 더 많았다는 사실을 깨달았다.

고대 그리스인들은 현실에서의 삶이 여의치 않을 때, 삶의 방향을 잃었을 때 그들은 신전을 찾아가 신탁(神託)을 받았다. 신탁은 예언의 말이다. 물론 신은 인간의 목소리를 빌려 말한다. 우리에게 잘 알려진 그리스의 신탁이 있다. "너 자신을 알라!" 이 말은 소크라테스가 남긴 경구로 더 많이 알려져 있지만 사실은 델포이(Delphoe)에 있는 아폴론 신전에 적힌 말이라고 한다. 여러 고민거리를 안고 신전을 찾은 모든 사람에게 내려진 아폴론의 조언이다.

그리스 여행시 세계문화유산(유네스코) 1호인 파르테논 신전을 경유하여 델포이 신전을 방문한 적이 있다. 두 신전 모두 인간의 미래를 예언해 주던 광장은 폐허가 되고 신들이 살았던 집엔 커다란 돌기둥만 몇 개만 우뚝 서 있어 황량한 채 신들은 어디론가 떠나고 관광객들만 붐비고 있었다. 고희를 넘긴 나이에도 나 자신에 대해 모르겠다. 지금 잠시 뉘우치고 있지만 죽는 날까지 과오를 거듭하고 철들지 못할 것 같다. 나훈아의 노래에 가슴이 먹먹해지는 것은 나를 지칭 노랠 부르기 때문이다. 정말 바보처럼 살았군요. 바보처럼!

누가 내 고민을 알아주랴

홍미숙

hongessay@daum.net

아파트 언덕을 내려가 횡단보도를 건너 중앙시장을 향해 걷는다. 항아리 골목길을 따라 걷다가 성당 앞에서 다시 횡단보도를 건넌다. 이곳은 항상 사람들로 붐빈다. 백화점보다 사람들이 훨씬 더 많이 모이는 안양에서 제일 큰 중앙시장이다.

서울에서 살다가 안양으로 이사 온 이래 30년 가까이 이용하고 있는 시장이다. 그러니 어느 골목에 무엇을 파는지 어느 정도는 다 알고 있다. 시장골목이 너무 많아 헷갈릴 때도 있지만 내가 찾는 골목은 정해져있다. 물건 값도 싸고, 제철 채소나 과일들을 신선하게 살 수 있어 시장을 찾을 때마다 기분이 좋다.

다행히 나에게 단골가게는 없다. 자주 이용하는 곳은 있지만 워낙 사람들이 북새통이라 그 가게의 주인이 나를 알아볼 리 없다. 될 수 있는 한 단골가게를 만들지 않으려고 한다. 내 행동에 제약을 받기 때문이다. 서로 얼굴을 알게 되면 보통 불편한 게 아니다. 예전에 살던 아파트에서 불편을 크게 겪은 경험이 있어 잘 안다.

그때는 요즘과 달리 아파트 단지마다 큰 슈퍼마켓이 있었다. 자동

차문화도 발달하지 않았지만 대형마트가 생겨나지도 않았을 때니 당연히 아파트상가에 자리한 슈퍼마켓을 자주 이용할 수밖에 없었다. 그러니 슈퍼마켓 주인과 아파트주민들은 대부분 얼굴을 알고 지냈다. 나 역시 그 아파트에서 오랫동안 살았고, 슈퍼마켓 주인도 한번밖에 바뀌지 않아 서로 인사를 주고받는 사이었다. 그런데 외출을 했다가 재래시장을 들러 시장을 봐 올 때가 고민이었다.

아파트 슈퍼마켓 옆을 지나가야 우리 집을 바로 갈 수 있었기 때문이다. 그럴 때마다 나는 죄인이 되어야만 했다. 고개를 숙인 채 외면을 하고 그 아파트 슈퍼마켓 앞을 빠른 걸음으로 지나다녀야만 했다. 어느 때는 우리 집과 반대쪽으로 난 길을 통해 아파트를 한 바퀴 빙 돌아 집에 오곤 했다. 슈퍼마켓 주인과 눈이 마주 칠 까봐 그랬다. 이런 나를 보고 어느 이웃은 왜 이쪽으로 계단도 있는데 돌아서 다니느냐며 힘도 좋다고 했다. 그 이웃이 어찌 내 고민을 알았겠는가.

그 뒤 나는 고층아파트로 입주해 살게 되었다. 그리고 세상도 많이 바뀌어 아파트상가의 슈퍼마켓은 작아졌고, 이용하는 주민들도 별로 없다. 나도 그렇지만 자동차를 이용해 대형마트에서 시장을 보는 사람들이 많아졌기 때문이다. 또 다행인 것은 이 슈퍼마켓 입구와 내가 지나다니는 길이 약간 비켜있다. 그래서 예전과 같은 고민은 크게 줄어들었다.

그러나 슈퍼마켓이 아닌 미용실 때문에 외출할 때마다 큰 고민을 하면서 살고 있다. 미용실이 아파트 진입로 양쪽에 자리하고 있기 때문이다. 한 곳만 거래를 했어야하는데 한곳이 붐비면 그 옆으로 가서 머리를 종종한 게 고민을 만들어주었다. 오랫동안 단골이 되어 이용한 미용실이 붐벼 다른 쪽의 미용실에 간 게 원인이었다. 그런데 그 미용실이 신장개업을 해서 그런지 미용사도 친절하고, 분위기도 쾌적한 게 좋았다. 무엇보다 미용실에 시화를 여러 점 걸어놓았고, 유리로 된 탁자 안에 책이 가득 진열되어 있었다. 그것도 요즘 베스트셀러들이었다. 책을 보는 순간 나는 반가워 책을 좋아하시냐고 물었다. 그러자 미용사는 늘 책을 사고, 시간 날 때마다 책을 읽는다고 했다. 그러니 어찌 이 미용실을 멀리 할 수 있었겠는가.

그 뒤부터 그 미용실도 이용하게 되었다. 그 결과 외출할 때마다 어느 쪽으로 가야할지 생각을 더듬어야했다. 이런 내 고민을 그 누가 알겠나 싶다. 오른쪽의 미용실은 거의 10년 이상 된 단골이니 왼쪽의 미용실에서 머리를 한 뒤에는 그 미용실 앞을 지나갈 수 없었다. 선글라스를 쓰고 양산을 푹 내려 쓰고도 죄인처럼 지나다녔다. 그래봤자 그 미용사가 나를 알아보지 못할 리 없다. 밖에서는 미용실이 잘 들여다보이지 않아도 안에서는 밖에 지나다니는 사람이 다 보이는 미용실임을 내가 너무나 잘 알고 있으니 그렇다.

며칠 뒤 10년 이상 된 그 단골 미용실을 찾았다. 아니나 다를까. "머리하러 왜 안 오시나 했어요. 다른 데서 하셨네." 하면서 내 얼굴을 빤히 바라본다. 나는 무슨 중죄나 진 것처럼 옆의 미용실에서 했다고 말할 수는 없고 "아! 네, 서울 갔다가 친구랑 했지요. 호호." 하고 겸연쩍게 웃었다. 미용사와는 금세 얼굴을 익힐 수밖에 없다. 얼굴을 계속 바라보며 머리 손질을 하니 그렇다. 거기다가 짧은 시간이 아닌 길면 한나절을 함께하기 때문이다. 커트가 아니면 염색이나 파마는 몇 시간이 걸릴 때가 많다. 그러니 서로 얼굴을 익히게 되는 것은 당연하다. 몇 시간을 입 다물고 가만히 앉아있을 수도 없고, 동네 미용실은 동네 사랑방이 될 수밖에 없다.

단골미용실에서 염색을 하고 파마를 한 뒤부터는 그 앞으로 당당히 걸어 다녔다. 그러다 그 옆에 있는 미용실의 미용사가 기다릴 것 같아 머리 한 지 한 달도 안 되었는데 그곳을 찾아갔다. 아니나 다를까. 단골미용실의 미용사와 똑같이 "머리하러 왜 안 오시나 했어요. 다른 데서 하셨네." 하면서 내 얼굴을 빤히 바라본다. 나는 또 중죄나 진 것처럼 "아! 네. 서울 갔다가 친구랑 했지요. 호호." 하고 지난번과 마찬가지로 겸연쩍게 웃었다. 그리고는 머리가 푸석한 것 같으니 어떻게 좀 해보라고 했다. 그 미용사는 영양을 좀 주어야 될 것 같다고 하였다. 나는 망설이지 않고 얼른 그렇게 해 달라고 했다. 그랬더니 영양도 넣고, 매니큐언가 뭐도 하면 머릿결이 윤기가 나고 더 좋다고 한다. 역시 거절 못하고 그렇게 해 달라고 했다.

이래저래 양쪽 미용실에서 때도 안 되었는데 머리를 하게 되어 돈이 두 배로 들어갔다. 울어야할지 웃어야할지 모르겠다. 돈은 돈대로 들이면서 그 두 미용실 앞으로 난 길을 편하게 지나다니지 못하고 있다. 예전에 아파트 상가에 있던 슈퍼마켓 앞을 지나 집으로 바로 올 수 없었던 것처럼, 내가 살고 있는 아파트는 6단지인데 5단지로 빙 돌아서 다닌다. 이런 나의 고민은 언제 끝날지 나도 모르겠다.

다행히 희망은 보인다. 10년 이상 된 단골미용실의 미용사가 아기가 생기면 육아를 위해 몇 년 쉰다고 한다. 아기가 생기기를 학수고대하고 있는 그 미용사를 위해 나도 기도를 열심히 하고 있다. "누이 좋고, 매부 좋다."는 속담이 불현듯 떠오름은 왜일까.

나눔이 있는 세상

홍승만
smhong4209@naver.com

파란 하늘로 뻗은 나뭇가지 끝에 빨간 열매 대여섯 알이 오롯이 매달려 있습니다. 가을걷이가 끝날 무렵 초등학교 가는 길목 기와집 뒤뜰, 감나무에 외롭게 남아 연시(軟柿)로 익어 가는 모습입니다. 백발머리에 허리 굽은 마음씨 착한 기와집 할머니는 해마다 이맘때면 감 따기를 끝낸 나무에 으레 끝물 감 몇 알을 남겨두곤 합니다.

여름내 우리들의 참새 방앗간 같은 곳이기도 한 감나무 집 뒤란에서 낙과를 찾아 나무 밑 풀숲을 뒤지고 있노라면 아침저녁 모아 두었던 낙과(落果)를 나누어 주시던 할머니…. 초등학교 가는 길 건너 마을 감나무 집 할머니의 사랑을 느끼던 곳이었습니다. 외롭게 남아 있는 저들은 누구의 몫일까? 궁금했지만 첫 서리가 내리고 나면 자취를 감추곤 합니다. 얼마 전 TV프로에서 답을 얻었습니다. 까치밥으로 남겨둔다는 곶감 고을 감나무 농장 주인의 설명입니다. 오래전부터 이어오는 전통이라 합니다. 고향마을 감나무 집 할머니는 작은 나눔을 실천하는 천사 할머니셨습니다.

어릴 때 벼 베기를 끝낸 논두렁에서 이삭줍기를 하던 추억을 돌이켜

봅니다. 한 잎 두 잎 흘려진 노란 벼이삭을 주워모아 한 움큼 타래를 만들어 대청마루 천장에 매달아 놓던 추억입니다. 한여름 보리밥 먹기에 싫증 느낄 때면 매달린 이삭 뭉치는 할아버지 진짓상에 효자노릇을 하지요. 얼마 전 우연히 가을걷이를 끝낸 집 앞 논두렁을 걸었습니다. '이곳에 이삭줍기를 하지마세요 철새들의 먹이입니다.'라고 쓰인 하얀 표지판을 보았습니다. 농부의 여유로움이 가슴에 와 닿습니다. 따뜻해집니다. 아무도 걷어 주는 이가 없어 외로웠던 철새들에게 농부의 따뜻한 사랑의 손길이 다가가는 달라진 아름다운 가을 풍경을 보았습니다. 이삭을 주우려던 내 모습이 부끄러웠습니다.

「걸객(乞客)」 얼마 전 읽은 유명 수필가의 글 제목입니다. 아침마다 자기 집 울타리에 날아와 지저귀는 참새 떼를 주제로 한 글입니다. 멍멍이의 밥그릇에 남겨지는 찌꺼기를 받아먹기 위해서 찾아오는 아침 손님이라는 내용의 글입니다. 참새들의 질서 정연한 태도를 보고 그들을 '걸객'이라 이름 하였다 합니다. 이 글을 읽으면서 멍멍이와 참새 사이에도 남겨놓는 베풂과 받아먹는 고마움이 오가는 것 같은 생각을 하게 합니다. 물론 남기지 않고 밥그릇을 비울 때도 있겠지만 참새는 불평 없이 다음날도 또 찾아온다고 합니다. 매일 싹싹 비운다면 오늘도, 내일도 참새가 찾아올까요? 참새 가족들이 아침에 지저귀는 소리는 멍멍이와 나누는 대화일 거라는 생각을 해봅니다. 고마움의 표시이고, 또 내일 아침을 약속하는 정겨운 고갯짓일 거라고.

"무소유(無所有)"

몇 년 전 법정 큰스님이 남긴 말입니다. 세간에 이 말의 뜻을 여러 가지로 해석 하여 한동안 사람들 사이에 화제가 된 적이 있습니다. 크게 버리는 사람만이 크게 얻을 수 있다는 의미로, 가진 것을 다 내려놓으면 온 세상을 갖게 된다는 등.

'버려라, 내려놓아라'의 진정한 의미는 나눔으로 실천하라는 가르침이 아닐까 생각합니다. 보다 많은 자기네 몫을 채우기 위해 끊임없이 싸우는 삶속에서 무소유의 참 뜻이 세상에 널리 퍼져 보다 크고 풍요로운 나눔이 실천되는 세상이 만들어지면 참 좋겠습니다. 내년 가을에도 고향동네 기와집 뒤란 감나무에는 천사 할머니의 나눔 손길이 달려있겠지요. 할머니 대신 누군가가 뒤를 이을 거라 믿습니다. 겨우살이 준비하는 까치들이 반기는 풍경을 그려 봅니다.

올 연말에는 빨간 자선냄비 앞에서 '땡그렁 땡그렁' 함께 종을 치자고 다짐을 합니다.

문명의 뒤 안 뜰

황덕수
safehwang@hanmail.net

눈을 뜨고 하루를 연다. 수십 년 해왔던 습관이기에 이것저것 챙겨 가방에 넣고 나서려다 '앗! 마스크' 하며 한 가지 더 챙긴다. 전철 속, 행여 어찌될까 사람 가까이를 꺼리며 가급적 멀리 떨어져 앉지만, 그것도 잠시일 뿐 이내 옆 체온이 전이되고 있음을 느낀다. 보이지도 냄새도 없는 코로나19라는 바이러스가 세상을 뒤흔들고 그야말로 쑥대밭을 만들고 있다. 개그로 세계 제왕이라 하기도 한단다.

단, 한 번도 경험 못 했던 세상 "이놈의 코로나 언제 끝나나!" 매일 매일 한숨소리가 땅이 꺼질듯하다. 어떤 실체를 봐야 믿어지던 우리네 의식이 바뀌는 전환점이 될까? 하는 바람도 갖는다. 수십 년간 '안전은 생명이다'를 외치며 목이 터져라 설파해도 그저 '나는 괜찮아' 하는 우리의 설마문화(?)가 확산성이 큰 코로나로 인해 생명의 위기가 눈앞에서 일어나다 보니 바싹 움츠리며 답답한 마스크로 자신의 입을 봉쇄하며 살아간다.

매슬로는 인간의 욕구를 5단계로 구분했다. 인간의 무한 욕구를 몇 묶음으로 나누어 한 단계를 채우면 다음 단계를 바란다는 것이다. 가장 기본적인 '생리적 욕구를 시작으로→안전의 욕구→사회적 욕구→존중의 욕구→자아실현의 욕구'라는 것을 채우고 싶어 한다는 것이다. 그러나 모든 욕구도 세상 어느 부귀영화도 '안전'이 보장되지 못하는 상태에서는 무의미하다는 것을 깨우쳐 주고 있는 것이다. 문명의 발달이란 우리의 생활이 종전보다 더 편리함을 느낄 때 발전했다고 한다.

그러나 햇볕이 찬란하면 그림자는 더 선명하듯, 산업 문명의 뒤안뜰엔 그 크기만큼 위험(Risk)이 존재한다는 것도 알아야 한다. 그런데 우리의 의식엔 위험은 관심이 적고 오로지 편리만 추구하려 한다. 이는 진정한 문명의 이기(利器)를 누린다고 할 수 없을 것이다.

서울의대 2006에서 조사 연구한 통계에 의하면 한해에 우리나라에서 발생한 안전사고는 1300만 건이다. 그중 가정에서 발생하는 사고가 가장 많고 산재·교통사고 순이다. 한해 전 국민 한 세대 당 한번 꼴 이상의 사고 확률을 지니고 사는 꼴이다. 가정은 화장실, 회전의자, 주방화재, 어린이 놀이 등이고, 사고의 크기가 큰 교통사고는 매년 부상자 3~40만 명에 사망자 3~4천명 즉, 매일 천여 명이 다치며 10여 명씩 목숨을 잃고 있다.

인간의 평균 수명을 8~90세로 친다면 한사람이 평생 50%이상의 교통사고 확률을 지니고 살고 있는 것이다. 이 얼마나 무섭고 심각한 현실인가. 실제로 코로나19보다 더 무서운 안전사고들이 매 순간 우리를 불행의 늪에 빠지게 하고 있는 것이다. 이렇게 중요한 문제를 일반적인 사회적 현상 또는 운명으로 치부해 버리니 안타까울 뿐이다. 정작 중요함을 방치하고 무얼 찾으려고 헤매는지 부족한 인간의 내면을 보는듯하다.

인간은 자신의 과오에 대한 것을 숨기고 싶은 기본심리를 지니고 있다. 설령 밝혀졌다고 해도 합리화하려는 묘한 심리가 또 작용한다. 전체 사고요인 중에서 Human error라는 인적요인이 팔구 할이 되는데도 태도 변화가 잘 일어나지 않는다.

쉽사리 '내가 잘못했다'라고 하지 않기에 숫한 오해와 감정싸움이 난무하는 것이다. 정작 자기 자신의 잘못을 깨닫지 못하는 것인지 아니면 알면서도 부정심리가 더 크게 작용하다 보니 그런 것인지, 어쩌면 후자일 듯하다.

우리나라 전체 국민 5%인 250만 명이 현재 국가에 등록된 '등급 장애인'이다. 그중 95%가 살면서 장애를 입은 후천성 장애인이다. 이 숫자를 사실로 비춰 주는 데도 안전의 중요성에 대해 실감을 못 느끼고 산다면 '안전 무감각증'을 앓고 있는 것이나 다를 바 없다. 이렇다면 아름다운 삶을 이루려는 꿈은 요원 할 것이다.

생물학적 관점에서 보면 모든 인간이 태어나는 과정은 비슷하며 어찌 보면 같다. 그러나 세상 떠나는 모습은 천태만상(千態萬象)이다. 생로병사(生老病死)라 하지만 중도에 불의의 사고로 고통 속에 살다 떠난다면 과연 아름다운 삶으로 비춰 지겠는가? 행복의 열매는 오로지 안전이 근원이다. 지금 코로나의 현상이 이를 증명하고 있는 것이다. 때문에, 늘 안전을 생활화하고 평소 위험을 볼 수 있는 혜안을 가져야 한다. 건강하고 장수하며 행복한 자들의 삶 속엔 늘 안전이 동행했다.

호주의 최장수 학자 데이비드 구달 박사는 104세에 자신의 아름다운 죽음을 선택하며 했던 말 중에 "오래 사는 것보다 어떻게 사느냐의 삶의 질이 중요하다."라며 베토벤의 교향곡 9번 '환희의 송가'를 들으며 떠났다. 사람마다 각기 견해가 다르겠으나 난 아름다운 모습well dying(WD)이었다라고 본다. 그런 영향으로 나도 이미 '연명치료거부(사전연명의료의향서)'에 등록을 했다. 이 또한 아름다운 웰다잉을 위해서다.

막걸리

황덕중
hdj9414@hanmail.net

인람리(仁嵐里)라는 매력적인 이름을 가진 동네가 있다. 우리 동네 송암리(松岩里)에서 서쪽으로 바라보면 하늘과 맞닿은 듯이 드높은 화악산 여러 골짜기에서 방울방울 줄기줄기 모여들어 이룬 지암리(芝岩里) 개울이 북한강 허리와 맞닥뜨리는 어귀 건너편에 양지바르고 아담하게 수놓은 듯한 풍경으로 자리 잡은 마을이다. 게다가 해질녘이면 항상 명화의 배경 같은 이내가 어리어, 바라보는 사람을 황홀경에 빠지게 하는 인자함이 있는 탓으로 이런 이름이 붙여졌는지도 모르겠다.

나는 주말이면 노상 이 마을 어귀에서 버스를 내려 마을 한가운데를 지나 송암리 내 마을을 향해 걸었다. 작은 개울을 건너고 논둑길을 걸어, 소잔등같이 나지막한 언덕에 오르면 우리 집이 한눈에 들어온다. 늘 맞이하는 정경인데도 그때마다 가슴에 훈기가 느껴졌다.

어느 봄날, 아직 농사일이 본격적으로 시작되지 않는 시기였다. 여느 때처럼 버스에서 내려 그 인람리 한가운데를 지나 마을 안쿪에 도달하였을 때에 집을 새로 짓는 광경이 보였다. 네댓 명의 사람들이 일을 멈추고 앉아서 쉬고 있었다. 나는 그들을 잘 알지는 못하지만 이웃 동네의 어른들이니까 목례를 하며 지나치려고 했다. 그때에 한 사람이 일어서서, "어이, 학생, 나 좀 봐." 하며 내게로 다가오고 있었다. 나는 걸음을 멈추고 그에게 인사하며 의아하게 그를 바라보았다. 그는 나를 그 집 짓는 곳으로 인도하였다.

"상량문 좀 써 줘. 지금 대들보를 올리려고 하는데, 상량문을 못 써서 이러고 있어. 자네는 대학생이니까 쓸 수 있지 않아?"

나는 그 골짜기 5개 리에 몇 안 되는 대학생 중의 하나였다. 나는 그들을 잘 모르지만 그들은 나를 잘 알고 있었다.

그는 큰 붓을 나의 손에 쥐여주었다. 하얀 자기 그릇에 먹물이 담겨 있었다. 그 옆에는 깨끗하게 다듬어진 우람한 대들보가 두 개의 괴목 위에 정성스레 뉘여 있었다.

나는 난감하였다. 한 번도 경험하지 못한 일을, 그것도 자기와 자기 가족을 위하여 정성을 다하여 짓는 집에, 부귀와 행복을 기원하는 축문 같은 글을 써 넣어야 하는 일을 감당할 자신이 없었다. 내가 한문에 능통한 사람도 아니고, 붓글씨를 잘 쓰는 사람도 아니고, 이를 어찌해야 하는가! 그는 대학생이면 국어도 수학도 영어도 과학도 그리고 한학도 서예도 모두 잘할 수 있다고 생각하면서, 마침 지나가는 나를 구세주처럼 맞이한 것인데 내가 그냥 도망칠 수도 없는 일이 아닌가! 일단 거절을 하긴 했으나, 그는 거의 해질 무렵에 붙잡은 나를 마지막 기회의 인물로 알고, 놓아줄 기세가 아니었다.

나는 마음을 다잡을 수밖에 없었다. 내 능력을 다 짜내서 그에게 실망을 주지 말아야겠다는 생각에서 붓을 먹물에 담갔다. 서서히 먹물 그릇 언저리에 붓끝을 다듬으며 머리를 짜내었다.

아, 그때에 내 머리 속에 선명히 떠오르는 영상이 있었다. 그것은 우리 집 대들보에 새겨진 상량문, 내가 노상 손깎지를 베고 대청에 누워 바라보았던 상량문(졸작 古家賦 참조) 그것이었다. 아주 선명하지는 않지만, 그 영상을 더듬어 읽으면서 써 내려가면 어지간히 될 것 같았다. 나는 그 영상이 금세 잊혀질세라 몰아지경에서 한 자 한 자 써 내려갔다. 내 정신이 아니었던 것이 사실일 게다. 내가 붓글씨를 잘 쓰고 못 쓰고 하는 것은 문제가 아니었다. 그런 것은 염두에도 없고, 그저 그 순간적으로 떠오른 영상을 잃어버리지 않기 위해서 그에만 몰두하며 써 내려갔다.

龍 檀紀四二九*年*月*日立柱上樑家主**生大通運應天上之三光備人間之五福 龜

써 놓고 보니까 우리 집 대들보에 있는 것과 꼭 같지는 않은 것 같지만, 그만하면 상량문으로 별로 손색이 없는 것 같았다.

나는 붓을 놓고 이마의 땀을 닦았다, 바라보고 있던 사람들은 말없이 나를 바라보고 있었다, 젊은 녀석이 꽤짜다 하는 눈치들이었다. 주인아저씨는 더욱 그러하였다, 고마움의 표정도 포함되어 있었다.

그는 두어 사발들이 바가지를 들더니 오지 물동이에서 막걸리를 푹 떠서 내게 들이밀었다. 체질적으로 술을 잘 못 먹는 나는 난감하였다. 그렇다고 안 받을 수도 없었다, 일단 받아서 동이에다 따르려고 하니까 그러지 말고 다 먹으라고 했다. 정말 난감했다. 그의 얼굴에 쓰인 진정한 감사의 뜻을 뿌리칠 수가 없었다. 나는 눈을 질끈 감고 꿀꺽꿀꺽 마셨다. 난생 처음 한 사발도 넘는 막걸리를 다 마셨다. 주인은 바가지를 받아서는 또 막걸리를 뜨고 있었다. 나는 손사래를 저으며 꾸벅 인사를 하고 도망치듯 고갯길을 향해 치달았다. 그는 술 바가지를 들고 나를 따르다가 멈추어 서서 꾸벅꾸벅 인사를 하며 손을 흔들었다. 그가 감사의 표시를 할 수 있는 방법은 그것뿐이었을 것이다. 그의 진정한 감사 인사와 막걸리 한 바가지는 나에게 천금보다 진한 감사로 다가왔다.

한참을 걷던 나는 서서히 오르는 취기를 이기지 못하여 고갯길 옆 산비탈 잔디에 누워 저녁놀에 물들어가는 서녘 하늘에 젖어들었다. 옛날에 우리 집 상량문을 쓸 때의 장면을 떠올리다가 까무룩 잠 속으로 빠져들었다.

우리 집 상량문은 그 일대에서 한학과 붓글씨에 이름이 있는 분을 모셔다가 쓰게 했다. 우리 할아버지나 아버지도 한학에는 별로 빠지지 않는 분들이셨으나 붓글씨 솜씨는 그분만 못하셨던 것 같다.

하얀 한복 바지저고리에 조끼를 갖추어 입은 그분은 단정한 자세로 붓을 들어, 옆에서 바라보는 여러 사람들의 기대에 찬 눈길을 받으며 한 자 한자 꼼꼼히 써내려갔다. 글씨가 고르고 예뻤다. 나는 침을 삼키며 그 어른의 솜씨를 부러워했다.

그분에게는 특별한 음식으로 융숭히 대접했다. 집으로 갈 때에는 고급 담배 등 푸짐한 선물도 드렸다.

그런 날은 거의 동네잔치 수준의 막걸리 파티가 벌어졌다. 상량문을 써서 대들보를 올리는 날은 원래 그런 것이었다. 다른 목재보다

월등히 굵고 곧으며 잘생긴 나무를 정성껏 다듬어, 거기에다 제일가는 명필로 상량문을 써서 동네 사람들의 축복 속에 올리는 대들보는 우리 집의 축복이며 가장 큰 잔치였다. 대들보가 흰 광목천에 묶여 여러 남정네들의 우렁찬 함성과 함께 올라갈 때에는, 막걸리에 흥건히 취한 동네 사람들의 환호와 박수 소리가 앞뒷산에 메아리졌다. 이 모두가 막걸리의 힘이었는지도 모른다.

뜨거운 여름 콩밭을 매다가 또는 애벌논을 매다가 쉴참에 한 사발씩 들이키는 막걸리는 술이 아니었다. 말 그대로 농주(農酒)였고 해갈의 음료였으며 힘을 돋우는 에너지원이었다. 밭갈애비가 앞산이 쩌렁쩌렁 울리도록 흥에 겨운 소몰이 노래를 부른 것도 막걸리의 힘이었고, 온 동네가 울력으로 일할 때의 힘도 막걸리였다. 그래서 어쩌면 온 동네가 한 덩어리로 뭉쳐 한 가족처럼 훈훈하게 살아간 우리의 옛 마을은 막걸리의 힘으로 그리하였는지도 모른다.

석양 무렵에 깨어난 나는 붉은 노을을 등지고, 나의 그 훈훈한 고향 마을을 향해 걸었다. 아직도 덜 깬 막걸리 취기가 의외로 상쾌했다.

- 창작수필문학상 선정 경위

2020년 제23회 창작수필문인회 동인지 원고는 어느 때보다 많은 82명이 참여해 주셨음에 감사를 드립니다. 작품 중 기 수상자 20분을 제외한 62명의 작품을 6명의 1차 심사위원에게 무기명으로 위탁하여 선정토록 하였습니다. 제출된 글의 수준이 향상되었음을 심사위원들의 입에서 이구동성으로 나왔습니다. 그중에서 많은 추천을 받은 8편을 2차 심사위원(한국문인협회 수필분과회장, 권남희)에게 의뢰하여 3편을 '창작수필문학상'으로 선정하였습니다.

수상작에 버금가는 작품도 3편을 우수상으로 격려를 드리도록 결정하였습니다. 제출된 작품을 심도 있게 읽어보니 주제가 선명하거나 개성이 독특한 작품도 있었으며 문장력이 탁월한 분도 많았습니다. 가끔 원고 매수가 너무 많으신 분들도 계셨습니다. 2021년에는 보다 많이 참여해주시고 좋은 작품을 제출하시어 기회를 놓치신 회원님들의 수상을 기대해봅니다.

2020년은 코로나로 인해 모두 힘든 한 해였습니다. 견디고 참아내며 보내신 시간만큼 성숙되시고 이제까지 겪어보지 못한 세상에 어느 정도 적응되셨을 것입니다. 다시 맞이하는 새해에는 회원님들의 건강과 축복이 충만하실 것을 기원합니다. 감사합니다.

2020. 12. 17

창작수필문인회 부회장 겸 출판위원장

허 열 웅

- 2020년 창작수필 문학상 심사평

2020년 창작수필 동인문학상 2차 심사로 넘어온 작품「꽃지게도 버거울 때」「나를 방생하던 날」「여름의 끝에 서서」「남창을 열며」「고추장」「두 번째의 선물 」「작고 소소한 공간」 등 7편을 꼼꼼히 읽었습니다.

수필의 전형이라 여기는 인생을 관조하는 글, 시대에 따라 변화를 겪는 생활도구의 묘사, 공존의 삶을 노래한 글, 이별을 준비하는 글, 평범한 일상에서 사랑의 눈으로 찾는 행복을 묘사한 글 등 주제와 소재도 다양했습니다. 오랜 시간 단련한 필력이 돋보이는 작품들은 삶의 경륜까지 더해 깊고 풍요로운 숲을 보는 듯했습니다. 또한 욕심 없는 사람들의 글을 편안하게 읽으면서 독자에게 행복을 주는 방법도 여러 가지의 경로를 거치는구나 느꼈습니다. 인식의 깊이를 강요하지 않는 일, 표현에 무리수를 두지 않는 작품들에게 존경을 보냅니다.

눈여겨 읽었던「꽃지게도 버거울 때」는 눈 쌓인 산길에서 신을 수 있는 설피와 짚신 두 켤레 그리고 꼬마지게를 어른에게 선물로 받으며 그 시절의 삶을 돌아보고 있다. 지게의 쓰임새가 다르듯 인간도 나이 들어가면서 서서히 지게를 벗게 되고 서로 나누어 질 상황도 돌아온다고 보고 있다. 지게에 인생을 얹는 솜씨가 절묘하다.

「여름의 끝에 서서」는 50여 개가 넘는 베란다 화분들의 생육 부진을 겪으며 쓴 글이다. 기후변화로 따뜻해진 이유를 들면서 인간과 자연의 공존의 삶이 지혜롭게 제2 제3의 재앙을 물리치지 않을까 내다보고 있다.

「나를 방생하던 날」는 방생법회가 열리는 합천 해인사에 들러 나의 참모습이 무엇인가를 들여다보고 있습니다. 욕망으로부터 자유로울 수 없는 인간이기에 자꾸만 허상을 좇는 자신을 가을 산사에서 달래고 있다. 생각을 다듬어가는 글쓰기로 선택하는 어휘도 조심스러울 수밖에 없다고 본다. 창작수필 동인문학상을 수상하시는 수필가와 후보작에 오른 선생님들 축하드립니다.

2020. 11. 17

권남희(수필가, 한국문인협회 수필분과 회장)

역대 문학상 수상자 현황

	년도	회장	수상자	작품명	심사자
1대	1992~1993	이일헌			
2대	1993~1994	김순자			
3대	1995~1996	장돈식	장돈식	휴	회원
			정영숙	각시놀이	
			이일헌	한 잔의 술, 한모금의 차	
4대	1997~1998	오경자	강춘삼	2칸 누옥에 뜰은 수만 평	회원
			김아정	참빛 고르는 여인	
5대	1999~2000	김대수	정수현	흑백사진 속의 나라	조완호
			강대식	애처로운 인생	이유식
6대	2001~2002	조한금	이명지	중년으로 살아내기	유경환
			김지수	곁의 여자	정진권
			문부자	거시기	장백일
			신현우	방언 세 마디	정목일
7대	2003~2004	김병관	윤희경	나눗셈하는 콩밭	유경환
			강희준	어머니와 핸드폰	반숙자
			심성구	잔잔한 정감의 땅	안성수
			서숙자	아름다운 춤	박양근
8대	2005~2006	정철화	오기환	2월 같은 인생	고임순
			이금희	내 고향 봉평	정혜옥
			오경자	돌아간다	
			이봉길	다락방 창	
9대	2007~2008	조동렬	정정근	문	정목일
			김충환	3가지 보물	한동희
			박덕희	단풍예찬	

10대	2009~2010	전병훈	김희구자	칼 가는 노인	반숙자
			최오균	경계인으로 살아가기	문부자
			조한금	땅의 사람 바람의 사람	임헌영
			정영기	장미는 비에 젖고	유영숙
11대	2011~2011	서병태	신지호	지리산의 선인들	안성수
			류상훈	흐르는 물을 바라보며	
12대	2012~2013	이명지	정영숙	검정고무신	유안진
			권예자	수필이 나를 쓴다	반숙자
			김형도	돈황의 신비를 찾아서	
13대	2014~2015	이명지	김정의	스무 개의 눈으로도	신길우
			이진표	대물린 소쿠리	
14대	2016~2017	이봉길	허열웅	다듬이 소리	위원회
			이근순	내 짝궁	〃
			유영숙	바람의 무게	〃
			한정순	향기로운 사람	〃
15대	2018~2019	남복희	황덕중	하루	박양근
			신윤선	늙어가는 주전자	
			임익홍	덕(德)의 향기	〃
			박춘민	모과 향기	
			장병선	묵은 갈대	
			이경애	아버지의 자전거	
16대	2020~	황덕수	손수자	꽃지게도 버거울 때	권남희
			한정희	나를 방생하던 날	
			정상복	여름의 끝에 서서	

고길자 공화순 권예자 김경란 김대수 김도현 김동식

김명원 김미자 김성철 김은성 김지수 김정의 김지영

김형도 김희구자 남복희 박경란 박덕희 박숙자 박연숙

박정미 박정분 박춘민 박현일 배정화 서명언 서숙자

서주린 서혜경 손광야 손수자 신지호 신혜경 안태희

양금애 양정화 양혜원 오경자 우희정 유성헌 윤연모

윤연옥 윤옥희 윤종영 이경숙 이대옥 이동숙 이명지

이문자 이봉길 이순자 이윤환 이재숙 이정희 이지유

이진영 이한재 임병미 임봉훈 임양자 임익홍 장병선

장순월 전병훈 정상복 정영기 정윤수 조순배 조순옥

조인숙 조철형 조한금 채순애 최영숙 하수옥 한정희

허열웅 홍미숙 홍승만 황덕수 황덕중

정정근 시집

이즘도의 아침

서시(序詩)

슬몃슬몃 낯선 나 오더니
언제부턴가 딴판 되었네
부모님이 만들어주신 내가 맘에 안 들어
남의 옷 남의 생각으로 산 탓이지

방게 농게만도 못한 보리새우가
대게 홍게 꽃게들 틈에서
센 척 야문 척하다
때로는 악귀처럼
때로는 고사목처럼
때로는 돌멩이처럼 살았네

이제는 위선도 벗고 허세도 버리고
가난한 사람의 겨울처럼 슬픈 날에도
마음을 다독여 영혼을 맑히는
구도의 시 한 편 품을 수 있기를…….

· 충북 충주에서 출생하여 중앙대학교 예술대학원 문예창작과 전문가 과정을 수료했다.
· 한국문인협회, 국제펜클럽 한국본부, 창작수필문인회, 강남문인협회, 강남시문학회 회원이다.
· 수필집에 『물결 위에 새긴 그림자』 『콜로라도 강변에 부는 바람』 『내 이름을 불러주세요』 『떠돌이 별의 노래』 시집으로는 『숨은 고림들』 『나도 감나무』 『이즘도의 아침』 등이 있다.

해드림출판사 서울·영동포구경인로82길3-4 (문래동1가39) 센터플러스빌딩1004호
☎ 02-2612-5552(F)02-2688-5568 값 10,000원

헤이, 하고 네가 나를 부를 때

이명지는 동국대 예술대학원 문예창작학과를 졸업(문학석사)했으며 93년 봄 〈창작수필〉 신인상 당선으로 문단에 데뷔했다.
한국문인협회, 국제PEN클럽, 문학의집 · 서울, 동국문학인회, 창작수필문인회 회원으로 활동하고 있다.
아름답게 나이 들어가는 비결이 담긴 책 〈헤이, 하고 네가 나를 부를 때〉로 제32회 동국문학상(2019년)을 수상했다.
일상을 깊이 있고 따뜻한 시선으로 관조하는 글로 창작수필 동인문학상을 수상(2002년) 했으며 다년간 국민일보 '여의도에세이', 디지틀조선일보 '힐링에세이' 연재로 독자층을 넓혀왔다.
신문기자를 시작으로 편집국장, 발행인, 방송진행자 등을 거친 언론생활 20년, 대학 강단에서 10년 이력을 끝으로 집필에 전념하고 있다.
주요저서로는 수필집 『중년으로 살아내기』, 『헤이, 하고 네가 나를 부를 때』, 논문집 「전혜린 수필연구」 등이 있다.

*mjlee8978@hanmail.net

박연숙 시집

흐르는 물은 시간의 게스트하우스다

- 충남 예산 출생
- 『계간문예』(시), 『창작수필』(수필) 등단
- 한국문인협회, 관악문인협회 회원
- 한국미술협회 회원
- 한국서가협회 초대작가, 구상전 회원
- 홍익 M.A.E. 회원, 대한미술신문 수석기자
- 한가람서화회 회원

▸박연숙 시인의 시는 서양적이면서 한국적이다. 이지적이면서 정서적이다. 화려한 색채이미지를 드러내면서도 다분히 음악적이다. 디지털시대의 첨단 현대를 노래하면서 고졸(古拙)한 아날로그적 과거를 음미한다.

한마디로 그녀의 시는 현 시대 흐름과 시대정신에 부합하되 복합적 감성이 살아있는 하이퍼(hyper)와 탈경계, 하이브리드(hybrid, 혼종)의 시라 할 것이다.

– 노유섭(시인)

계간문예 서울 종로구 삼일대로 32길 36 운현신화타워 305호
☎ 02-3675-5633, (F)02-766-4052 값 15,000원

왕을 낳은 칠궁의 후궁들

세상사를 비롯 역사에서도 누군가 망하면 누군가는 흥한다는 말이 맞나 보다. 왕비가 왕위를 계승할 왕자를 낳지 못하면 후궁이 낳은 아들이 왕위에 오를 수밖에 없었다. 우리나라에서 가장 큰 사당인 종묘에는 조선의 왕과 왕비, 그리고 죽은 후 왕으로 추존된 왕과 왕비의 신주가 모셔져 있다. 그 다음으로 큰 사당이 칠궁이다. 칠궁에는 조선의 왕을 낳았으나 왕비가 되지 못한 7명 후궁들의 신주가 모셔져 있다. 그들은 왕이 끔찍이 사랑했던 후궁들로 왕을 낳았지만 끝내 왕비에는 오르지 못한 비운의 여인들이다. 그래서 이들 후궁들의 이야기는 흥미롭다.

홍미숙 지음 | 232쪽 | 15,000원

경기 화성에서 태어나 수필 「어머니의 손」으로 문단에 데뷔, 그동안 출판한 작품집이 베스트셀러가 되면서 전국수능모의고사와 외고 입시 문제 등에 작품의 전문이 지문으로 출제되었다. 2003년부터 국정교과서에 이어 검인정교과서(중학교 3학년 2학기)에 작품이 수록되었다. KBS 생방송 프로그램 「주부 세상을 말하다」에 나가 작가로서 행복론에 대한 이야기를 담담하게 펼친 바 있다.

2013~2014년 문화체육관광부 주최, 한국도서관협회 주관으로 공모한 '길 위의 인문학' 과 '내 생애 첫 작가수업' 작가로 선정되어 강의하였다. 현재 도서관 및 평생학습관, 청소년수련관, 학교, 국방부 등에서 조선 역사 및 수필 강의를 진행하고 있다.

수필집으로 『그린벨트 안의 여자』, 『추억이 그리운 날에는 기차를 타고 싶다』, 『마중 나온 행복』, 『작은 꽃이 희망을 피운다』, 『희망이 행복에게』, 『나에게 주는 선물』, 『웃음꽃 피다』 등이 있으며, 역사서로 『왕 곁에 잠들지 못한 왕의 여인들』, 『사도, 왕이 되고 싶었던 남자』, 『조선이 버린 왕비들』, 『왕이 되지 못한 비운의 왕세자들』 등이 있다.

수수문학에는

꾸밈없고 뽐내지 않는 수수한
척박한 땅에서도 잘 자라는 수수처럼 사는
끈끈한 정을 주고받기(수수授受)를 원하는
빼어나고 빼어난(수수秀秀) 창작을 원하는
물, 물(수수 水水) 물 흐르듯 순리에 사는,
이런 사람들이 모입니다.

전병훈 수필선집

그 시절 그 사랑

· 경북 김천 출생
· 고려대학교 및 동대학원 졸업
· 미국 럿거스대학교 수학
· 중소기업은행 근무, 공인회계사
· 고려대학교 부총장 역임, 현재 명예교수
· 『창작수필』 등단
· (사)창작수필문인회 대표이사 회장 역임
· 한국문인협회, 국제펜 한국본부 회원
· 수필집: 『동행』(2인수필집) 『나의 삶 나의 인생』

▸쓰레기통에서 장미가 피었다는 찬사를 받으며 전화(戰禍)의 잿더미 속에서 오늘의 경제 강국의 꽃을 피우고 열매를 맺기까지에는 몸을 던져 벌어들인 그들의 한 맺힌 외화가 종자(種子) 돈으로, 아니 대하로 뻗어가는 우리 경제의 발원지인 펌프의 '마중물'로서 큰 몫을 했음을 잊어서는 안 된다. 때문에 길 위에 짓밟히는 낙화라고 무심코 쓸어버리지 말아야 한다.

- 그 시절 그 사람 중에서

선우미디어
서울 · 동대문구 장안로12길 40, 101동 203호
☎ 02-2272-3351 (F)02) 2272-5540
값 13,000원

이춘 시집

답신

- 경남 의령 출신
- 본명: 정영기
- 『문파문학』(시), 『창작수필』(수필) 등단
- 한국문인협회, 국제펜클럽 한국본부 회원
- 문파문인협회 이사, 신시문학회 회장
- 시집: 『답신』

코드미디어

서울 은평구 갈현로 318-1(1층)

☎ 02-6326-1402, 팩스 02-388-1302 값 10,000원

허열웅 수필집

바람의 선시(禪詩)

- KT&G 퇴직
- 중앙일보시조백일장 장원
- 시조시학 등단
- 창작수필문인회 부회장
- 목우수필문학회 회장
- 저서: 『눈물꽃길』 『한 쉼표 머물다가는』 『무소유조차 소유 하려는가?』 『빈 뜰에 떨어진 사유』 『그리움이 건너는』 『바람의 선시』

▸나를 찾아 떠나는 길은 삶의 원초적인 질문에서 시작해야 하겠지요. 나는 누구이며 어디서 와 어디로 가는가? 나의 존재 이유와 가치는 무엇인가. 하이데거는 인간만이 유일하게 묻는 질문이라 했습니다.

▸말과 글은 머리에만 남겨지는 게 아니라 가슴에도 새겨진다고 했습니다. 열정의 서류가방도 점점 얄팍해져 가고 석양이 일출보다 더 아름답게 보일 때 서둘러 묻혀있던 이야기를 꺼내놓아야 하겠습니다.

-「책을 내며」 중에서